Supervision und Coaching

Aus der Praxis für die Praxis

Friedrich-W. Wilker (Hrsg.)

Deutscher Psychologen Verlag GmbH Bonn

1995

Diplom-Psychologe
Dr. Friedrich-W. Wilker
Deutsche Psychologen Akademie
Fortbildungs-GmbH im BDP e.V.
Heilsbachstr. 22
53123 Bonn

Die Deutsche Bibliothek - CIP-Einheitsaufnahme

Supervision und coaching : aus der Praxis für die Praxis / Friedrich W. Wilker (Hrsg.). - Bonn : Dt. Psychologen-Verl., 1995
ISBN 3-925559-91-4
NE: Wilker, Friedrich-Wilhelm [Hrsg.]

Verlag:	Deutscher Psychologen Verlag GmbH, Bonn
Cover:	büro für alles kreaktive und verrückte, Ulm
Satz:	EDV-Schreib-Service Peter Preußler
Druck:	Satz & Druck Kammel, Bonn

Printed in Germany
ISBN 3-925559-91-4

Inhalt

Seite

Anhang

Statt eines Vorwortes oder einer Einleitung ein fiktiver Dialog:

B: Was tut sich denn so bei der Supervision?

A: Wissen Sie, der Supervisionsbereich boomt bereits seit einigen Jahren.

B: Wieso, welche Anzeichen gibt es dafür?

A: In den letzten fünf Jahren sind mit Sicherheit mehr Artikel und Bücher über Supervision erschienen als in der gesamten Zeit vorher.

B: Warum dann noch dieses Buch?

A: Es wird hier versucht, dem Leser besonders die praktische Seite supervisorischen Handelns konsequenter als in anderen Büchern nahezubringen.

B: Und wie soll das bewerkstelligt werden?

A: Die Autoren lassen sich in vielen Artikeln quasi bei ihrer Arbeit über die Schulter schauen. Sie ermöglichen dem Leser z.B. anhand von Praxisbeispielen und Verbatimprotokollen ausgewählter Sitzungen einen guten Einblick in ihre konkrete Arbeitsweise und das unterschiedliche praktische Vorgehen.

B: Gibt es eigentlich im deutschsprachigen Raum auch Fachzeitschriften, die sich explizit dem Thema Supervision widmen?

A: Ja, natürlich, seit über zehn Jahren gibt es die Zeitschrift „Supervision", seit 1993 das „Forum Supervision" und im Oktober 1994 ist das erste Heft von „Coaching, Supervision and Clinical Management" erschienen.

B: Wenn es Fachzeitschriften gibt, existieren dann auch schon irgendwelche Fachgesellschaften oder sonstigen Zusammenschlüsse von Supervisoren?

A: Sie werden staunen, bereits seit 1976 existiert in der Schweiz der Berufsverband für Supervision und Praxisberatung (BSP) der von Fachkräften aus den Bereichen Sozialarbeit und Heimerziehung initiiert wurde. In Deutschland lief alles erst Jahre später an. 1987 gründete sich die Fachgruppe Supervision in der Sektion Sozialtherapie und Gruppendynamik (DAGG). Vom Berufsverband der Sozialarbeiter, Sozialpädagogen, Heilpädagogen (BSH) wurde 1989 eine Bundesfachgruppe Supervision etabliert und dieses Jahr war auch das Gründungsjahr der Deutschen Gesellschaft für Supervision (DGSv). Die DGSv versteht sich als Berufsverband der sowohl eine Integration der heterogenen Orientierungen seiner Mitglieder wie auch eine Abgrenzung von anderen Berufen leisten muß. Seit Juli 1994 gibt es auch die European Association for Supervision (EAS), die sich zum Ziel gesetzt hat, internationale Standards zu entwickeln und Supervision als eigenständige Profession zu etablieren.

B: Wie läßt sich Supervision eigentlich umschreiben und wie hat sie sich insgesamt entwickelt?

A: Supervision kann verstanden werden als ein Beratungskonzept oder ein Verfahren mit dem Einzelpersonen, Teams, Institutionen und Organisationen ihre berufsbezogenen Handlungen, Strukturen und Problemkonstellationen lösungsorientiert reflektieren und bearbeiten können. Die Entwicklungsgeschichte der Supervision läßt sich übrigens recht gut in einzelnen Phasen unterteilen, an denen die unterschiedlichen Einflüsse erkennbar sind:

1870 - 1920	Supervision als Erziehung und Kontrolle (Supervisor als Aufseher und Lehrer)
1920 - 1950	Individualisierungs- und Psychologisierungsphase der Supervision (Supervisor als Therapeut und Pädagoge)
1950 - 1960	Pionierphase mit Definition und Methodenentwicklung der Supervision (Supervisor als Methodenlehrer)
1960 - 1970	Expansion und Systematisierung der Supervision (Supervisor auch Gruppensupervisor)
1970 - 1980	Supervision als Veränderungsmedium (Supervisor als „change agent“)
1980 - heute	Supervision als pragmatische Profession (Supervisor als Organisationsberater - pendelt zwischen den genannten Berufsrollen).

Insgesamt geht der Entwicklungstrend also im wesentlichen von der Einzelsupervision über die Gruppen- und Teamsupervision zur Organisationsberatung.

B: In diesem Zusammenhang drängt sich die Frage auf, was eigentlich einen guten Supervisor kennzeichnet. Gibt es dazu irgendwelche Erkenntnisse?

A: Erfolgreiche Supervisoren werden in der Fachliteratur durch ein hohes Maß an Empathie, Respekt, Echtheit, Flexibilität, Sensibilität und Offenheit gekennzeichnet. Sie können auf fundiertes Wissen zurückgreifen und werden als erfahren und konkret in ihrem Auftreten beschrieben. Als weiteres Merkmal des guten Supervisors wird die Anwendung angemessener Lehr-, Zielsetzungs- und Feedback-Techniken genannt. Es wird außerdem darauf hingewiesen, daß gute Supervisoren als unterstützende und integere Personen auftreten, ihre Supervisanden respektieren und nicht versuchen, die Supervisionserfahrung in Psychotherapie umzufunktionieren.

Bezüglich Teamsupervision und Organisationsberatung wird generell die Ansicht vertreten, daß ein Supervisor, der sich nicht gründlich mit seiner institutionellen Identität auseinandersetzt, nicht in der Lage ist, Organisationen zu beraten.

B: Wie ist das denn zu verstehen?

A: Die Identität des Supervisors wird determiniert durch seine eigene personale Identität, durch die Identität seines Supervisanden und die Beziehung zu ihm, durch seine berufliche Rolle, die wiederum durch Gegenstand, Zielsetzung und Methoden gekennzeichnet ist, durch sein Verhältnis zur Institution bzw. Organisation und schließlich durch die aktuelle Gesamtsituation, quasi den historischen Augenblick.

B: Das hört sich ja ziemlich kompliziert an. Na ja, vielleicht sollte ich erst einmal dieses Buch lesen, dann verstehe ich es hoffentlich besser.

A: Ja das ist klar. Sie brauchen sich beim Lesen nicht unbedingt an das traditionelle Schema „von vorn bis hinten“ halten, sondern Sie können dabei die Kapitel wie Bausteine in ein für Sie passendes Muster bringen und anfangen und aufhören wo Sie wollen. Jedes Kapitel beleuchtet eine andere Facette und ist irgendwie abgeschlossen.

Juli 1995 F. W. Wilker

Teil I

Supervision

Kapitel 1

Leitfaden zur Supervision

Walter Andreas Scobel

Liebe Leserinnen und lieber Leser. Wenn ich versuche, mich in Ihre Lage zu versetzen und mir vorzustellen, was Sie interessiert, was Sie erwarten und was Sie lernen wollen, komme ich zu dem vorläufigen Ergebnis, daß ich zunächst folgende Frage klären muß: Lesen Sie diesen Artikel, um Ihre Kompetenz als Supervisoren zu erweitern, um sich in Ihrer Tätigkeit als Supervisor zu verbessern, oder lesen Sie diesen Artikel, um sich als engagierte Supervisanden mit Ihren Problemen und Konflikten in der helfenden Arbeit überprüfen und reflektieren zu wollen? Ich denke, daß ich Sie vor allem als tätige Supervisoren ansprechen sollte, daß ich davon ausgehen darf, Sie wollen sich deswegen mit dem Thema der Supervision beschäftigen, um das Gelesene anwenden und weitergeben zu können. Das bedeutet für mich: Ich sollte Ihnen zutrauen, daß Sie eigene Erfahrungen mit Supervision und daß Sie eigene Vorstellungen zur Durchführung von Supervision haben. Es ist wahrscheinlich, daß Sie Supervision entweder aus der Ausbildung zur Psychotherapie und/oder zum klinischen Psychologen oder daß Sie den Begriff und die Realität der Teamsupervision kennen.

Definition:

Grundsätzlich möchte ich zu unserer aller Klarheit definieren, daß ich, wenn ich in diesem Kapitel von Supervision rede, die Fortbildungs- und Ausbildungssupervision von Helferinnen und Helfern meine, also das, was man im weitesten Sinne die Supervision im klinischen Feld nennen könnte.

Weiter läßt sich generell sagen, daß Supervision ein Arbeitsverfahren darstellt, durch das immer **professionelle Beziehungen** von Menschen reflektiert werden, also Beziehungen, die in gewisser Weise künstlich sind und durch die berufliche Tätigkeit der Helfer erst hergestellt werden. Sowohl die Klient-Therapeut-Beziehungen als auch die Beziehungen der Helfer untereinander (z.B. in einer Gruppe oder in einem Team) entstehen einzig und allein durch das berufliche Handeln. Folglich beschäftigt sich die Supervision immer auch mit der

Rollenhaftigkeit oder, anders formuliert, mit der Künstlichkeit und Als-Ob-Haftigkeit dieser Beziehungsrealität. In der Supervision gilt es herauszufinden, welche psychologischen Faktoren sowohl in der Klient-Therapeut-Beziehung als auch in den Beziehungen der Helfer miteinander wirksam sind, welche Faktoren zur Konstruktivität, Besserung und Kommunikationsfähigkeit führen und welche Faktoren, Störungen und Blockaden auslösen.

Im weiteren Verlauf dieses Artikels möchte ich Sie - werte Leser/Innen - einerseits mit Informationen zur Entstehung des Arbeitsverfahrens "Supervision" vertraut machen und andererseits möchte ich Ihnen meine Konzeption von Supervision vorstellen. Zunächst zur Entstehung der Supervision.

Zur Entstehung des Verfahrens "Supervision":

Der Begriff der Supervision stammt aus dem amerikanischen Sprachraum und heißt übersetzt: Kontrolle, Überwachung, Aufsicht bzw. Leistungskontrolle. Er hat in den Vereinigten Staaten die Bedeutung, daß Führungskräfte und dafür ausgewählte Vorgesetzte in einem wirtschaftlichen Unternehmen oder in der Administration beispielsweise ihre Mitarbeiter sowie Funktionsabläufe beaufsichtigen und kontrollieren. Supervisoren sind dort also kontrollierende Instanzen, welche immanent zur Struktur eines Systems dazugehören. Sie sollen dazu beitragen, daß ein Unternehmen, eine Institution oder vielleicht ein Medienprojekt besser und reibungsloser arbeiten, Konflikte und Probleme frühzeitig erkannt und beseitigt werden, um eine maximale Effektivität zu ermöglichen. Was sich dort seit 1920 etwa in der Wirtschaft, in öffentlichen und kulturellen Institutionen profitabel bewährt hat, wurde bald darauf auch in psychosozialen und psychiatrischen Einrichtungen der USA übernommen.
Als ein frühes Beispiel für eine Art Teamsupervision im klinischen Feld möchte ich die Mitarbeiterbesprechung der "Orthogenetic School" werten. Es handelte sich dabei um eine für damalige Verhältnisse sehr fortschrittliche, humanistisch orientierte Klinik für Kinder- und Jugendpsychiatrie. Der Leiter war BRUNO BETTELHEIM. Er begann um 1944 damit, für die Mitarbeiterinnen und Mitarbeiter seiner Einrichtung eine regelmäßig stattfindende Betreuungskonferenz einzurichten. Dabei wurden die Probleme und Konflikte vorgetragen, welche aus der Behandlung der kleinen Patienten erwuchsen. Ähnlich wie in einer BALINT-Gruppe wurden die jeweils vortragenden Helfer zu ihren Klienten befragt und die anderen, eher unbeteiligten Anwesenden zur assoziierenden Mitarbeit angeregt. Darüber hinaus aber hat BETTELHEIM die Betreffenden beharrlich und konfrontierend exploriert, über spezifische Haltungen und spezifische Stile der Einrichtung instruiert, sie bezüglich ihrer Fehler korrigiert sowie nicht davor zurückgeschreckt, sie vor allen anderen zu maßregeln, zu belehren und zu ermahnen. Dieses Modell von Supervision ist folglich, wenn man so will, ein autoritatives Verfahren, und zwar ein Lehren und Kontrollieren von oben nach unten.

Sehr unterschiedliche Funktionen wurden hier zusammengeführt: So z.B. pädagogische und psychotherapeutische Anleitung, institutionelle und ideologische Bewußtseinsbildung, fallbezogene Fortbildung und das Lernen von assoziativem Denken, ein Schuß Gruppendynamik und psychoanalytische Theorie; und das alles auf dem Hintergrund der Konfusion von Leiterrolle und der Rolle des Supervisors.

Eine andere Komponente des Supervisionsphänomens im psychosozialen Raum kommt durch psychotherapeutische Schulen zustande. Laut ARGELANDER (1980) hat Siegmund Freud, ohne es zu wissen und ohne diese Arbeitsweise zu benennen, die allererste Supervision durchgeführt, indem er den Vater des "kleinen Hans" unterwies, psychotherapeutisch auf seinen Sohn, den "kleinen Hans", einzugehen. Grundsätzlich kann man sagen, daß Supervision in der Psychotherapieausbildung eine immer spezielle Vorgehensweise zur Vermittlung der therapeutischen Praxis beschreibt und deklariert. Psychotherapeuten in Ausbildung wird beigebracht, wie Patienten bzw. Klienten schulengerecht zu betreuen sind, was immer auch die Kontrolle der durchgeführten Therapiesitzungen und Behandlungsverläufe einschließt. Deshalb wird bei den Analytikern nicht ganz zu Unrecht von Kontrollanalysen gesprochen. In der sozialpädagogischen Ausbildung hat man sich diesen Vorbildern angeschlossen und redete dann von Supervision, wenn die Anleitung und Kontrolle von Fallarbeit gemeint ist, wobei ein Vergleich mit Psychotherapie letztlich unzutreffend sein dürfte.
Auch entwickelten sich Modelle für die fallbezogene Supervision in der ärztlichen Praxis und später dann kamen Beratungsstellen dazu. Hierher gehört das Modell von MICHAEL BALINT, welches dieser psychoanalytisch geschulte Arzt um 1950 zu entwerfen begann und erstmals umfassend 1964 publizierte: und zwar werden Ärzte verschiedener schulmedizinischer Sparten in einer Gruppe mit etwa 8 bis 10 Personen zusammengefaßt und von einem Analytiker angeleitet, normale Behandlungsprobleme bei Patienten und Diagnosen psychologisch bzw. psychoanalytisch zu interpretieren, zu deuten und somit einem neuen Verständnis zuzuführen.

Allen diesen Verfahren ist gemeinsam, daß die auf die Arbeit gerichtete Selbstreflexion der Helfer im Vordergrund stehen soll, um eine sinnvolle Handlungsstrategie zu ermöglichen. Der Helferin oder dem Helfer soll geholfen werden, sich in seiner eigenen therapeutischen Arbeit zu analysieren und besser zu verstehen, sich von fremdbestimmten und naivpsychologischen Einstellungen zu befreien, das eigene Verhalten und Handeln zu entautomatisieren, wie es PLESSEN und KAATZ (1985) genannt haben, und das alles, um neue Lösungen in Angriff nehmen zu können.

Ein weiterer und prägender Einfluß für das Phänomen der Supervision stammt aus der Gruppenarbeit (vgl. RAPPE-GIESECKE, 1990). Besonders die psychoanalytischen Konzepte zur Gruppenpsychotherapie (vgl. SLAVSON, 1977; YALOM, 1974) und neuere wissenschaftliche Konzepte zur Gruppendynamik von LEWIN und Schülern haben Möglichkeiten vorgedacht und erschaffen, um konstruktive und problemlösende Interaktionsprozesse sowohl für das Individuum als auch für soziale Strukturen ins Werk zu setzen. Da Supervision seit etwa 20 Jahren immer mehr auch für Fortbildungs**gruppen** und das institutionelle **Team** eingesetzt wird, muß ein darauf bezogenes Konzept von Supervision selbstverständlich Gruppenphänomene berücksichtigen und sich einschlägiger **Theorien des interpersonellen Lernens bedienen** (vgl. SCOBEL, 1991, S. 73 f.).

Ziele der Supervision:

Wenn man nun den Versuch unternimmt, das Verfahren der Supervision zu systematisieren, bleibt nichts anderes, als eigene Schwerpunkte und Ziele zu entwerfen. Meines Erachtens ist dabei wichtig festzulegen, an welchen Vorbildern man sich orientieren möchte, beispielsweise an Beratung oder pädagogischer Anleitung und Fortbildung oder Psychotherapie oder Teamteaching oder TZI oder Organisationsberatung usw. Durch meine Hintergründe und Erfahrungen geprägt, habe ich es vorgezogen, mich wesentlicher Zielsetzungen psychotherapeutischer, klientenzentrierter Arbeit zu bedienen und eben solche auf das Gebiet der Supervision zu übertragen. Ich schlage vor, für die Supervision die folgenden vier übergeordneten Ziele anzustreben:

1.) Im Vordergrund steht die selbstreflektierende Analyse des eigenen beruflichen Erlebens und Handelns.
2.) Die Teilnehmerinnen und Teilnehmer der Supervision bemühen sich dafür um Selbstöffnung und Introspektion.
3.) Notwendigerweise treten bei jeder professionellen Hilfeleistung innerseelische Konflikte auf, Konflikte beim Betreuer ebenso wie beim Klienten. Diese Konflikte sollten in der Supervision fühlbar gemacht und durchgearbeitet werden.
4.) Auch darf die Auseinandersetzung mit den Supervisionsteilnehmern - sofern es sich um eine Supervisionsgruppe handelt - und den jeweiligen Leitern nicht umgangen werden. Entwickeln sich darüber hinaus handfeste interpersonelle Konflikte der Gruppe, so müssen diese analysiert werden.

Sind diese vier Ziele als wesentlicher Schwerpunkt von Supervision definiert, sollte ein ausgewogenes Maß an Selbsterfahrung für die Helfer auf der einen Seite und eine auf die konkrete Betreuungsarbeit bezogene Reflexion auf der anderen Seite entstehen. Ein Übergewicht zur einen oder anderen Seite wird immer eine Störung bei der Durchführung dieses Konzepts signalisieren.

Das Motiv zur Supervision:

Wir können davon ausgehen, daß im psychotherapeutischen, im psychosozialen, im medizinischen wie im pädagogischen Feld immer dann Supervision notwendig und sinnvoll erscheint, wenn die dort Tätigen ihr eigenes berufsbezogenes Erleben, Denken und Handeln einer kritischen Überprüfung unterziehen, wenn sie ein neues und entlastendes Verständnis ihrer Beziehungsarbeit gewinnen wollen. Dafür muß der Supervisor bzw. die Supervisorin von außen kommen, ein möglichst großes Maß an Unabhängigkeit, Objektivität und Neutralität mitbringen. Meiner Erfahrung nach entschließen sich Therapeuten, Lehrer, Sozialpädagogen und andere Helfer immer erst dann einen Supervisor in Anspruch zu nehmen, wenn ein **gewisser Leidensdruck** vorhanden ist. Meistens haben sich bis zu diesem Zeitpunkt viele Schwierigkeiten angehäuft, Schwierigkeiten mit den Klienten ebenso wie mit den Kollegen in einem Team, einer Gruppe oder einem Kollegium. Der Beginn von Supervision wird also immer davon gekennzeichnet sein, daß die Teilnehmerinnen und Teilnehmer sich ihrer Schwierigkeiten bewußt werden und zu schildern versuchen, was sie in ihrer Arbeit stört, verletzt, hilflos und ärgerlich macht, was sie hoffen und was sie resignieren läßt usw.

Übergreifend sei - sowohl für Supervision in der Psychotherapie-Ausbildung als auch für Fortbildungs-Supervision - folgende thesenartige Behauptung aufgestellt:
Der Wunsch nach Supervision erwächst in aller Regel aus einem ganz elementaren Bedürfnis nach Hilfe, und deshalb wird Supervision ähnlich wie Psychotherapie und Beratung nach definierten Gesetzmäßigkeiten helfender, heilender Kommunikation organisiert und durchgeführt.

Wenn wir nun einen Schritt weitergehen, sollten wir uns in die Situation versetzen, daß Supervision zwischen betroffenen Parteien und Supervisor/Supervisorin vereinbart wurde und stattfinden wird. Frage: was ist dabei wichtig?

Das Arbeitsbündnis:

Ich bin der Auffassung, daß für die Zusammenarbeit durch Supervision und in der Supervision ein Arbeitsbündnis zwischen den Teilnehmerinnen/Teilnehmern auf der einen Seite und dem Supervisor auf der anderen Seite abgeschlossen werden sollte. Dabei sind zunächst formale Faktoren zu regeln wie etwa Ort, Zeit, Raum, Bezahlung und die Frequenz der Treffen. Ferner sollte ein Arbeitsbündnis die betroffenen Parteien zu bestimmten Bemühungen, Einstellungen und Handlungen verpflichten, was dazu führen sollte, daß ein spezifischer, dynamischer Prozeß in Gang gesetzt wird. Inhaltlich könnte der zwischen Supervisor und Supervisanden zu schließende Kontrakt in etwa lauten:

1.) Supervision stellt ein Arbeitsverfahren dar. Teilnehmerinnen/Teilnehmer und Supervisor sind gewillt, verschiedenste Schwierigkeiten der helfenden Arbeit sowie ihre strukturellen Bedingtheiten zu reflektieren und, wenn möglich, einem neuen Verständnis und neuen Wegen der Bearbeitung zuzuführen.

2.) **Die Teilnehmerinnen und Teilnehmer der Supervision bemühen sich dafür, belastende Probleme und Konflikte, welche aus ihrer Arbeitsrealität stammen, in der Supervisionssitzung zur Sprache zu bringen.** Sie werden versuchen, diesen Prozeß so unmittelbar und so offen zu gestalten, wie es ihnen nur möglich ist. Dabei muß die Anstrengung jedes einzelnen sein, so wenig wie möglich zu beschönigen, zu verschweigen, auszulassen und/oder zu verleugnen. Um diese Verpflichtung übernehmen zu können, versucht jeder Supervisand zu lernen, sich selbst während der Arbeit aufmerksam zu beobachten. Dabei versucht sie, dabei versucht er wahrzunehmen, welche Gefühle, Bedürfnisse und Erwartungen das berufliche Handeln begleiten. Auch gilt es herauszufinden, mit welcher Haltung und Einstellung man als Helfer tätig ist. Dabei soll die Hal-tung/Einstellung zum Klienten genauso gemeint sein wie die zum Kollegen. Weiter interessieren solche Gefühle, Gedanken und Phantasien, die direkt vom Klienten, vom Ratsuchenden oder vom Patienten beim Helfer induziert werden.

3.) Die Supervisorin/der Supervisor fördert und unterstützt diesen Prozeß der Selbstwahrnehmung und der Selbstöffnung beim betroffenen Helfer und ist bemüht, aus diesem individuellen Prozeß einen weitergehenden **Prozeß der Selbstauseinandersetzung** beim Supervisanden entstehen zu lassen, und zwar einen dynamischen Prozeß der Auseinandersetzung, welcher sich einerseits auf die helfende Arbeit und auf ihre strukturellen Bedingungen bezieht, sowie andererseits die Gruppe der Supervisanden als aktives Feed-Back und als aktive Kommunikation mit anfordert.

4.) **Teilnehmer und Supervisor haben den gemeinsamen Willen, ein Klima der Supervision zu schaffen, welches von gegenseitiger Toleranz, Wertschätzung und gegenseitiger Akzeptanz geprägt ist.** Ärger, Wut und Destruktivitäten müssen nicht unterdrückt werden, unterliegen aber **mitmenschlicher Verantwortung,** sobald sie zur Sprache gebracht werden. Das Gesagte darf gewisse Grenzen der Zumutbarkeit und Vulnerabilität der jeweiligen Supervisionsgruppe und des jeweiligen Einzelnen in der Gruppe nicht überschreiten. Jede Gruppe entwickelt das ihr eigene und zumutbare Klima. Insgesamt sollte sich ein **angstfreies Klima** entwickeln, welches es zuläßt, daß auch die Schwächen, Fehler und Unzulänglichkeiten der Helfer dargestellt werden können. Auch Gefühle der Ohnmacht, Verzweiflung und Hilflosigkeit gehören hierher.

5.) Der Supervisor wird maßgeblich gefordert, wenn es gilt Störungen und Blockaden der Kommunikation sowohl in der Supervisionsgruppe als auch beim einzelnen Teilnehmer aufzufinden, zu benennen und zu bearbeiten. Es ist ihm dabei erlaubt, eigene Spekulationen, Interpretationen und Deutungen zum Hintergrund und zur Verursachung solcher Kommunikationsprobleme vorzutragen. Die Teilnehmer sind gewillt, konstruktiv darauf einzugehen. **Die Aufgabe des Supervisors wird dann weiterführend vor allem darin gesehen, blinde Flecken der Wahrnehmung, d.h. der Fremdwahrnehmung genauso wie der Selbstwahrnehmung, aufzudecken, ihre Entstehung und Verursachung zu analysieren und auf diese Weise neue Verstehenshorizonte zu eröffnen.** In aller Regel werden dann Konflikte des Helfens sichtbar, die vorher nicht wirklich erkannt und beachtet wurden. Auch moralisch und ideologisch verursachte Konflikte werden dabei häufig offengelegt. Im Verlauf eines solchen Prozesses sollten Supervisanden lernen, ihre Angst, die sie vor der Aufdeckung und Analyse von beruflich kausalen Hintergründen haben und hatten, zu überwinden und sich scheinbar unlösbaren Konflikten zu stellen.

6.) **Die Teilnehmer der Supervision übernehmen für den Verlauf und das Ergebnis der Supervision gleichberechtigt mit dem Supervisor die Verantwortung.** Der Supervisor ist **nicht** dazu da, für die Aktivität und für das Maß der Selbstbeteiligung der Supervisanden die Verantwortung zu übernehmen.

7.) Es ist das Ziel jeder Supervision, Konflikte und Probleme zu lösen. Das kann nur dann gelingen, wenn die Haltung und Vorgehensweise des Supervisors wertgeschätzt und von den Supervisanden als **Modell** zur Konfliktlösung angenommen wird.

Dieses Arbeitsbündnis ist idealtypisch formuliert und seine Ziele werden selten erreicht.

Handwerkzeug I: Ein basales Schema des Supervidierens

Allein, ist ein Arbeitsbündnis zur Supervision abgeschlossen worden und die Teilnehmerinnen und Teilnehmer wollen mit der Arbeit beginnen, sollte der Supervisor/die Supervisorin wissen, worauf es ankommt und was es zu tun gilt. Deshalb empfehle ich zur eigenen Sicherheit, sich ein Schema des Vorgehens zurechtzulegen, ein Schema, was für die Supervisanden **nicht** öffentlich gemacht werden muß, ein Schema, das als Struktur einer einzigen Sitzung, aber auch als Struktur für eine ganze Reihe von Sitzungen gedacht ist, also ein Schema, das für die Supervisorin/den Supervisor als **handlungsbegleitende Richtschnur** dient. Dieses Schema des Vorgehens ordnet das eigene Denken und Fragen, ordnet das eigene Tun.

Grundsätzlich fängt eine Supervisionssitzung - der Psychotherapie vergleichbar - mit der **Themensuche und der Themenstellung** durch die Teilnehmer an. Der Supervisor hält sich in dieser Anlaufphase stark zurück und macht allenfalls deutlich, daß ein Thema gefunden werden muß, was von allen Anwesenden akzeptiert und dem Interesse entgegengebracht wird.

Ist dieser Vorgang abgeschlossen, sollten die Teilnehmer ebenso wie der Supervisor bemüht sein, zum Thema Hintergrundinformationen zu erfragen. Es erfolgt eine ausführliche und sehr genaue Erhebung des zu bearbeitenden Problems (ähnlich wie das anamnestische Vorgehen in der Psychotherapie). Dabei sollte deutlich werden, welche Helfer in dieser Supervisionsgruppe unmittelbar vom Problem betroffen und welche Helfer eher unbeteiligt sind. Nichtbetroffene Helfer sollten in dieser Phase angehalten werden, lediglich Informations- und Verständnisfragen zu stellen, aber weiterführende Kommentare und Interpretationen noch zurückzuhalten. **Themenstellung** und die **Erhebung des Problems** bezeichne ich als die **erste Phase der Supervision.**

Vor diese erste Phase kann eine Warming-Up-Phase vorgelagert werden, wenn die Teilnehmer es wünschen, beispielsweise in Form eines sogenannten Blitzlichts.

Der Supervisor sollte meines Erachtens eine aktive Teilnahme an Aufwärmübungen vermeiden und möglichst die Ausdehnung eines solchen Vorphase des Supervidierens begrenzen. Sobald dann die erste Phase des Supervisionsgeschehens erreicht ist, wird sich der Supervisor bzw. die Supervisorin insofern modellhaft verhalten, als die eigene Aktivität vorwiegend darauf gerichtet ist, das Umfeld und den Hintergrund der benannten Themenstellung zu erforschen. Diszipliniert verzichtet der Supervisor auf vorschnelle Verbalisierungen, Interpretationen und/oder Lösungsvorschläge. Die Supervisorin/der Supervisor lebt den Teilnehmern vor, wie ein Problem bzw. ein Konflikt gründlich eruiert werden kann.

Darauffolgend sollte zu einer **zweiten Phase** der Supervision übergeleitet werden, eine Phase, die ich als **Kommunikationsphase** bezeichne. Der inhaltliche Schwerpunkt dieser Phase sollte für die Supervisanden darin bestehen, sich gegenseitig auszutauschen, in ein gemeinsames Gespräch über den Untersuchungsgegenstand einzutauchen und alles Drängende aus sich herauszubringen: Gefühle, Eindrücke, Bewertungen, Phantasien, Deutungen usw. Auch darf gestritten werden. Dadurch entsteht in der Supervisionsgruppe sowohl auf der Inhalts- als auch auf der Beziehungsebene ein vielfältiges Spektrum der Betrachtung. Häufig ist die emotionale Dynamik der Teilnehmer untereinander ein wichtiger nonverbaler Hinweis für die Problemstellung. Dem Supervisor sei angeraten, in dieser Phase hauptsächlich darauf zu achten und durch verbale Interventionen abzusichern, daß keine unnötigen Blockaden der Kommunikation aufgerichtet werden.

Als **dritte Phase** bei der Durchführung von Supervision habe ich Folgendes im Auge: Nach einer hinreichenden Diskussion der Teilnehmer wird sich für den Supervisor abzeichnen, welche Analyse, welches Verständnis und welche Interpretationen zur Problemstellung und zu diesem Zeitpunkt der Supervision weiterführen könnten. Der Supervisor sucht jetzt die Gelegenheit, einerseits das Gesagte zusammenzufassen und andererseits mit **eigenen Interventionen** aktiv einzugreifen. Das Bemühen sollte hauptsächlich der Fokussierung dienen; also sollte der Supervisor versuchen, das weitere Geschehen in ein zentrales, zentrierendes Verständnis einzubinden; das bedeutet auch, es sollte versucht werden, den Kern bzw. den Herd eines Problems sowie eines Konflikts aufzuweisen. Der Supervisor erarbeitet in dieser Phase möglichst genaue Verständnishypothesen, um ungeklärte Fragen beantworten zu können, aber auch, um unbewußte Aspekte der Themenstellung aufzugreifen. Dazu gehört ferner, daß der Supervisor nonverbale Begleiterscheinungen während des Ablaufs der Supervision mit berücksichtigt. Ich nenne diese dritte Phase die **Phase der Fokussierung**.

In einem vierten Abschnitt des Vorgehens sollten neue Lösungen im Vordergrund stehen. Es wird also von den Teilnehmern und dem Supervisor gemeinsam der Versuch unternommen, neue Verhaltens- und Handlungsstrategien zu entwerfen, verschiedenartige Alternativen zum bisher praktizierten Weg aufzuzeigen und möglicherweise im Rollenspiel auszuprobieren. Sehr unterschiedliche Lösungen können sich dabei entwickeln. In dieser **vierten Phase** ist der Blick auf die Zukunft gerichtet, um das bisher Dagewesene zu korrigieren. Es gilt für diesen Abschnitt ein ganz wesentliches Ziel zu erreichen: betroffene Helfer sollten eine Unterbrechung ihrer gewohnten Denk- und Handlungsabläufe erfahren; gewohnte Schemata der beruflichen Selbstwahrnehmung sollten neuen Möglichkeiten weichen; Routine und Circuli Vituosi des beruflichen Erlebens und Handelns beim Helfer sollten aufgebrochen werden, um individuell und als Gruppe (als Auszubildende, als Team etc.) Neues an sich herankommen zu lassen, um Neues ausprobieren zu können.
Soweit hierzu. Es sei noch hinzugefügt, daß nur dann in der Supervision Sicherheit und Vertrauen wachsen können, wenn der Innenraum der Supervision von allen Beteiligten als verläßlicher Schutzraum empfunden wird, das bedeutet, daß für alle Teilnehmer außerhalb der Sitzungen die **Schweigepflicht** gilt und die Supervisanden sich untereinander anhalten, den Prozeß und die Dynamik der Supervision nicht außerhalb der offiziellen Arbeit in Cliquen fortzusetzen.

Zur Supervision zählen inzwischen die verschiedenartigsten Aufgabenbereiche. Da gibt es Supervision von Lehrergruppen; da gibt es Teamsupervision in vielen unterschiedlichen Institutionen; da gibt es Fortbildung mit Supervision; da gibt es Supervision in der Psychotherapieausbildung; da gibt es Organisationsberatung usw. Jede Form von Supervision erfordert ein anderes Vorgehen, andere Methoden, andere Kenntnisse des jeweiligen Arbeitsgegenstandes und andere Schwerpunktsetzungen (vgl. SCHREYÖGG, 1991). Alle diese Formen der Supervision verlangen eine spezifische, theoretisch fundierte Konzeption und spezifisches Handwerkszeug. Ich möchte mich jetzt mit übergeordneten Leitlinien des Supervidierens beschäftigen, die für alle Bereiche gleichermaßen gelten.

Handwerkszeug II: Übergeordnete Leitlinien des Supervidierens

1. Der Supervisor/die Supervisorin nimmt eine **akzeptierende und wertschätzende Haltung** den Teilnehmerinnen und Teilnehmern der Supervision gegenüber ein. Er/sie weiß, daß das eigene Handeln ethischen und humanistischen Überzeugungen modellhaft unterzuordnen ist.

2. Der Supervisor/die Supervisorin versucht, einen möglichst **gleichmäßigen Sicherheitsabstand** zu allen Supervisanden herzustellen. Auf diese Weise soll eine möglichst neutrale und objektive Stellung des Supervisors in der Supervisionsgruppe angezielt werden.

3. Ähnlich einem Leiter fungieren Supervisoren in einer Gruppe, einem Team oder in der Ausbildung etc. an vorderster Stelle; sie besetzen eine **autoritative Position** mit einer **gewissensleitenden Verantwortung;** sie sind, wenn man so will, das Über-Ich der Gruppe und müssen deshalb mit irrationalen Erwartungen der Teilnehmerinnen und Teilnehmer rechnen; wir können das auch eingeschränkt die Übertragung der Supervisanden nennen. Supervisoren sollten diese Position aber nicht zur Funktion des Richters oder Schiedsrichters umstrukturieren, so daß gegen Teilnehmer und ihre Aktionen Recht oder Unrecht gesprochen wird.

4. Grundsätzlich kann davon ausgegangen werden, daß sich innerhalb des Supervisionsprozesses diverse **Störfaktoren** aufbauen. Die analysierende und **verstehende Kompetenz** des Supervisors muß sich gerade darin erweisen, diese Störfaktoren wahrzunehmen und sie in der Weise zu deuten, daß sie den Reflexionsprozeß für den jeweiligen Arbeitsgegenstand und für die involvierten Helfer vorantreiben. Störfaktoren können beispielsweise durch blinde Flecken in der Wahrnehmung des Supervisanden repräsentiert sein oder durch Projektionen, unbrauchbare Idealbildungen, durch die Bearbeitung eines Problems auf falscher Ebene, hartnäckige Unoffenheit, Widerstände jeder Art gegen das Gesagte, durch destruktive Rivalitäten der Teilnehmer untereinander usw. Besonders die kritische Selbstreflexion des Supervisors während und nach der Supervisionssitzung wird nützen, solche Störfaktoren auszumachen und später sinnvoll anzusprechen. Vielfach belegen Störfaktoren innerhalb der Supervision das, womit die Helfer **außerhalb** der Supervision gerade kämpfen. Dabei wird dem Supervisor meist das aufgelastet, was der Supervisand außerhalb der Sitzung in seiner Arbeit erleidet.

Kommt beispielsweise eine Helfergruppe zur Supervision, welche sich durch die infantile Passivität und Erwartungshaltung ihrer Patienten gestört und erpreßt fühlt, so ist es sehr wahrscheinlich, daß dem Supervisor in der Supervisionssitzung Inaktivität begegnet und er schlußfolgern kann, daß die Teilnehmer von ihm erwarten, geführt und in Bewegung gebracht zu werden. Der Helfer gibt also oft weiter, was ihn selbst frustriert und wechselt dabei unbemerkt die Rollen, "spielt" also das, was sonst der Patient bzw. Klient "spielt", und entlastet sich auf diese Weise. Der Supervisor soll nun stellvertretend zeigen, wie man mit einem solchen Verhalten fertig wird. Mit anderen Worten: Die Haltung und Vorgehensweise des Supervisors als Reaktion auf das Verhalten des Individuums und der Gruppe sollte gut überlegt und keine Entscheidung einzig aus dem Bauch heraus sein, dabei ist die Gefahr viel zu groß, von den unbewußten Absichten der Teilnehmer vereinnahmt und damit schachmatt gesetzt zu werden.

5. Darüber hinaus scheint es mir angezeigt, daß Supervisoren in der Lage sind, unterschiedliche Phänomene und Zusammenhänge derart zu deuten, daß ein Bild des Ganzen erkennbar wird. Dazu gehört auch, ungesagte bzw. nonverbale Wirkungsfaktoren wahrzunehmen und dem ganzheitlichen Bild, das einer Deutung gleichkommt, zuzufügen. Mit anderen Worten, der Supervisor/die Supervisorin sollte eine gewisse **Kompetenz der psychodynamischen Interpretation** erwerben und fähig sein, unbewußte Anteile eines Problems zu erkennen und zu versprachlichen. Nicht selten verraten in einer Teamsupervision beispielsweise die **ungesagten Teile eines Themas** mehr über die Dynamik und Konflikthaftigkeit einer Gruppe als die gesagten.

Generell wird natürlich bei jedem Schwierigkeitsgrad der "ideale" Supervisor gebraucht. Darf man der Untersuchung von CARIFIO et al. (1988) glauben, dann sollte der "ideale" Supervisor Eigenschaften wie Emphatie (Einfühlung), Echtheit (Kongruenz), Durchsichtigkeit und praxisbezogene Konkretheit vorleben können. Er oder sie sollte ein mittleres Ausmaß an Aktivität zeigen, also weder dominant noch überwiegend passiv sein, sollte über verschiedene Methoden der Informationsgewinnunng verfügen und mit klaren Zielvorstellungen arbeiten. Außerdem sollte er oder sie in der Lage sein, Supervisanden zu einem sozialen, beruflichen Vergleich mit Techniken des Feed-Backs zu verhelfen.

Darüber hinaus, denke ich, sollten Supervisoren ein hohes Maß an Unabhängigkeit und Autonomie mitbringen, was idealtypisch verlangen würde, daß er oder sie keine unnötigen Konzessionen in der Arbeitsweise weder an die Teilnehmer noch an den jeweiligen Träger der Supervision vornehmen muß. Die Autonomie des Supervisors/der Supervisorin sollte es außerdem für die Supervisanden ermöglichen, ihre eigene Rollenhaftigkeit des beruflichen Tuns gründlich zu überprüfen. Dafür zum Abschluß dieses Referats ein Beispiel aus der Teamsupervision:

Kleines Beispiel: Überprüfung der eigenen Rolle im sozialpsychiatrischen Team

Das sozialpsychiatrische Team einer Tagesstätte, die in einer extramuralen Übergangseinrichtung beheimatet ist, will sich eine neue Struktur geben. Jedes Mitglied dieses Teams möchte auf die bisherige Rollenübernahme verzichten, um sich weiterentwickeln zu können. Die Rollen waren einerseits berufsbedingt und andererseits aus persönlichen Hintergründen geformt. Deshalb fordert der Supervisor jeden Supervisanden auf, zunächst einmal zu ergründen, welche Rolle er/sie, der/die Betreffende, in seiner/in ihrer Herkunftsfamilie eingenommen hat mit der Zusatzfrage, "was hat mir daran gefallen (Vorteile), was hat mir daran nicht gepaßt (Nachteile)", und dann zu ergründen, inwieweit diese familiäre Position der eigenen Rolle im Team (und den Klienten gegenüber) entspricht, bzw. vielleicht das Gegenteil darstellt. Vielfach spürt der Betreffende, daß er eine irgendwie fremdbestimmte Rolle spielt, welche er gerne ablegen möchte. Dabei entdeckt Gisela beispielsweise (der Name wurde verändert), daß sie als die älteste Schwester von drei Geschwistern viele Jahre hindurch für ihre kränkelnde/kranke Mutter und den ständig abwesenden Vater den Haushalt geführt hat (Einkaufen, Essenmachen, Putzen), für die jüngeren Geschwister die Verantwortung trug und dem Vater die Kassenbücher führte, weil dessen Handwerksbetrieb ständig vom Konkurs bedroht war und der Vater deshalb keine Zeit fand, Büroarbeit zu leisten. Gisela hat sich also durch ihre **Ersatzmutterrolle** die Anerkennung der ganzen Familie gesichert und dabei zu vergessen gelernt, auf sich selbst zu achten.

Im sozialpsychiatrischen Team hat sie dann ganz automatisch wieder diese Rolle eingenommen, also das Team und die Klientenbetreuung mütterlich geleitet, was ihr jetzt aber nicht nur Lob, sondern auch viel Kritik einträgt. Ohne zu ahnen, weshalb sie derart handelt, steckt sie fast masochistisch den Druck der Verantwortung und aufsässige Kritik der Besucher (Klienten) als Anerkennung ein, ohne an ihre Gesundheit zu denken. Nur durch somatische Störungen oder heftige Erschöpfungszustände kann sie temporär von ihrer Rolle im Team Abstand nehmen. Für die anderen Teammitglieder haben sich zu ihrer verdeckten, inoffiziellen Führungsposition analoge und komplementäre Rollen gefunden. Auch dafür lassen sich während der Supervision Hintergründe in der jeweiligen Herkunftsfamilie aufzeigen.

Mit anderen Worten: die Teamer haben sich um die Ersatzmutterrolle von Gisela herum eigene familiär angeleitete Positionen aufgebaut, so daß eine neue Familienbande, nämlich das Team, mit ganz eigenen, nicht bewußt ausgewählten, eher infantilen Strukturen entstanden ist. Der Supervisor kann nach diesem ersten Schritt der Aufdeckung und Analyse darauf hinweisen, daß das Ideal gleichwertiger Arbeit und gleichgewichtiger Stellung aller Helfer im sozialpsychiatrischen Team bedeutsame inoffizielle Rangunterschiede der Mitarbeiter untereinander verleugnen bzw. niederhalten ließ.

In einem zweiten Schritt der Supervision werden die Teilnehmer aufgefordert, individuell und reihum ihre eigenen Stärken und Schwächen zu schildern (Kompetenz versus Inkompetenz). Ferner werden die Zuhörer - die jeweils anderen des Teams - gebeten, durch eine ausführliche Rückmeldung die Selbstdarstellung des jeweiligen Teamkollegen zu kommentieren (Bestätigung versus Korrektur). Auf diese Weise schälen sich langsam die Unterschiede zwischen den Helfern und Helferinnen des Teams heraus.

Darauffolgend dürfen die Supervisanden genau bestimmen, in welche Richtung sie sich verändern und ihre alten Positionen im Team abgeben wollen. Gleichzeitig müssen neue und offene Strukturen für die Arbeit entworfen werden, wo Unterschiede zwischen den Helfern vorgesehen und zulässig sind. So können beispielsweise die erfahrenen Helfer dieses Teams gleichberechtigt nebeneinander gestellt werden und bekommen für Zivildienstleistende, Praktikanten sowie Berufsanfänger eine Lehrerfunktion zugesprochen. Nichterfahrene Helfer müssen sich nicht länger als Kinder fühlen, sondern dürfen sich als Schüler betrachten, die nicht alles gleich können müssen und sehr schwierige Aufgaben mit gutem Gewissen an ihre "Lehrer" delegieren können, die aber für zumutbare Funktionen verantwortlich eingesetzt werden. Ferner dürfen sich erfahrene Kollegen dadurch entlasten, daß Funktionen, Aufgaben und Verantwortungen definiert verteilt werden. Nicht jeder Erfahrene muß sich um alles kümmern.

Haben sich neue Positionen bis in die Betreuung der Klienten durchgesetzt, achtet der Supervisor in nächster Zeit darauf, daß während der sogenannten Fallsupervision, wenn also Beziehungen und Probleme in Bezug auf Klienten besprochen werden, jedes Teammitglied seine eigenen Ideen, Gefühle, Bewertungen äußern darf, ohne daß eine familiäre Einigkeit erzielt werden soll. Unterschiede der Betrachtung je nach neuer Position sind erwünscht. Soweit dieses Beispiel.

Abschließende, persönliche Bemerkungen:

Zum Abschluß dieses Artikels seien mir noch einige persönliche Bemerkungen gestattet. In 15 Jahren Supervision bin ich mit immer neuen und immer wieder gleichen Schwierigkeiten konfrontiert worden, und es hat sich allmählich für die Ausübung von Supervision im klinischen, medizinischen, psychosozialen und psychotherapeutischen Feld eine Grundüberzeugung entwickelt: Jede Ohnmacht bzw. Hilflosigkeit oder jede Verzweiflung, die ich als Supervisor durchmache, ist erstens kränkend und zweitens produktiv.

Die Kränkung entsteht aus der Einsicht, daß sich nicht alle Schwierigkeiten eines Teams, einer Gruppe oder eines Auszubildenden sofort oder in der nächsten Sitzung lösen lassen, trotz der konstruktiven Supervisionsarbeit. Die Kränkung entsteht ferner aus der Tatsache, daß man häufig in seiner Supervisionsarbeit falsch, nachlässig und/oder geringschätzig beurteilt wird, obwohl man selbst glaubt, hart gearbeitet zu haben. Die Chance entwickelt sich, wenn die Gefühle der Kränkung und des Verletztseins weniger werden und dem fragenden Blick ein freies Feld öffnen; dann nämlich setzt das produktive Nachdenken ein, wie etwa:

- was habe ich falsch gemacht?
- was habe ich übersehen?
- was habe ich gewußt und aus falschem Taktgefühl nicht ausgesprochen?
- usw.

Also, Einsicht Nr. 1 muß sein: Probleme des Supervisors/der Supervisorin mit der Durchführung von Supervision sind heilsam und geben wichtige Anstöße zum Weiterdenken! Sie lösen aus der eigenen Starrheit und aus eingefahrenen Gleisen.

Meine bisherige Position zum Thema der Supervision war, daß Helfer egal mit welcher Fragestellung lernen sollten, sich auf einem fast psychotherapeutischen Niveau zu reflektieren. Ich glaube, daß dieses Konzept der psychotherapeutisch angelegten Supervision von den betroffenen Supervisanden oft zuviel verlangt. Sollten Helferinnen oder Helfer ähnliches erwarten, muß dieser Erwartung unbedingt entgegengesteuert werden. Supervision darf nicht mit Psychotherapie verwechselt werden! Supervisoren haben dafür Rechnung zu tragen.

Also, Grundsatz Nr. 2 muß sein: Supervision ist klar von Psychotherapie zu trennen.

Eine weitere persönliche Erfahrung möchte ich Ihnen mitteilen, eine Erfahrung, die ich nur äußern kann, wenn ich pauschaliere. Supervisanden neigen dazu, die Veranstaltung der Supervision und den Supervisor oft mit zu weit gesteckten Erwartungen zu überfrachten. Andererseits werden diese Erwartungen auf einer unbewußten Ebene durch irrationale Ängste und Vermeidungsabsichten begleitet. In aller Regel weigern sich die Teilnehmerinnen und Teilnehmer von Supervision vor ihrem Bewußtsein zu symbolisieren, daß sie einen Konflikt zwischen Offenheit und Erwartung einerseits und unbewußten Wünschen andererseits inszenieren, nämlich den Wünschen geschützt und geschont zu werden. Dieser Konflikt wird oftmals auf die Funktion des Supervisors/der Supervisorin projiziert, was bedeutet: der Supervisor wird dafür verantwortlich gemacht, ob dieser Konflikt für den Supervisanden auf eine zufriedenstellende Art und Weise gelöst wird. Je unreifer die Teilnehmerinnen und Teilnehmer sind, desto stärker wird dem Supervisor diese Aufgabe übertragen. Dabei kann nur das Folgende entstehen: Der Supervisor muß den Supervisanden auf sich selbst zurückführen und ihm die Verantwortung für die Lösung dieses Konfliktes zurückgeben. Das enttäuscht.

Also meine Hypothese Nr. 3: Der Supervisor/die Supervisorin wird die überzogenen Erwartungen der Teilnehmer enttäuschen und auf die individuelle Realität des Konflikts zwischen

Offenheit und Angst (bzw. Vermeidung) zurückstutzen müssen. Überzogene Erwartungen an die Leistungsfähigkeit von Supervision zurückzudrängen, heißt, das Lustprinzip zu verletzen und das Realitätsprinzip einzuführen. Wie auch in der Psychotherapie vom Therapeuten verlangt werden kann, den unrealistischen Erwartungen der Klienten/Patienten entgegenzutreten, muß auch vom Supervisor verlangt werden, der Realität des Machbaren zum Durchbruch zu verhelfen. Teilnehmer und Teilnehmerinnen, die erwarten, von der Supervision und der Kraft des Supervisors verwandelt zu werden, die erwarten, auf wundersamen und wunderbaren Wegen von Konflikten und Problemen befreit zu werden, irren sich und werden enttäuscht. Supervisoren müssen eine solche Enttäuschung aushalten können und lernen, damit konstruktiv umzugehen.

Anders als in der Psychotherapie sind in der Supervision Machtkämpfe zwischen Supervisanden und Supervisor sehr wahrscheinlich. Auch können Machtprobleme entstehen zwischen einer Institution und dem Supervisor, bzw. den Leitungskräften einer Einrichtung und dem Supervisor. Die Position des Supervisors ist selbst in der Ausbildungssituation riskiert; und zwar muß gegenüber dem Psychotherapieverband und gegenüber den Auszubildenden eine Reputation der Kompetenz erworben werden. Supervision findet insofern immer unter öffentlicher Kontrolle statt; die Supervisorin/der Supervisor weiß sich ständig einer öffentlichen Verantwortung gegenüber und einer öffentlichen Diskussion, wie seine Kompetenz und wie seine Handlungen bewertet werden. Gerade in schwierigen Fragen der Supervision, gerade in stürmischen Phasen der Supervision und der Supervisionsgruppe hat die Supervisorin/der Supervisor um die eigene Macht gegenüber den Supervisanden zu kämpfen und muß ggf. immer mit Entwertung und Entmachtung rechnen.

Also, Erkenntnis Nr. 4: Supervision sollte nur derjenige ausüben wollen, der glaubt, das Machtgerangel aushalten zu können; das ist vor allem eine emotionale Frage an die Persönlichkeit des Supervisors. Ich rate Ihnen, liebe Leserinnen und liebe Leser, Supervision nur dann durchführen zu wollen, wenn Sie mit Machtkämpfen, Entwertung und Erfolglosigkeit - oft nur scheinbar - umgehen können. Denn autoritäre Supervision stattdessen, behaupte ich, ist nicht produktiv. Sie schafft nur alte Eltern-Kind-Schemata, die nicht zum Wachstum führen, und zwar weder auf der Seite des Supervisanden noch auf der Seite des Supervisors.

Literatur

ARGELANDER, H. (1980): Die Struktur der "Beratung unter Supervision". In: Psyche 34 : 54–77.

BALINT, M. (6.Aufl., 1984): Der Arzt, sein Patient und seine Krankheit. Stuttgart. (Originalausgabe: The doctor, his patient and the illness. London 1964).

BETTELHEIM, B. (1978): Der Weg aus dem Labyrinth: Leben lernen als Therapie. Frankfurt/Berlin/Wien.

CARIFIO, M.S.; HESS,A.K. (1988): Was kennzeichnet den "idealen" Supervisor? In: Report Psychologie 3, (5/6), S. 18-27.

PLESSEN, U.; KAATZ,S. (1985): Supervision in Beratung und Therapie. Salzburg.

RAPPE-GIESECKE, K. (1990): Theorie und Praxis der Gruppen- und Teamsupervision. Berlin/Heidelberg.

SCHREYÖGG, A. (1991): Supervision - Ein Integratives Modell. Lehrbuch zu Theorie und Praxis. Paderborn.

SCOBEL, W.A. (3. Aufl. 1991): Was ist Supervision? Göttingen.

SLAVSON, S.R. (1977): Analytische Gruppentherapie. Therapie und praktische Anwendung. Frankurt.

YALOM, I.D. (1974): Gruppenpsychotherapie. Grundlagen und Methoden. Ein Handbuch. München

Kapitel 2

Systemisch-konstruktivische Supervision

Jürgen Hargens und Uwe Grau

Supervision - aus unserer Sicht

Supervision ist ein zur Zeit "boomendes" Geschäft für psychosoziale Fachleute (Supervision 1992; Hargens 1993a). Dabei scheint es, als sei weder den AnbieterInnen noch den KundInnen immer eindeutig klar, was der Begriff "Supervision" umfassen, meinen und bestimmen soll - was nicht erstaunt, wenn Ursprünge (Industrie) und Herkunft des Wortes (Vorgesetzter) mitbedacht werden (vgl. Auckenthaler & Kleiber 1992; Brandau 1991).

Dies spiegelt sich u.E. auch sehr deutlich in den derzeit laufenden Debatten darüber wider, wer unter welchen Voraussetzungen berechtigt sein soll, "professionelle" Supervision verantwortlich durchzuführen. So bestehen bereits Verbände und Vereine, die umfassende Weiterbildungen anbieten, wobei diese Vereine (z.B. die Deutsche Gesellschaft für Supervision) ihre Herkunft aus einer sozialarbeiterischen Tradition betonen.

Damit ist die Frage nach den "Eingangsvoraussetzungen" und der "Feldkompetenz" gestellt, die bisher offen, aber durchaus kontrovers diskutiert wird, wie eine Diskussion zwischen Vertretern des Berufsverbandes Deutscher Psychologen und der Deutschen Gesellschaft für Supervision und anläßlich einer Tagung der Deutschen Psychologen Akademie im Herbst 1992 deutlich werden ließ.

Nach unserer Auffassung kann es nicht darum gehen, SupervisorInnen als die "noch besseren Fachleute" in dem Bereich zu begreifen, in dem die Supervisees arbeiten. Dies führt u.E. allzu leicht in ein Durcheinander von Supervision und Training bzw. Anleitung. In diesem Sinne begreifen wir Supervision als "Anwendungswissenschaft"* - als Anwendung eines grundlegenden psychologischen Wissenskanons auf unterschiedliche berufliche Kontexte, um den dort

* In Absetzung zu unserem Konzept könnte hier die von uns nicht geteilte Idee von Supervision als "Aussteiger-Wissenschaft" eingebracht werden, was sich am Beispiel der Unternehmens- oder Managerberatung am pointiertesten zeigen ließe. Hier werden supervisorische Dienstleistungen oft von solchen Personen angeboten, die ihre Kompetenz auf den Beruf zurückführen, aus dem sie "ausgestiegen" sind, z.B. Betriebswirtschaftler und Ökonomen.

Tätigen eine kompetenz-orientierte Reflexion ihres Handelns zu ermöglichen und zu erleichtern.

Diese Idee beruht daher auf den von uns immer vorausgesetzten Intentionen der Supervisees, Unterstützung und Reflexion für ihr berufliches Handeln zu wünschen, wie unserer Anerkennung ihrer andersartigen Arbeitsbereiche, in denen sie über eine deutlich größere Kompetenz verfügen als die SupervisorInnen. Zugleich ermöglicht diese Distanz, das einzubringen, was als "Irritation der FremdbeobachterIn" die in der beruflichen Sozialisation erworbenen Sicherheiten befragbar und fragwürdig machen kann.

Dieses Konzept von Supervision hat für uns eine klare Konsequenz: es erscheint uns wichtig zu unterscheiden, ob Supervision als Bestandteil einer Ausbildung dazu dient, die Anwendung des gerade Gelernten in der Praxis zu überprüfen (Kontrolle) oder ob es darum geht, ausgebildete Fachleute in ihrer beruflichen Reflexion zu begleiten.

In diesem Artikel möchten wir den Versuch unternehmen, unser Vorgehen zu spezifizieren, darzustellen und somit unseren "systemisch-konstruktivistischen Ansatz" diskutierbar zu machen (Grau & Hargens 1992a, 1992b, Hargens1993a, 1993b, Hargens & Grau 1990, 1991, 1992, Dieckmann & Hargens 1994).

Ein wenig Theorie

Systeme begreifen wir als dynamische Einheiten, die aus miteinander zusammenhängenden und sich beeinflussenden Elementen bestehen. Welches "System" im einzelnen betrachtet wird, hängt dabei von der Perspektive der BetrachterInnen ab: es kann sich um ein Individuum handeln, eine Gruppe, eine soziale Institution - es lassen sich immer Grenzen ziehen, Beschreibungen (er-)finden, Wechselseitigkeiten wahrnehmen und Unterscheidungen treffen.

Konstruktivistisch kennzeichnet für uns eine erkenntnistheroretische Grundpostition, die besagt, daß uns die "Welt da draußen" prinzipiell nicht "an sich" zugänglich sein kann (Maturana 1982; von Foerster 1985; vonGlasersfeld 1985; Watzlawick 1981). Wir vergleichen unsere Wahr-nehmungen nie mit dem "Original", sondern immer mit anderen Wahrnehmungen. Wir vergleichen einen Apfel nie mit dem "wirklichen" Apfel, sondern mit den Ideen, Bildern, Vorstellungen oder Bedeutungen von "Apfel", über die wir verfügen. Dasselbe gilt für alle sozialen und psychischen Phänomene - wir vergleichen eine andere Person nie mit der "wirklichen" Person, sondern immer mit den Ideen, Bildern, Vorstellungen und Bedeutungen, die wir über diese Person haben.

Insofern sind auch wir der Ansicht, daß wir die "Mauer", die uns von der Wirklichkeit trennt, nie durchbrechen können - wir sind aber sehr wohl imstande, uns Bilder von dieser "Wirklichkeit" zu erschaffen und solange zu (be)nutzen, solange sie uns nützlich oder sinnvoll erscheinen (vgl. Abb 1 - Erkenntnistheorie); in der konstruktivistischen Terminologie heißt es, daß diese Konstruktionen "viabel" seien (v. Glasersfeld 1981).

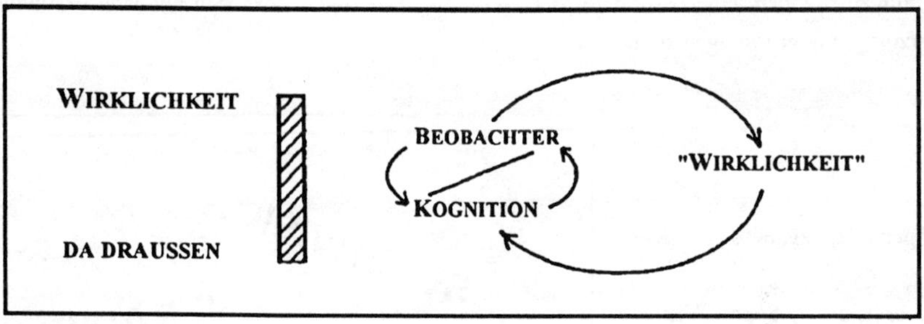

Abb. 1

Was wir unserem Verständnis nach mit diesen so konstruierten "Bildern" tun, zielt in eine ganz andere Richting: im menschlichen Zusammenleben verleihen wir den Konstruktionen "**Sinn**" - sie erweisen sich als handlungsleitend. Bedeutungen (Be-**Deutungen**) erscheinen uns daher besonders wichtig - sie können nach diesem Verständnis nicht falsch oder richtig sein, sondern immer nur mehr oder weniger angemessen, nützlich oder sinnvoll (Dell 1990[2]). Wir möchten dieses über die Metapher einer Treppe veranschaulichen:

Diese "Escher"-Treppe führt nicht "entweder" abwärts "oder" aufwärts - sie führt "sowohl" abwärts "als auch" aufwärts. Welche Richtung wir jeweils bevorzugen, hängt nicht von der Treppe ab, sondern weitaus mehr von unserer Perspektive, von der Richtung, aus der wir schauen, und von dem Nutzen, den wir uns von dieser Blickrichtung versprechen.

Abb. 2

Diese "Freiheit", unterschiedliche Perspektiven gleichberechtigt oder **gleich gültig** nebeneinander anzulegen, leiten wir aus der Erkenntnistherorie des radikalen Konstruktivismus ab. Wenn es nicht die objektive und wahre **Wahr**nehmung der Wirklichkeit gilt, dann tragen wir die Ver**antwort**ung für die Perspektive, die wir anlegen und damit über**nehmen** wir auch die Ver**antwort**ung für die "Welt", die wir leben (Efran et al., 1992, Hoffman 1987, Krüll 1987).

Und in eben diesem Sinne verstehen wir "systemischkonstruktivistische Supervision" - als die Freiheit, unterschiedliche Perspektiven zu erkunden, anzulegen und zu beschreiben, ohne darauf zu drängen, eine bestimmte Sichtweise zu bevorzugen oder sich auf eine bestimmte festzulegen oder festlegen zu müssen.

Super oder Vision ?

Supervision - Super Vision (Brandau 1991; Hargens 1993a) - ist ein schillernder Begriff, der mit vielen anderen Beschreibungen assoziiert werden kann. Wir haben im folgenden einige dieser Begriffe aufgelistet:

Abb. 3: Supervision - Begriffe

Nach unseren bisherigen Ausführungen dürfte deutlich geworden sein, daß wir der Ansicht sind, daß einige Begriffe auf gar keinen Fall unsere Sichtweise beschreiben. Wir haben uns entschieden, Supervision als **"Reflexion"** zu begreifen, um im fachlichen Gespräch **"andere"** Perspektiven oder "Wiklichkeiten" aufscheinen zu lassen. Diese "anderen

Wirklichkeiten" sind nach unserem Verständnis alle **gleich gültig**, aber deshalb durchaus **nicht gleich wünschenswert**. Daher folgt der Refelxion notwendigerweise die Phase der Bedeutungszuschreibung - es erfolgt eine Abwägung nach teilweise sehr unterschiedlichen Kriterien: nützlich, sinnvoll, schön, angenehm, erfolgreich, einträglich, besänftigend etc.

Nach unserem konstruktivistischen Verständnis sind die Beteiligten selber diejenigen, die entscheiden - und damit Verantwortung nehmen -, welche Bedeutungen, welche "Wirklichkeiten" für sie "passen". Als SupervisorInnen sehen wir unsere Aufgabe darin, Reflexionen zu ermöglichen, anzuregen und unterschiedliche Perspektiven einzubringen.

Wir begreifen uns daher nicht als Fachleute für "besser wissen", sondern als Fachleute für **bereitstellen und verfügbarmachen von Reflexionsebenen und - strukturen** (vgl. Andersen 1990). Unsere Professionalität sehen wir darin, einen definierten "Wissenskanon" anzuwenden - systemisch-konstruktivistische Erkenntnistherorie und daraus abgeleitete methodische Varianten. Dagegen sehen wir es nicht als unsere Aufgabe an, Entscheidungen herbeizuführen (deren Konsequenzen im übrigen nicht wir, sondern die Supervisees, die KundInnen, zu tragen hätten) oder anzugeben, was "richtig" sei. Dies ist eine Folge unserer grundlegenden Idee der Kompetenz und Kundigkeit: wir begreifen unsere Gegenüber als ExpertInnen, die für ihr Leben die Verantwortung tragen und genau dafür die ExpertInnen sind (Hargens 1993b).

ExpertInnen unter sich...

Aus dem Gesagten ergibt sich für uns, daß niemand - auch wir nicht - über einen privilegierten Zugang zu einer Wirklichkeit "da draußen" verfügt oder besser wissen kann, was gut, was schecht, was richtig, was falsch oder was wahr oder was unwahr ist. Dies kann nur jeder Mensch für sich selber entscheiden, und wir bemühen uns, unsere Gegenüber zu ermutigen, diese Verantwortung zu nehmen und die Kundigkeit für das eigene Leben zu leben. Diese Haltung, die aus unserer erkenntnistheoretischen Grundlage folgt, spiegelt sich in der folgenden Begebenheit wider:

Wir haben, versucht, diese **Grundhaltung des Respekts** in Leitlinien zu übersetzen, die unser Verhalten bestimmen (Hargens & Grau 1990):

- kooperieren
- reflektieren
- öffentlich machen

Dabei sind wir uns bewußt, daß diese Leitlinien weder neu noch eindeutig operationalisiert sind - sie bilden für uns den Rahmen, in dem sich für uns wichtige Haltungen widerspiegeln, die wir versuchen, in unser konkretes Handeln zu übersetzen. Dabei beziehen wir uns in unsere Arbeit mit ein, als wir Fragen, Probleme, Ideen, die sich über den Dialog mit den KundInnen hinaus in unserer Person zeigen, in Form des **Meta-Dialogs** (Hargens & Grau 1993) öffentlich (als die unsrigen) reflektieren. In diesem Sinne machen wir einen uns wesentlichen Aspekt des radikalen Konstruktivismus, die Selbst-Rückbezüglichkeit, explizit zu einem Bestandteil unseres Vorgehens.

Abb. 4

Bei der Beschreibung dieser Leitlinien beziehen wir uns auf Arbeiten von Tom Andersen (1990) und Steve de Shazer (1992), die jeweils einzelne Aspekte herausgearbeitet haben. Wir haben versucht, diese Ideen für unseren Rahmen nutzbar zu machen, indem wir sie zueinander in Beziehung setzen.

"Kooperieren" beschreibt das grundlegende Prinzip, daß jede Form des Miteinanders auf der Annahme des "zusammen" beruht. Widerstand, so lautet das geflügelte Wort von de Shazer, existiert ausschließlich im Kopfe der "TherapeutIn", aber nicht im Handeln der KundIn. M.a.W."Widerstand" wird als eine implizite Vorannahme beschrieben, die ein Miteinander eher nachteilig beeinflussen kann.

Für unsere supervisorische Arbeit haben wir diese Idee so übersetzt, daß wir von einer grundsätzlichen Kompetenz der sog. "Supervisees" ausgehen, die sie in ihrer täglichen Arbeitspraxis verwirklichen (vgl. S. 100). Die so auf unserer Seite gegebene Fremdperspektive hat sich für uns inzwischen als wesentlich herausgestellt: indem wir für den Arbeitsbereich der "Supervisees" keine spezifische Kompetenz besitzen, erfolgen unsere Fragen und Anmerkungen immer aus der Perspektive der für den Fachbereich Fremden. Damit, so unsere Erfahrung, werden wieder Fragen leichter denkbar und möglich, die aufgrund der impiziten

Vorannahmen der Fachleute - z.B. vermittelt über eine langjährige Ausbildung(ssozialisation) - als nicht zulässig galten.

Wir sind uns durchaus im klaren, daß unsere Fragen und Ideen eben nicht "besser" sind, sondern anders - und dieses "anders" kann hilfreich sein, andere Perspektiven einzunehmen und so die Freiheitsgrade des Handelns zu erweitern.

"Reflektieren" bezieht sich auf einen wesentlichen inhaltlichen Aspekt unseres Vorgehens - wir begreifen Supervision nicht als Fort- oder Weiterbildung, sondern als Möglichkeit, den eigenen Handlungsrahmen zu be- und zu hinterfragen. Damit wird ein weiterer zentraler Aspekt unseres Ansatzes erkennbar: wir gehen davon aus, daß sich die wichtigen, handlungsleitenden Ideen gewissermaßen in den Köpfen befinden und daß diese - meist impliziten und unausgesprochenen Konzepte - wesentlich sind, Verhaltensweisen zu beschreiben. In diesem Sinne begreifen wir reflektieren als Angebot, die Bilder im eigenen Kopf transparenter zu machen, um so andere Verknüpfungen herstellen und die Verantwortung für das eigene Handeln betonen zu können.

"Öffentlich machen" beruht auf unserer Prämisse, daß alle Beteiligten als ExpertInnen gelten und daß es von daher nicht notwendig scheint, Informationen, Ideen, Fragen und Hypothesen zurückzuhalten oder "hinter verschlossenen Türen" zu besprechen. Damit definieren wir unsere Haltung des **Respekts**, den wir vor den anderen haben, indem wir unsere handlungsleitenden Ideen in unseren Köpfen ebenso offen einbeziehen.

Das dazu von uns entwickelte Vorgehen stellt eine Modifikation des von Tom Andersen beschriebenen "Refelktierenden Teams" (1990) dar und wir nennen es **"Meta-Dialog"** (Hargens & Grau 1993). Vereinfacht gesagt, handelt es sich dabei um die Ideen, Gedanken, Hypothesen, Fragen etc., die wir als "SupervisorInnen" miteinander vor den KundInnen reflektieren. Diese auf den ersten Blick nicht unvertraute Vorgehensweise macht in unseren Augen einen "Unterschied, der einen Unterschied macht" (Bateson 1982) - geht es doch auch darum, das "Geheimnis des ExpertInnenwissens" auf diese Weise offen zu legen.

Zugleich verweist diese Vorgehensweise auf die von uns gesehene Notwendigkeit, diese Arbeit immer mit einer KollegIn gemeinsam durchzuführen (Hargens & Grau 1993), die wir hier nicht weiter begründen wollen.

... und ihr praktisches Handeln

Im supervisorischen Alltag definieren wir die "Zielvorgabe" auf unserer Seite, daß unser fachliches Ziel darin besteht, über das Nutzbarmachen unserer Fertigkeiten einen Rahmen bereitzustellen, in dessen Struktur Refelxionen auf unterschiedlichen Ebenen und Perspektiven möglich werden. Die Akzeptanz und ggf. Aneignung der Refelxionen ist für uns nicht mehr Bestandteil der Supervision, sondern bleibt den zu uns kommenden ExpertInnen überlassen.

Von daher richtet sich unser Vorgehen darauf, einen solchen Rahmen immer wieder aufs Neue bereitzustellen. Dazu haben wir eine Art "standardisierte Einleitung" entwickelt, die aus zwei wesentlichen Elementen besteht, den "Standardfragen" und der Phase "Strukturierung I", die in einem Meta-Dialog zwischen den SupervisorInnen realisiert wird.

Standardfragen

Jede Supervision beginnt mit den folgenden drei Fragen:

1. "Was war seit dem letzten Mal, was ist seither passiert, von dem Sie denken, daß es nützlich sei, es hier in der Runde allen bekannt zu machen?"

   Wir denken, daß diese Frage einerseits allen die Gelegenheit bietet, sich verbal einzubringen sowie andererseits Anknüpfungspunkte sichtbar werden lassen kann. Und schließlich kann die Bereitschaft, jede zu Wort kommen zu lassen, etwas von der Gleichberechtigung, die wir zwischen allen Beteiligten voraussetzen, erkennbar werden lassen.

2. "Was wäre heute ein Thema für Sie, über das Sie sprechen, an dem Sie mit uns arbeiten möchten? Was liegt für Sie obenauf?"

   Da wir das ExpertInnentum unserer Gegenüber ernstnehmen und respektieren, kommen wir nicht mit einem vorgefertigten Programm in die Supervisionssitzung. Ausschließlich die Themen, die von unseren Gegenübern ausdrücklich als solche benannt werden und an denen sie arbeiten möchten, bilden den inhaltlichen Fokus der jeweiligen Sitzung.

3. "Wenn Sie am Ende dieser Sitzung wieder durch die Tür nach draußem gehen - was möchten Sie dann mitnehmen, was müßte dann für Sie anders sein, damit Sie zu sich sagen können, 'ja, das war in Ordnung, das war gut, sinnvoll, nützlich, hilfreich' - welche Kategorie auch immer Sie für sich verwenden?"

Diese Frage kann nützlich sein, konkrete, auf die jeweilige Sitzung bezogene Ziele, Wünsche, Ideen etc. der Einzelnen erkennbar(er) werden zu lassen. Zugleich impliziert die Frage, daß nicht nur jede über derartige "Erfolgskategorien" verfügt, sondern daß diese Kategorien durchaus für die einzelnen Beteiligten (sehr) unterschiedlich sein kann. Und drittens hoffen wir, implizite Erwartungen explizit zu machen und so zu einer "Entmystifizierung" supervisorischer Ziele beitragen zu können.

Strukturierung I

Auf der Grundlage der von den TeilnehmerInnen über die drei Standardfragen öffentlich gemachten Beschreibungen reflektieren die beiden SupervisorInnen darüber. Dabei bestehen unsererseits drei Ziele:

- die Ideen, die die einzelnen Beiträge in unseren Köpfen ausgelöst haben, öffentlich zu machen;

- aus den genannten Themen die zu benennen, die sich in unseren Köpfen als die zu behandelnden ergeben haben und

- eine Struktur vorzuschlagen, wie wir uns eine Bearbeitung der Themen denken könnten.

Diese "öffentliche Ausarbeitung" wird den Beteiligten zur Entscheidung vorgelegt, z.B. mit der Frage, ob sie damit einverstanden seien bzw. ob es für sie so in Ordnung sei.

Dabei hat die von uns vorgeschlagene Arbeitsstruktur immer zwei klare Merkmale:

1) Zeitlimit

Die jeweilige Supervisionssitzung hat einen zeitlichen Rahmen, der bei Einzelsupervision zumeist eine Stunde, bei Gruppen- oder Teamsupervision zwei bis drei Stunden umfaßt. Innerhalb dieses Zeitrahmens limitieren wir die Zeit, die wir für die verschiedenen zu bearbeitenden Themen vorschlagen. So kann es beispielsweise sein, daß wir für das Thema "Beziehung zwischen den MitarbeiterInnen Meyer und Schulz" eine halbe Stunde vorschlagen, für die "Fallbesprechung Peter" eine Stunde und für das Thema "anstehende Umorganisation" fünfzehn Minuten.

Diese Zeitbegrenzung begünden wir mit der Auffassung, daß sich Probleme nicht immer innerhalb eines Gesprächs klären oder lösen lassen. Unter dieser Perspektive erscheint es uns hilfreicher, gar nicht erst den Versuch zu unternehmen, ein "Problem" bis zur Lösung zu bearbeiten, sondern nur für eine vorgegebene Zeit.

Die Erfahrung zeigt uns, daß dadurch auch der Druck, etwas lösen "zu müssen", soweit verringert werden kann - denn in fünfzehn Minuten "läßt sich das Problem 'anstehende Umorganisation' wirklich" nicht lösen -, daß neue und überraschende Perspektiven erkenn- und wahrnehmbar werden können.

2) Struktur der Themenbearbeitung

Da wir nicht nach Lösungen suchen, sondern nach mehr, anderen und neuen Beschreibungen und Perspektiven, schlagen wir einen Rahmen vor, der solche unterschiedlichen Positionen ausdrücklich einbezieht und nutzbar macht.

Für eine "Fallbesprechung Peter" bieten sich z.B. folgende Möglichkeiten an, die Stunde zu nutzen - wobei wir hervorheben möchten, daß es darüberhinaus noch viele andere Möglichkeiten gibt, die Reflexionsebenen zu strukturieren:

a) Wir führen mit den vier MitarbeiterInnen, die Peter kennen, nacheinander Einzelinterviews durch. Drei weiter MitarbeiterInnen sprechen dann in einer zweiten Runde darüber, welche Ideen ihnen beim Zuhöhren dieser vier Interviews gekommen sind. Dies sollte kurz sein und nicht länger als zehn Minuten dauern. Die restliche Zeit setzen wir uns wieder in den Kreis der Gesamtgruppe - die die Aufgabe des Beobachtens erhalten hat - und sprechen alle darüber, was wir gehört, gesehen und erlebt haben.

b) Zwei MitarbeiterInnen, die Peter kennen, sprechen eine festgelegte kurze Zeit über ihre Beziehung zu Peter und welche Fragen sie in Bezug auf ihn haben. In einem zweiten Schritt befragen wir die beiden anderen MitarbeiterInnen, die Peter kennen, kurz zu diesem Gespräch. In einem dritten Schritt sprechen dann drei weitere MitarbeiterInnen eine festgelegte Zeit darüber, welche Ideen ihnen beim Zuhören zu diesen beiden Gesprächen gekommen sind. In einem vierten Schritt sprechen wir im Kreis der Gesamtgruppe über diese Gespräche, ehe wir als SupervisorInnen abschließend kurz über die Ideen sprechen, die uns beim Zuhören und Beteiligen in den Kopf gekommen sind.

Die klare zeitliche Begrenzung der einzelnen Reflexionspositionen und -phasen haben wir in diesem Beispiel nicht konkret in Minuten festgelegt, tun dies in der jeweiligen Supervisionssitzung aber immer, um den zeitlichen Rahmen zu bestimmen und die Reflexionsstrukturen zu sichern.

Was bringen die ExpertInnen in diese Praxis ein?

Grundsätzlich werden zwei Gruppen am Supervisionsprozeß unterschieden - die sog. "Supervisees" und die sog. "SupervisorInnen". Da wir, wie ausgeführt, beide Gruppen als ExpertInnen für unterschiedliche Bereiche verstehen, sind wir daran interessiert, die in einer solchen Gruppe versammelten Kompetenzen und Ressourcen zugänglich und nutzbar zu machen.

Dazu bedienen wir uns der genannten Strukturierungsmöglichkeiten, die sich auf ein umfassendes theoretisches Konzept - den radikalen Konstruktivismus - stützen. Methodisch nutzen wir die aus der systemischen Therapie bekannten Vorgehensweisen und Hilfsmittel wie zirkuläres Fragen, konstruktivistisches Sprechen, Umdeuten, Familienbrett etc., die wir den jeweiligen Kontexten anzupassen versuchen.[1]

Die Arbeit zu zweit (Hargens & Grau 1993) hilft uns, uns gewissermaßen gegenseitig "live zu supervidieren" und so ein weiteres Stück Offenheit und Respekt vor Andersartigkeit transparent zu machen. Darüberhinaus entlastet die gemeinsame Arbeit von der Verantwortung und dem damit - zumindest gelegentlich - erlebten Druck, was (zumindest nach unserer Anschauung) nicht nur die eigene Kreativität befördert, sondern uns auch eine Möglichkeit bietet, der eigenen "Auszehrung" entgegenzuwirken.

Auf diese Weise erleichtern wir es uns, unser Vertrauen in die Kompetenz unserer Gegenüber zu erhalten oder, wenn dies aus irgendeinem Grunde "erschüttert" worden sein sollte, genau darüber öffentlich zu reflektieren, um so den vorgegebenen Rahmen unseres Ansatzes mit unserem eigenen Verhalten zu füllen.

Anmerkung

1) Diese Techniken sind Grundfertigkeiten für systemisch-konstruktivistisches Arbeiten, die wir hier allerdings nicht im einzelnen vorstellen können.

Zirkuläres Fragen sucht nach Unterschieden, nach Beziehungen, nach Verknüpfungen, die die Kreisförmigkeit interaktionaler Muster aufscheinen lassen und dabei zugleich neue Informationen schaffen und andere Bedeutungen erkennbar machen.

Konstruktivistisches Sprechen unterstützt die Reflexion und das Hervorbringen von neuen Ideen und von mehr Perspektiven, indem verbal Möglichkeiten betont und die Wahrscheinlichkeit stärker indikativer Festschreibungen verringert werden.

Umdeuten setzt einen - problematischen - Sachverhalt in einen anderen Rahmen („frame", daher auch die Bezeichnung „reframing"), der als anderer Hintergrund und veränderter Kontext zu einer - positiveren - Bedeutungsgebung beiträgt.

Das Familienbrett ist ein Hilfsmittel, Beziehungsmuster und -konstellationen zu visualieren und damit in ein anderes Medium zu transportieren.

Literatur

ANDERSEN, TOM (ed) "Das reflektierende Team. Dialoge und Dialoge über die Dialoge", Dortmund: modernes lernen, 1990

AUCKENTHALER, ANNA & KLEIBER, DIETER "Supervision: Bedarf, Ansätze und Entwicklungen", in: dies. (eds) "Supervision in Handlungsfeldern der psychosozialen Versorgung", Tübingen: DGVT 1992

BATESON, GREGORY "Geist und Natur. Eine notwendige Einheit", Frankfurt/M.: Suhrkamp, 1982

BRANDAU, HANNES (ed) "Supervision aus systemischer Sicht", Salzburg: Müller, 1991

DELL, PAUL F. "Klinische Erkenntnis. Zu den Grundlagen systemischer Therapie", Dortmund: modernes lernen, 1990[2]

DE SHAZER, STEVE "Muster familientherapeutischer Kurzzeit-Therapie", Paderborn: Junfermann, 1992

DIECKMANN, STEFANIE & HARGENS, JÜRGEN "Die Maus und der Löwe. Übersetzungen systemisch-konstruktivistischen Arbeitens", System Familie: 7(2), 1994

EFRAN, JAY S., LUKENS, MICHAEL D. & LUKENS, ROBERT J. "Sprache, Struktur undWandel. Bedeutungsrahmen der Psychotherapie", Dortmund: modernes lernen, 1992

GRAU, UWE & HARGENS, JÜRGEN "Beratung von Politikern aus konstruktivistischer Sicht: Einige persönliche Erfahrungen", systeme 6(2): 67-77, 1992a, s. Nachdruck in diesem Band

GRAU, UWE & HARGENS, JÜRGEN "Metapher-Fragen. Ein Beispiel konstruktivistischer Praxis", Z.system.Ther. 10(2): 101-110, 1992b

HARGENS, JÜRGEN "Super Vision", SOCIALmanagement, 60-62, Januar 1993a

HARGENS, JÜRGEN "KundIn, KundigE, KundschafterIn, Gedanken zur Grundlegung eines "helfenden" Zugangs", Z.system.Ther. 11(1): 14-20, 1993b

HARGENS, JÜRGEN & GRAU, UWE "Kooperieren, reflektieren, öffentlich machen. Skizze eines systemischen Ansatzes auf konstruktivistischer Basis", systeme 4(2): 151-155, 161-163, 1990

HARGENS, JÜRGEN & GRAU, UWE "Systemisch orientierte Gruppensupervision. Eine theoretische Grundlage praktischer Möglichkeiten", in: Walter Spiess (ed) "Gruppensupervision - Konzepte und Erfahrungen", Bern-Stuttgart-Wien: Haupt 1991

HARGENS, JÜRGEN & GRAU, UWE "Konstruktuvistisch orientierte Supervision. Nutzen und Nützen selbstrückbezüglicher Reflexionen", in: Waldemar Pallasch, Wolfgang Mutzeck & Heino Remmers (eds) "Beratung-Training-Supervision. Eine Bestandsaufnahme über Konzepte zum Erwerb von Handlungskompetenz in pädagogischen Arbeitsfeldern", Weinheim: Juventa, 1992

HARGENS, JÜRGEN & GRAU, UWE "Meta-Dialog", 1993, z.V.e.

HOFFMANN, LYNN "Jenseits von Macht und Kontrolle. Auf dem Weg zu einer systemischen Familientherapie zweiter Ordnung", Z.system.Ther. 5(2): 76-93, 1987

KRÜLL, MARIANNE "Systemisches Denken und Ethik. Politische Implikationen der systemischen Perspektive", Z.system.Ther. 5(4): 250-255, 1987

"Supervision für die soziale Arbeit", Titelthema - sozialmagazin, 17(9): 14-41, 1992

MATURANA, HUMBERTO R. "Erkennen: Die Organisation und Verkörperung von Wirklichkeit", Braunschweig-Wiesbaden: Vieweg, 1982

VON FOERSTER, HEINZ "Sicht und Einsicht", Braunschweig-Wiesbaden: Vieweg, 1985

VON GLASERSFELD, ERNST "Einführung in den radikalen Konstruktivismus", in: Paul Watzlawick (ed) "Die erfundene Wirklichkeit", 1981

VON GLASERSFELD, ERNST "Wissen, Sprache und Wirklichkeit", Braunschweig-Wiesbaden: Vieweg, 1985

WATZLAWICK, PAUL (ed) "Die erfundene Wirklichkeit", München-Zürich: Piper, 1981

Kapitel 3

Imaginative Verfahren in der Supervision

Bernd H. Keßler & Wolfgang L. Roth

Die Literatur zum Thema "Supervision" hat gerade in den letzten Jahren eine stürmische Entwicklung erfahren. Sucht man jedoch in den Registern der Reader, Lehr- und Handbücher zur Supervision (z.B. Plessen & Kaatz 1985, Scobel 1989, Fatzer & Eck 1990, Pühl 1990a, Brandau 1991a, Schreyögg 1992) nach den Begriffen "Imagination", "Phantasie" oder "Vorstellung", so wird man kaum fündig. Plessen & Kaatz (1985) bieten ein differenziertes Trainingsprogramm der Supervision an. Als Methoden führen sie beratende Gespräche, gruppendynamische Übungen, Psychodramaelemente sowie arbeitsbezogene Plan- und Rollenspiele zur Situationsklärung und zur Prüfung alternativer Handlungsmöglichkeiten an. Imaginative Verfahren finden keine Erwähnung. Richter & Fallner (1989) setzen sich mit kreativen Medien in der Supervision auseinander. Imaginationen sehen sie lediglich als Einstieg in andere Medien, z.B. Malen, Spielen oder Bewegen.

Die seltene Erwähnung imaginativer Verfahren in der Supervisionsliteratur ist um so erstaunlicher, als es doch auf der anderen Seite im psychotherapeutischen Bereich eine Fülle von imaginativen Ansätzen aus den verschiedensten Richtungen gibt, seien sie psychoanalytischer, verhaltenstherapeutischer, hypnotherapeutischer, phänomenologischer oder neurolinguistischer Art.

Eine der wesentlichsten Argumentationen zur Verwendung von Imaginationen in der Psychotherapie bezieht sich auf die Vorzüge von Visualisierungstechniken, wenn Therapeut und Klient sich in ihrer verbalen Interaktion blockiert sehen, wenn die Abwehrhaltung hoch und die

Mitteilungsbereitschaft und affektive Beteiligung gering sind. Versuche, Imaginationen zur Aufhebung und Klärung solcher Blockaden einzusetzen, sind hinreichend beschrieben (z.B. Shorr 1983b), beschränken sich jedoch meist auf die behandelte Person. Weitaus seltener sind Überlegungen, den gestörten Informationsfluß unter Bezugnahme auf die Imaginationen des Therapeuten, in unserem Falle des Supervisanden, anzugehen. Dabei dürften dessen Vorstellungen über die Klienten, deren Bezugspersonen und die Supervisand-Klient-Beziehung eine gewichtige Rolle spielen. In der Supervision bietet es sich an, diese Imaginationen aufzudecken und nutzbar zu machen.

Ziel dieses Beitrages ist es, exemplarisch Anregungen dafür zu geben, wie imaginative Verfahren in der Supervision eingesetzt werden können, um das Methodenrepertoire der Supervisoren zu erweitern. In einem ersten, allgemeineren Teil reflektieren wir Indikationen für imaginative Verfahren anhand verschiedener Dimensionen der Supervision. Im zweiten Teil gehen wir auf die theoretischen Grundlagen und im dritten Teil auf die konkrete Arbeit mit einzelnen Imaginationstechniken ein. Dabei stellen wir überwiegend Beispiele aus unserer eigenen Supervisionspraxis vor.

1. Dimensionen der Supervision

Supervisanden

Wurde zunächst überwiegend die berufliche Tätigkeit von Psychotherapeuten und Sozialarbeitern supervidiert, so hat sich die mögliche Klientel an Supervisanden deutlich erweitert: z.B. auf Lehrer (z. B. Eichberger 1990, Münch 1990), Krankenschwestern und -pfleger (z.B. Bauer & Bauer 1990) oder Manager (z.B. Fatzer & Eck 1990). Supervision ist bei allen hauptberuflichen "Beziehungsarbeitern" (Looss 1990) indiziert.
Dabei sind die Übergänge von klassischer therapeutischer "Supervision" zu "Beratung" und neuerdings "Coaching" (eher im wirtschaftlichen Bereich) fließend (vgl. z.B. Fatzer & Eck 1990, Belardi 1992). Wir werden bei unseren Praxisbeispielen überwiegend auf den psychotherapeutischen Bereich eingehen, aber auch Möglichkeiten des Einsatzes von Imaginationstechniken bei beruflichem Coaching aufzeigen. Es geht hier nicht um eine klare Begriffsabgrenzung, sondern darum, ein möglichst breites Anwendungsfeld für imaginative Verfahren anzubieten.

Formen der Supervision

Supervidiert werden Einzelpersonen (z.B. Looss 1990), Gruppen (z.B. Eichberger 1990, Münch 1990, Raguse 1990b) und zunehmend auch Teams (z.B. Kersting & Krapohl 1990) und Organisationen (z.B. Fatzer 1990). Unsere nachfolgenden Praxisbeispiele entstammen überwiegend der Supervision von Einzelpersonen.

Bei der Gruppensupervision kommen Mitarbeiter unterschiedlicher Institutionen zusammen. Beispiele hierfür sind die bekannten Balintgruppen und die Supervisionsgruppen in den verschiedenen psychotherapeutischen Ausbildungsgängen.

Pühl (1990b, S. 27) beschreibt eine Teamsupervision, bei der die Beratung nach einem Jahr festgefahren war. Alles Übel wurde von dem Sozialpädagogenteam einer externen Finanzierungsstelle zugeschrieben. Erst in einem "Phantasiespiel" konnten alle Mitarbeiter offenlegen, was sie glauben, nach welchen Grundsätzen und Haltungen man sich in diesem Team wohl bewegen sollte, um allen gerecht zu werden, und worüber nicht laut nachgedacht werden dürfe. Auf diesem Wege wurde es möglich, von dem Thema "Finanzierungsstelle" wegzukommen und die (zentraleren!) team-internen Zwänge anzusprechen.

Bei der Organisationsberatung kann die subjektive Organisationswirklichkeit über Phantasien erhoben werden. Handelt es sich z.B. um den "Kampf aller gegen alle", "die freie Wildbahn", "die undurchsichtige Mafia" oder auf der anderen Seite "die heile Familie voller Harmonie" (Eck 1990, S. 237)?

Ziele der Supervision

Je nach Verständnis des Supervisionsprozesses werden in der Literatur unterschiedliche Ziele genannt. Plessen und Kaatz (1985) sehen Supervision als Lehrprozeß zur Vermittlung sozialer Fertigkeiten, als Prozeß der Einstellungsänderung sowie als Kontroll- und Korrekturprozeß. Nach dieser Systematik können imaginative Verfahren insbesondere zur Förderung des zweiten Prozesses von Nutzen sein.

Scobel (1989) nennt drei Ziele der Supervision: die Introspektion und Selbstöffnung, die selbstreflektierende Analyse des eigenen beruflichen Handelns, die Auseinandersetzung mit der eigenen Person, mit den Supervisions-Geschwistern und mit dem Leiter der Supervisionsgruppe. Imaginative Verfahren sind zur Erreichung aller drei Ziele, vor allem der beiden ersten indiziert.

Ein ganz zentraler Bestandteil des Supervisionsprozesses ist die Situationsklärung und die anschließende Aufdeckung von Zielen. Supervision ist geradezu "Konfliktforschung und –lösung" (Scobel 1989). Imaginative Verfahren bieten sich hier als Methode der Wahl an, wenn die Konfliktthemen dem Supervisanden nicht klar bewußt sind.

"Super Vision" aus systemischer Sicht betont die Rolle des kreativen Dialoges bei der Entwicklung flexibler therapeutischer "Lösungs-Visionen" (Brandau 1991b). Statt sich in die Rolle eines Kontrolleurs oder Helfers der Helfer drängen zu lassen, sehen sich systemische Supervisoren in der bescheidenen Rolle eines Impulsgebers, der lediglich Anstöße zur Aktivierung und Nutzung der kreativen Eigendynamik eines in die Sackgasse geratenen Supervisanden gibt. Gerade aus diesem Verständnis von Supervision heraus sind imaginative Verfahren bestens geeignet, läßt sich doch in vielen Fällen die kreative Eigendynamik mit "niedrig strukturierten" oder "freien" Visualisierungen besser anstoßen als mit komplexen Verbalisierungen.

Der Nutzen der Imaginationstechniken in der Supervision ist also in ihrer den verbalen Techniken überlegenen Qualität zu sehen, Hürden, Sackgassen und Beziehungsblockaden aufzudecken und aufzulösen (Keßler 1988). Imaginationen ermöglichen einen Zugriff auf Informationsquellen, die dem verbalen Nachfragen nicht zugänglich sind. Die Aufmerksamkeit wird nach innen zentriert; damit wird der Supervisand von den üblichen außengerichteten Sichtweisen weggeführt, und es wird ihm eine neue Perspektive eröffnet. Der Vorteil liegt weiterhin in einer Verdichtung auf symbolisch und affektiv zentrale Elemente der Beziehung, die in der Bildsprache einer geringeren Zensur unterliegen (vgl. z.B. Horowitz 1983, Klagsbrun & Brown 1984). Konflikte können meist klarer und transparenter gemacht werden. Ein Wortschwall von Erklärungsversuchen kann mit lediglich einem Vorstellungsbild auf den Kern der Thematik zentriert werden. Vorstellungsbilder besitzen überdies einen auflockernden, selbstdistanzierenden und kreativen Charakter, eine Grundlage, auf der alternative schöpferische Lösungen erst möglich sind. Die Imagination stellt eine zentrale Komponente des Prozesses dar, Spontaneität herzustellen. Schließlich ist es der unmittelbare Zugang zu einem stärker emotionalen Erleben der Beziehung, der den Wert der Imaginationen ausmacht.

Phasen der Supervision

Plessen & Kaatz (1985) unterscheiden in ihrem Struktur- und Handlungsmodell der Supervision fünf Phasen: die Orientierungs-, die Informations-, die Gewichtungs-, die Rückmelde-

und die Kontrollphase. Insbesondere in der Orientierungs- und Informationsphase, in denen es darum geht, das Anliegen zu klären und "Daten zu sammeln", das in die Supervision eingebrachte Problem zu erkennen, zu benennen, zu analysieren, ist der Einsatz imaginativer Verfahren indiziert.

Schreyögg (1990, S. 346) trennt die "initiale Rekonstruktion" von der "weitergehenden Veränderungsarbeit". Eine wesentliche Aufgabe von Supervision besteht darin, die vom Supervisanden oft nur diffus oder reduktionistisch formulierte Problemdefinition präzisieren zu helfen. Zunächst müssen die in Frage stehenden Praxisphänomene möglichst umfassend und differenziert "sichtbar" gemacht werden. Diese szenische Rekonstruktion kann mit einer Imagination erleichtert werden.

Sind bei der weitergehenden Veränderungsarbeit "professionelle Deutungsmuster" zu modifizieren, so bietet sich eher ein theoriegeleiteter Dialog an. Wenn jedoch "professionelle" oder auch "nicht-professionelle Handlungsmuster" (Schreyögg 1990, S. 347) verändert werden sollen, kann der Einstieg in die erlebnisaktivierende Arbeit ebenfalls über Imaginationen erfolgen.

Methodische Orientierung

Es liegt auf der Hand, daß im Bereich der **Ausbildung** der Psychotherapie eine schulengebundene Supervision stattfindet. Dabei geht es meist darum, daß die angehenden Therapeuten die Methode der jeweiligen Schule "erlernen". Tillmanns (1990) weist kritisch darauf hin, daß bei der Supervision der Supervisoren durchaus auf das Einhalten schulengebundenen Vorgehens gedrängt wird. Imaginationen kommen bei diesen Ausbildungssupervisionen entsprechend ihrer Rolle in den einzelnen Therapierichtungen zum Tragen.

Schulengebundene Supervisionen werden z.B. von Tillmanns (1990) für die Verhaltenstherapie, von Linster & Panagiotopoulos (1990) für die Gesprächspsychotherapie beschrieben. Brandau (1991a) analysiert Supervision aus systemischer Sicht, Pühl & Schmidtbauer (1986) setzen sich mit Supervision und Psychoanalyse auseinander.

Phantasien werden in diesen Beiträgen am ehesten von psychoanalytisch orientierten Autoren angeführt. Raguse (1990a) sieht Supervision letztlich als angewandte Psychoanalyse. Demzufolge betrachtet er Imaginationen aus dem analytischen Theoriengebäude. Ziel der Analyse sei es, die Phantasiemöglichkeiten des Analysanden zu erweitern. Es sei die einseitig festgelegte

Phantasie über sich selber und die anderen, die den Analysanden hindere, sein Leben anders als bisher zu gestalten.

Im Bereich der **Fortbildungssupervision** lösen sich die schulengebundenen Vorgehensweisen weitgehend auf. Dies deckt sich mit der beruflichen Entwicklung erfahrener Psychotherapeuten. Mit zunehmender Berufserfahrung nehmen diese nachweislich eher einen eklektizistischen oder integrativen Standpunkt ein (van der Meer & Roth 1992).

Ähnliche Entwicklungen sind innerhalb einzelner Therapierichtungen zu konstatieren. So wird z.B. in der aus der Verhaltenstherapie entwickelten "Selbstmanagement-Therapie" (Kanfer, Reinecker & Schmelzer 1991) mit aus der Hypnotherapie entlehnten Imaginationstechniken gearbeitet (Roth 1993).

Im Zuge der **Ausweitung der Praxisfelder** wurden **allgemeinere Handlungsmodelle der Supervision** entwickelt. Schreyögg (1992) betont in ihrem Lehrbuch zu Theorie und Praxis der Supervision drei Methodenansätze: die Gestalttherapie, das Psychodrama und die kreativen Materialmedien. Auch in diesem integrativen Modell kommen imaginative Verfahren jedoch nur insoweit vor, als sie zum Methodenrepertoire der beiden erstgenannten Ansätze zählen.

Wir möchten mit diesem Beitrag die Vielfalt imaginativer Verfahren, insbesondere aus dem phänomenologischen Bereich, aufzeigen und deren Anwendung in der Supervisionsarbeit anregen. Damit wird das methodische Arsenal der Supervisoren erweitert, wobei zu bedenken bleibt, welche Techniken mit welchen Methoden und Grundhaltungen kompatibel sind (vgl. zu den dabei auftretenden ethischen, normativen, wissenschaftstheoretischen Problemen z.B. Beitman, Goldfried & Norcross 1989, Schreyögg 1992).

2. Grundlagen der Imaginationsverfahren

Die Imagination wird von Schreyögg (1992, S. 323) als Methode zur "Vergegenwärtigung szenischer Gestalten aus dem praktischen Erfahrungshintergrund des Supervisanden" beschrieben und als basale Methode zur Rekonstruktion thematisierter Praxiskonstellationen empfohlen.

Die Supervision unter Verwendung von Imaginationen erfordert eine Einführung der Supervisanden in das Imaginieren. Dazu gehören einige begriffliche Klärungen und eine praktische Einführung in Imaginations- und Entspannungstechniken, sofern diese nicht zum Repertoire der Supervisanden gehören.

Was die theoretischen Kenntnisse betrifft, sei vor allem auf die ausführlichen Darstellungen von Sheikh (1984) und Singer & Pope (1986) verwiesen. In der Supervision ist es zumeist nur möglich, einige Aspekte herauszugreifen. Dazu gehört, in Kürze zusammengefaßt, in erster Linie die Unterscheidung zwischen Realität und Imagination. Realität kann definiert werden als das, was wir durch die fünf Sinne des Sehens, Hörens, Schmeckens, Riechens und Berührens erfahren. Ein Vorstellungsbild als geistige Repräsentation der Realität kann die gleichen physiologischen und gefühlsmäßigen Reaktionen bewirken wie das Reale selbst (z.B. Roth 1987).

Die Fähigkeit, die Repräsentation dem Realen anzunähern, kann trainiert werden. Wenn das imaginierte Bild sich dem Realen angleicht, wird es **vivide** genannt. Es ist also dann vivide, wenn die visualisierende Person die Außenwelt für eine Weile vergißt, in dem Bild aufgeht, sich mit ihm identifiziert. Die Fähigkeit, vivide zu visualisieren, steigert sich mit der Praxis des Imaginierens (Richardson & Patterson 1986, Gerstner 1989). Der Begriff der **Kontrollierbarkeit** bezieht sich auf eine andere Fähigkeit einer imaginierenden Person. Das Vermögen, ein visualisiertes Bild nach Belieben ändern oder gar gänzlich umkehren zu können, also seine Kontrollierbarkeit, steigert sich gleichfalls mit der Übung. Die Unterscheidung zwischen programmierter oder strukturierter Imagination einerseits und rezeptiver oder freier Imagination andererseits soll deutlich machen, daß Bilder sowohl bewußt aufgebaut, zusammengestellt, womöglich auf Instruktion hin erarbeitet und festgehalten werden können als auch spontan erscheinen, auftauchen, durch kurzes "Antippen" sich entfalten. Das Imaginieren ist dynamisch und nicht statisch, d.h. es gleicht nicht einer Photographie, sondern entwickelt sich in einem fortwährenden Prozeß des Ausarbeitens, Umänderns, Hinzufügens und Wegnehmens (vgl. Samuels & Samuels 1990).

Vorgestellte Szenen werden lebendiger, wenn sie alle Sinnesmodalitäten umfassen (Sheikh, Sheikh & Moleski 1986). Besonders wirksam ist das Zulassen und Beachten von Körperreaktionen und Gefühlen: Man stellt sich vor, wirklich "dort" zu sein. Dadurch erlangen Vorstellungen, ähnlich wie Träume, einen gewissen Realitätscharakter, wobei aber das Bewußtsein, nicht in der Realität zu sein, erhalten bleibt. Noll (1985) vertritt die Hypothese, daß die Ausbildung eines Schamanen zu einem großen Teil aus einem Training in lebendigem und kontrolliertem Imaginieren besteht. Der Schamane lernt, seine Vorstellungen als eine Reise in eine andere Realität zu begreifen, wodurch die Bilder einen Wahrnehmungscharakter erhalten (vgl. auch Achterberg 1990). Das Inszenieren von therapeutisch genutzten Vorstellungsbildern als Phantasiereise mit und ohne Begleitfigur hat eine lange Tradition (vgl. z.B. Masters & Houston 1984, Epstein 1985, Samuels & Samuels 1990).

Sowohl von psychoanalytischer als auch kognitiv-theoretischer Seite lassen sich Hinweise finden, die eine Verwendung von Imaginationen in der Supervision nützlich erscheinen lassen:

Vivide sensorische Vorstellungen sind mit der phantasierten Befriedigung von Impulsen und Wünschen verknüpft (Primärprozeß). Dieser Prozeß wird im Verlaufe der Entwicklung stärker an der Realität ausgerichtet und beschränkt sich beim Erwachsenen im wesentlichen auf Träume und Tagträume. Lebendiges, wie auch spontan-kreatives Vorstellen kann bei dieser Sicht als Resultat einer zeitweiligen Regression auf Primärprozeßabläufe aufgefaßt werden. Zu den Vorstellungen besteht jedoch noch eine gewisse Distanz, sie werden noch sekundär organisiert (vgl. Shapiro 1972). Eine Fähigkeit zu lebendigem und spontanem Vorstellen beruht auf einer kontinuierlichen Integration von Primärprozeßelementen in die realitätsangepaßten Strategien des sekundären Denkens (Noy 1969). Spontane Vorstellungen im Wachzustand können Impulse, Gefühle, Abwehrmanöver und Erinnerungen darstellen, die unter situativen und interaktiven Anregungen stehen (Horowitz 1983). Das Verdrängen von Impulsen und Erinnerungen kann sich daher, zumindest bei bestimmten Persönlichkeitstypen, in einem Vermeiden der imaginativen Ebene äußern.

In den kognitiven Theorien werden bildhafte Vorstellungen als bewußte Aspekte mentaler Modelle gesehen (vgl. Morris & Hampson 1983), ein theoretischer Rahmen, der sowohl spontan-kreative als auch gezielt-reproduzierende Vorstellungen fassen kann. In der therapieorientierten Forschung ist dabei vornehmlich der "neue Strukturalismus" (Marks 1986) herauszugreifen. Angestrebt wird eine neue Theorie über Vorstellungen, die auf introspektiven und "objektiven" Daten beruht. Grundlage ist das "Triple Code Modell" von Ahsen (1977, 1983), in dem drei verschiedene Komponenten eines Anschauungsbildes beschrieben werden, die visuelle, die psychophysiologische sowie die Bedeutungskomponente einschließlich der Gefühle. Bilder sind nie frei von assoziierten Emotionen und Gedanken, sie sind zur gleichen Zeit Reiz und Reaktion und sind das Produkt von Erinnerungen und Imaginationen. Sich wiederholende Konfliktsituationen drücken sich in hochstrukturierten, relativ inflexiblen Bildern aus (Marks 1986, vgl. auch Keßler & Lui 1991).

In einer Fülle von Büchern wird die Praxis des Imaginierens ausführlich dargelegt. Es seien hier nur einige neuere erwähnt; die meisten stellen den Selbstheilungsprozeß in den Vordergrund (z.B. Tietze 1986, Kast 1988, Fezler 1989, Luciani 1990, Samuels & Samuels 1990, Gawain 1991, Markham 1992). Auch sind Arbeiten zur "aktiven Imagination" auf Grundlage der Arbeiten C.G. Jungs häufig anzutreffen (z.B. Maass 1984, Hannah 1985, Krucker 1987, Weaver 1991). Viele Hinweise für das praktische Arbeiten mit Visualisierungen liefern die Psychoimaginationstherapie von Shorr (1983a,b), die Eidetische Psychotherapie von Ahsen (1983), das Katathyme Bilderleben (Leuner 1980) sowie das Neurolinguistische Programmieren (vgl. Otero 1986, Weerth 1992). Eine Übersicht zu Anwendungsbereichen ist in der Anthologie von Sheikh (1986) zu finden.

3. Einzelne imaginative Verfahrensweisen

3.1. Eingangs- und Ausgangssupervisionen

Eingangssupervisionen sollen dem Supervisor ein besseres Bild der vorgestellten Klienten ermöglichen, wenn diese allzu pauschal als "komisch", "unangenehm", "seltsam", "schwierig" oder anderweitig globalisierend beschrieben werden. Schreyögg (1992, S. 323) schlägt eine Imagination vor, die eine komplexe "Vision" des Klienten ermöglichen soll:

"Kannst du den Mann 'mal auf den Stuhl setzen...beschreib' ihn mir bitte...wie sieht er aus, was macht er für ein Gesicht, was strahlt er aus?"

Das Psychodrama kennt eine Vielzahl von Imaginationsübungen, in denen in der Anwärmphase mittels des Vorstellens die Mitarbeitsbereitschaft eines oder mehrerer Supervisanden gefördert werden kann (vgl. z.B. Blatner & Blatner 1988). Krüger (1990, S. 326) berichtet, wie er Imaginationen beim Situationsaufbau nutzt: "Der Supervisor reicht Herbert eine Reihe von Kissen. Der legt sie auf den Boden und besetzt sie imaginär mit den einzelnen Teilnehmern aus seiner Selbsterfahrungsgruppe ...".

Auch die psychoanalytisch geprägte Arbeit kennt solche Vorgehensweisen. So benutzt zum Beispiel Boesch (1977) in der Konnotationsanalyse imaginative Vorgaben, deren Inhalt die Grundformen einer kommunikativen Begegnung darstellen. So kann, in Anlehnung an eine solche Imaginationsaufgabe Boeschs, folgende vom Original leicht abgewandelte Instruktion gegeben werden:

"Nun stellen Sie sich vor, Sie befinden sich irgendwo, und von weitem kommt stetig jemand auf Sie zugeschritten. Sie erkennen, es ist Ihr Klient. Was tut er, wo befinden Sie sich, was empfinden und tun Sie selbst?"

Bei Gruppensupervisionen geht Raguse (1990b) so vor, daß zunächst der Bericht des Supervisanden erfolgt. Dabei werden Rückfragen, die Lücken im Text füllen könnten, bewußt vermieden. Vielmehr sollen gerade diese Lücken die Phantasie der anderen Gruppenmitglieder anregen. Mit der Technik der "probeweisen Identifikation" wird zunächst eine gemeinschaftliche Phantasieübung initiiert. Dadurch entsteht oft eine gemeinsame Phantasie, die dann dem Supervisanden angeboten wird.

Schreyögg (1992, S. 361) betont die Nützlichkeit von Imaginationsübungen, "wenn es darum geht, die Spielbereitschaft der Gruppenmitglieder zu fördern, der Gruppe zu mehr Kohäsion zu verhelfen und Themen für die anschließende Handlungsphase zu evozieren". Sie schlägt kollektive Imaginationen vor wie "wir machen eine gemeinsame Reise" oder "wer von den Gruppenmitgliedern könnte welches Tier im Urwald sein".

Auch in auslaufenden Stadien des Supervisionsprozesses können Imaginationen von Nutzen sein. Schreyögg (1992) setzt sie z.B. als Vorbereitung auf häusliche oder berufliche Situationen ein:

"Wenn du jetzt an zuhause denkst, was taucht dann in dir an Bildern auf?"

3.2. "Getting the picture" (Klagsbrun & Brown 1984)

Die Methode von Klagsbrun & Brown (1984) besteht aus einer Serie von Fragen, die das Ziel haben, die latenten Bilder der Therapeut-Klient-Beziehung aufzudecken und für die Planung des weiteren therapeutischen Fortgangs nutzbar zu machen.

(1) Zunächst wird der Therapeut aufgefordert, sich einen metaphorischen Treffpunkt mit dem Klienten auszudenken und sich diesen Ort vorzustellen. Der Ort soll außerhalb des üblichen Settings liegen, also außerhalb der formalen Therapeut-Klient-Beziehung.
(2) Danach wird der Therapeut gebeten, sich eine bestimmte Form vorzustellen, in der sich Therapeut und Klient an diesem Ort begegnen können (z.B. als unbelebte Objekte, Tiere, Eltern, Vater und Kind, etc.).
(3) Die möglichen Interaktionen am metaphorischen Treffpunkt sollen imaginiert werden (z.B. Warten am Bus, gemeinsames Busfahren).
(4) Der Therapeut wird angeleitet, sich die typische Art des Interagierens der beiden Personen vorzustellen, die Art der Begegnung, die möglichen Hindernisse, typische Lösungsmuster.
(5) Der Therapeut soll sich, immer noch in der Imagination, darum bemühen, alternative Formen der Begegnung, die bislang noch nicht ausprobiert wurden, auszumalen.
(6) Schließlich soll gemeinsam darüber nachgedacht werden, was diese Imagination der realen Beziehung nützen könnte.

Klagsbrun & Brown (1984) beziehen sich auf typische Formen gestörter Therapeut-Klient-Beziehungen, auf die Fehlwahrnehmung eines vorgebrachten Problems, auf inadäquate Geschwindigkeit des Voranschreitens ("out of phase"), auf Ausagieren in der Therapie und auf Übertragungs- und Gegenübertragungsprobleme.

Beispiel aus der eigenen Supervisionsarbeit:

Eine Therapeutin trifft im Vorstellungsbild ihre Klientin in einem städtischen Schwimmbad, in dem ein kleiner Brückenübergang über eine große Wasserrutsche führt. Sie sieht sich auf der Brücke stehend und ihre Klientin unter sich in der Rutsche vorbeihuschen. Die Klientin stellt sich wieder in der Reihe wartender Badegäste an und erscheint erneut schemenhaft für eine Sekunde unter der Brücke. Die Klientin versucht ihrer Therapeutin zwar etwas zuzurufen, aber es sind nur Wortfetzen zu verstehen. In der Besprechung des Bildes, das initiiert wurde, nachdem die Therapeutin beklagte, die Klientin verweigere den Kontakt, wird deutlich, daß neben dem Zeitproblem ein beständig wiederkehrend vorgebrachtes Thema (Partnerschaftskrise) im Mittelpunkt stand, dem sich aber die Therapeutin aus Gründen eigener massiver Betroffenheit verweigerte, wobei sie es zunächst als "nebensächlich" beschrieb.

3.3. Aufgabenbilder (in Anlehnung an Shorr 1983a, b)

In der Psychoimaginationstherapie von Shorr werden neben anderen Techniken Imaginationsverfahren ("Imaginäre Situationen") benutzt, die sich sehr individuell auf die spezifischen Charakteristika von Klienten beziehen. Diese Bilder (z.B. spontane Bilder, sexuelle Bilder, Körperbilder) sollen bestimmte Informationen über die Persönlichkeit, die Lebensthemen, die Selbstdefinition, über Konfliktbereiche und Abwehrstile aufdecken.
Eine spezielle Form der imaginären Situationen sind die Aufgabenbilder. Es werden Situationen vorgegeben, in denen Therapeut und Klient sich in einer Art Bewältigungssituation befinden. Die Reaktion des imaginierenden Supervisanden sollte sich auf eine Interaktion mit dem Klienten beziehen.

Einige der von uns entwickelten und häufig benutzten Aufgabenbilder sind:

(1) Eigernordwand: Sie hängen bei einem Wetterumsturz beide in der Wand, angeseilt und in Gefahr.

(2) Sie wollen beide im Zirkus den Todessalto am Trapez vorführen und stehen sich in 30 m Höhe auf Ihren Startpositionen gegenüber.

(3) Sie treffen sich in einem Straflager für Schwerverbrecher. Sie sind der Verbrecher, der Klient gehört zur Wachmannschaft.

(4) Sie stehen beide vor dem Problem, eine Bombe entschärfen zu müssen.

(5) Sie sind dabei zu überlegen, ob Sie den Klienten auf dem Sklavenmarkt im Südsudan erwerben wollen.

(6) Der Klient streichelt Ihnen über die Haare und sagt: "Unter dem Segel ist gut rudern".

(7) Sie sind der Regisseur des Films "Liebe, Laster, Leidenschaften", der Klient will darin eine Rolle.

(8) Bei einer Seance rufen Ihnen die Ahnen des Klienten eine Botschaft zu.

(9) Der Klient stiehlt Ihnen einen Bleistift.

(10) Sie beide sind der letzte Rest einer Kalahari-Expedition. Nun haben auch Sie sich in sengender Sonne verdurstend verlaufen.

(11) Sie treffen nach Jahren den Klienten in der Rolle Ihres Vorgesetzten wieder.

(12) Auf dem Kongreß für Angewandte Psychotherapie parodiert der Klient Ihre Therapie auf dem Lustigen Abend mit schallendem Erfolg.

Die Bilder lassen sich effektiver instruieren, wenn der Klient dabei entpannt ist und die Augen schließt. Sie bedürfen jedoch keiner langdauernden Entspannung, sondern können in die verbale Interaktion als kleine Übung eingebettet werden. Eine womöglich mehrfach wiederholte Imagination der Aufgabe sollte sich dann anschließen, wenn der imaginierende Supervisand dadurch im anschließenden Gespräch zu einer angemessenen Konfliktlösung gelangt.

3.4. Imaginative Einstellungsänderung

Das Ziel dieser Imaginationsübung, die an die Technik "empowerment" von Samuels & Samuels (1990) angelehnt ist, liegt in der Verdeutlichung der Rolle der Einstellungen des Therapeuten. Sie eignet sich insbesondere, wenn eine stark leistungs- und kompetenzorientierte Problematik in der Supervision aufzulösen ist. Ausgehend von einer bestimmten therapeutischen Episode wird der Supervisand gebeten, nachstehender Imagination zu folgen:

"Nun stellen Sie sich das Ereignis, das Sie mit Ihrem Klienten erlebt haben, nochmals vor. Lassen Sie das Ereignis in sich nochmals aufsteigen; wenn Sie es erkennen, dann beginnen Sie, es ganz real werden zu lassen. Fühlen Sie, wie Sie in die Szene hineingehen, und schauen Sie sich um. Fühlen Sie den Sessel, in dem Sie sitzen, und lassen Sie das Ereignis in Ihrer Imagination auftauchen. Schauen Sie nach den vielen Details, die sich jetzt zeigen. Seien Sie sich ihrer körperlichen Reaktionen bewußt, den Empfindungen von Spannung, Angestrengtsein, Angst und Wut, aber auch vielleicht der positiven Empfindungen. Halten Sie die Gefühle nicht fest, sondern lassen Sie das Ereignis sich weiterentwickeln.

Nun stellen Sie sich das Ereignis nochmals vor, aber jetzt mit einem schlimmeren Ausgang. Schaffen Sie in Ihrer Imagination ein ganz anderes Szenario, in dem die Geschichte ziemlich bös ausgeht. Auch dieses Mal fühlen und hören Sie die Szene im Detail, seien Sie sich Ihrer Einstellungen und Gefühle bewußt.

Und nun stellen Sie sich die Szene nochmals vor. Dieses Mal soll aber der Ausgang viel besser sein. Versuchen Sie mit allen Ihren Sinnen, die Szene so realistisch wie möglich zu gestalten, und achten Sie darauf, wie Sie Ihren Körper wahrnehmen, wenn Sie sich vorstellen, wie die Szene positiv ausgeht.

Fragen Sie sich jetzt, was Sie aus der Szene lernen können. Was ist grundsätzlich für Sie daraus zu entnehmen? Versuchen Sie wenigstens einen Aspekt daraus zu erarbeiten, der für Sie nützlich, interessant, anregend sein könnte. Fragen Sie sich, was Sie künftig tun könnten, um die Szene für sich zu nutzen. Suchen Sie wenigstens nach einem Aspekt, auch wenn er noch so klein erscheint.

Erlauben Sie nun dem Ereignis, nochmals in Ihnen aufzusteigen. Und bringen Sie nun die gelernten neuen Aspekte mit ein. Bauen Sie jede neue Idee ein, die Ihnen eingefallen ist. Bleiben Sie nun so eine Minute, atmen Sie ruhig und tief durch die Nase ein, und lassen Sie den Atem langsam entweichen. Lassen Sie die Entspannung in Ihnen aufkommen, und setzen Sie das ruhige Atmen fort. Sie können dann langsam nochmals hierher zurückkehren."

Ein ähnliches Verfahren beschreibt Otero (1986) im Rahmen des Neurolinguistischen Programmierens. Er nennt es "swish pattern". Es stellt eine schrittweise Methode zur Aufdeckung und Veränderung von interaktiven Problemen in der Therapie dar. Die Verfahrensweise eignet sich auch dazu, bereits definierte Schwierigkeiten im Verlaufe einer Supervision in den alten und in einen neuen Erfahrungskontext zu stellen und durch eine imaginative Hin- und Herbewegung zu modifizieren.

1. Schritt: Identifizierung des Kontextes

Der Supervisand benennt mit oder ohne Hilfe des Supervisors eine interaktive Schwierigkeit, die jeweils darin endet, daß der Supervisand sich nach eigener Einschätzung ungut fühlt oder gegenüber dem Klienten problematisch verhält.

2. Schritt: Identifizierung des Reizbildes

Der Supervisand wird aufgefordert, das zu schildern, was er imaginativ erkennt, wenn er sich die Situation vorstellt, die sein unerwünschtes Erleben und Verhalten bedingt.

3. Schritt: Schaffung eines Zielbildes

Der Supervisand versucht daraufhin in einer zweiten Vorstellung, sich die Situation so auszumalen, als ob er die von ihm erwünschte Änderung in seinem Erleben und Verhalten bereits erreicht habe. entwickelthabe.

4. Schritt: Swish

Das Reizbild wird nun zunächst wie auf einem mentalen Bildschirm groß und klar imaginiert. Dann soll der Supervisand ein kleines, dunkles und schwaches Zielbild in die rechte untere Ecke hineinimaginieren und dieses allmählich größer werden lassen, bis es das Reizbild bedeckt. Dabei soll letzteres immer weniger klar und deutlich werden. Der Vorgang wird mehrfach wiederholt.

5. Schritt: Überprüfung

Nach etwa fünf Wiederholungen wird das ursprüngliche Reizbild erneut vorgestellt; bei einer erfolgreichen Prozedur ist es nunmehr nur noch schwach ausgeprägt und wird mühelos durch das Zielbild ersetzt.

3.5. Objektvisualisierung (Korn & Johnson 1983)

Bei der Objektvisualisierung geht es darum, das anstehende Problem symbolisch in ein Objekt zu verwandeln, ihm eine Form, eine Größe und eine Farbe zu geben. Dann wird die Größe verändert, und das Objekt wird manipuliert.

Die Instruktion hierzu kann etwa folgendermaßen aussehen:

"Sie haben ein Problem Ihrer psychotherapeutischen Arbeit geschildert, das Sie als unangenehm (oder schwierig, hinderlich) erleben. Wie wir alle wissen, ist es oft nicht einfach, die damit einhergehenden Empfindungen, z.B. Wut, Ärger, Angst, bewußt zu verändern. Es gelingt uns dagegen viel besser, konkrete Objekte zu verändern. Versuchen Sie deshalb nun, Ihre unangenehmen Erfahrungen in ein Objekt zu verwandeln, das als Symbol für Ihr Problem dienen kann. Nehmen Sie Ihr Problem, Ihre Spannungen und unangenehmen Empfindungen, und geben Sie ihnen eine Form. Nehmen Sie ruhig die erste, die Ihnen dabei in den Sinn kommt. Die Form kann abstrakt oder konkret, ein Objekt oder ein geometrisches Zeichen, belebt oder unbelebt sein. Die erste Form, die Ihnen in den Kopf kommt, ist meist die beste. Als nächstes geben Sie der Form eine Farbe und eine Größe. Weil wir immer viel leichter ein unangenehmes Gefühl verschlimmern als erleichtern können, machen wir das Objekt zunächst einmal größer. Machen Sie es so groß, wie Sie wollen, und versuchen Sie dann, es wieder kleiner zu machen. Wir wollen das mehrfach versuchen. Machen Sie das Objekt in Ihrer

Vorstellung größer und wieder kleiner, und jetzt immer kleiner bis es ganz winzig ist. Wenn es schwierig ist, es kleiner zu machen, können Sie auf andere Weise versuchen, Abstand von ihm zu bekommen: Vielleicht können Sie es wie ein Rad wegrollen, wie einen Fußball wegkicken, wie einen Ballon in die Luft steigen, wie ein Boot wegschwimmen lassen. Vielleicht hat Ihr Objekt aber auch eine Größe erreicht, bei der Sie mit ihm umgehen können und es gar nicht weiter loswerden wollen."

Zwei Beispiele aus unserer Supervisionspraxis:

Ein Sozialarbeiter, der sich bei seiner Arbeit durch die enorme Zunahme von Fällen (Vermittlung von Kindern in Pflegefamilien vs. Heimunterbringung) unter großem Streß fühlte und deshalb einen Stellenwechsel erwog, visualisierte seine Problematik als Rad. Es gelang ihm, dieses Rad groß werden zu lassen; beim Verkleinern erreichte er eine Größe, bei der er das Rad bequem mit der Hand neben sich her rollen konnte. Kleiner wurde das Rad jedoch nicht. Von entscheidender Bedeutung war aber, daß er sich dabei ausgesprochen wohl fühlte und Spaß daran bekam, das Rad mit sich zu führen.
Der Supervisand erkannte aus dieser Visualisierung, daß es nicht darum gehen konnte, seinen Streß zu beseitigen, indem er seine Stelle verließ; vielmehr ging es darum, die berufliche Belastung handhabbar zu machen, sie auf ein bestimmtes Maß zu begrenzen, dann konnte er sogar Freude daran empfinden. Er entschied sich, von einem Stellenwechsel Abstand zu nehmen und an seinem alten Arbeitsplatz eine Reduktion des Arbeitspensums anzustreben.

Eine übergewichtige Psychotherapeutin erwähnte eher beiläufig, daß sich ihr Klient in der Psychosomatischen Fachklinik bei Mitpatienten über ihr Aussehen lustig gemacht habe, was ihr aber nicht weiter zusetze, sie stehe darüber. In der Übung "Objektvisualisierung" imaginierte die Supervisandin trotz ihrer geäußerten Friedfertigkeit spontan einen riesigen schwarzen Hammer, den sie erst imaginativ verkleinern konnte, als sie in der Supervisionsgruppe ihre jahrelangen Tabuisierungen ihres Gewichtes erkannte. Der Klient hatte diese Tabuisierung aufgebrochen und sich, wie sich herausstellte, nicht nur "lustig gemacht", sondern ihre Kompetenz in Frage gestellt ("Sie kann ja selbst nicht abspecken").

3.6. Die Technik der Zukunftsprojektion

Die Zukunftsprojektion (vgl. z.B. Lazarus 1980, Petzold 1985) ist ein Verfahren, das sich in vielfältiger Form in der Supervision nutzen läßt. Die Frage nach Hoffnungen, Perspektiven, Träumen und Zielen einerseits, aber auch der Desillusionierung, Lethargie und Sinnlosigkeit andererseits, können Erfolg und Scheitern einer therapeutischen Interaktion deutlich mitbestimmen. Eine Variante der Zukunftsprojektion zielt auf die Zukunft des Klienten. Wir verwenden nach einer kurzen Entspannung folgende Instruktion:

> "Wir wollen jetzt eine Reise in die Zukunft unternehmen. Wenn Sie möchten, können Sie dabei Ihre Augen geschlossen lassen. Sie stellen sich jetzt bitte vor, Sie reisen in die Zukunft, und zwar einen Monat von hier. Stellen Sie sich vor, wie sich das Leben Ihres Klienten bis dahin geändert hat. Phantasieren Sie dazu ein paar Bilder, und lassen Sie sich ruhig Zeit.
> Schildern Sie mir die Szene, wie Sie sie jetzt sehen. Lassen Sie dazu die Augen geschlossen.
> Danach:
> Und nun gehen Sie etwas weiter in die Zukunft, ein Jahr von hier. Wie weit ist die Therapie gekommen? Welche Szene fällt Ihnen dazu spontan ein? Schildern Sie mir diese jetzt.
> Danach:
> Nun gehen Sie etwas weiter in die Zukunft. Wir sind jetzt fünf Jahre von hier. Was macht jetzt Ihr Klient? Vielleicht fällt Ihnen eine Szene ein, was er gerade tut. Schildern Sie mir diese Szene jetzt.
> Danach:
> Schließlich sind wir zwanzig Jahre von hier in der Zukunft. Stellen Sie sich vor, Sie begegnen irgendwo Ihrem Klienten. Wie verläuft diese Begegnung?"

Das folgende *Beispiel* für die Technik der Zukunftsprojektion oder Zeitreise entstammt der Arbeit mit einem Kollegen an einer Universität:
Der Supervisand befand sich in einer Laufbahnkrise. Er stand vor der Frage, ob er bei seiner alten Arbeitsstätte bleiben oder das Angebot einer Stelle eines Leitenden Psychologen in einer Privatklinik annehmen sollte. An dem Angebot reizte ihn vor allem die deutliche Gehaltssteigerung. Ein rational orientiertes Entscheidungsmodell in Anlehnung an das Problemlösemodell von D'Zurilla & Goldfried (1971) brachte keine Klarheit. Der Supervisor entschied sich für die Anwendung eines weniger rationalen Verfahrens und ließ den Supervisanden in der Entspannung eine Zeitreise unternehmen und dabei zwischen den beiden

Alternativen hin und her pendeln. Zwischengeschaltet wurde jeweils eine neutrale Szene. Bei der Imagination des alten Arbeitsplatzes sah der Supervisand ihm vertraute Gesichter, sah sich mit seinem Chef beim Essen in einer vertrauten Atmosphäre, begegnete netten Kollegen und Studierenden. Bei der Imagination des neuen Arbeitsplatzes hatte der Supervisand zunächst Mühe, ein Bild zu entwickeln. Die "vividness" war deutlich niedriger als bei der ersten Szene. Er sah sich mit einer weiteren Person einen dunklen, langen Gang entlang gehen. Die Begleitperson trug einen weißen Kittel, sie war groß und breit, schweigsam; die Atmosphäre war beklommen. Es lag eine Spannung in der Luft.

Dem Supervisanden wurde durch diese Phantasiereise klar, daß es sich bei dem Angebot der neuen Stelle lediglich um eine eher problematische berufliche Herausforderung handelte. Von den positiven finanziellen Auswirkungen würde er so schnell nichts haben.
Der Supervisand, ein eher rational orientierter Mann, war beeindruckt von der emotionalen Unterschiedlichkeit der beiden Szenen. Er konnte die Botschaft der Zukunftsprojektion annehmen und blieb an seinem alten Arbeitsplatz, allerdings nicht aufgrund einer unterlassenen, sondern aufgrund einer bewußt gefällten Entscheidung.

3.7. Imaginative Selbstbetrachtungen

Bei dieser Art von Imaginationen geht es darum, sich selbst als therapeutisch handelnde Person in einem leicht veränderten Kontext zu sehen. Boesch (1977, S. 12) schlägt eine Spiegelphantasie vor, die sich hierzu nutzen läßt.

"Stellen Sie sich vor, Sie sehen sich selbst in einem Spiegel, in einem irgendwie gearteten Spiegel an irgendeinem Ort. Suchen Sie zu erkennen, wo der Spiegel ist, wie er aussieht, was man neben Ihnen selbst im Spiegel noch erkennt, wie Sie selbst aussehen. Vielleicht auch verändert sich Ihr Gesicht im Laufe des Betrachtens - wie verändern Sie sich?"

Solche projektiven Imaginationen können in ein supervisorisches Setting eingebettet werden, z.B. eine Selbstbetrachtung im Spiegel nach einer dramatischen oder nach einer stagnierenden Therapiesitzung.
Ähnliche projektive Selbstbetrachtungen enthält die Übung "Stellen Sie sich vor, Ihr Klient errichtet Ihnen ein Denkmal; wie könnte dieses aussehen, wo steht es, wie ist es beschriftet?".

Auch die von Brandau (1991c, S. 187) angeführten Beispiele "Angenommen, du würdest dich selbst mit deinen Klienten hinter dem Einwegspiegel beobachten, was würdest du der Therapeutin da draußen im Therapieraum als erstes sagen?" oder "Angenommen, ein Bildhauer hätte eine Skulptur, ein Komponist ein Musikstück oder ein Dramaturg ein Ballett oder Tanztheater oder ähnliches zu gestalten, nachdem sie dich bei deinen bisherigen Therapien beobachtet haben - welche Kunstwerke würden da entstehen?" weisen in die gleiche Richtung.

4. Schluß

Wie wir eingangs gezeigt haben, werden imaginative Verfahren in der Literatur zur Supervision weitgehend vernachlässigt. Auf der anderen Seite bietet der psychotherapeutische Bereich einen Fundus von Methoden und Techniken, die in bestimmten Situationen verbalen Strategien überlegen sind. Gerade zur Konfliktbeschreibung, -analyse und -lösung, den Hauptzielen der Supervision, sind intuitive Verfahren von großem Nutzen. Die theoretischen Grundlagen der imaginativen Verfahren wurden kurz angerissen, Hinweise für die konkrete Arbeit mit Vorstellungen gegeben. Ausführlich haben wir Beispiele aus der Literatur und aus unserer eigenen Supervisionspraxis beschrieben. Wir hoffen, damit Supervisoren, Beratern und Coaches ein paar Anregungen zur Erweiterung ihres methodischen Arsenals gegeben zu haben.

Literatur

ACHTERBERG, J. 1990. Gedanken heilen: Die Kraft der Imagination. Grundlagen einer neuen Medizin. Reinbek: Rowohlt.

AHSEN, A. 1977. Psycheye: Self-analytic consciousness. New York: Brandon House.

AHSEN, A. 1983. Eidetische Psychotherapie. In: Corsini, R.J. (Hrsg.) Handbuch der Psychotherapie. Bd. 1. Weinheim: Beltz. S. 146-165.

BAUER, A. & BAUER, U. 1990. Macht und Kränkung als Korrelate pflegender Berufe. Supervisions und Balinterfahrungen mit Krankenschwestern und -pflegern. In: Pühl, H. (Hrsg.) Handbuch der Supervision. Berlin: Edition Marhold. S. 464-476.

BEITMAN, B.D., GOLDFRIED, M.R. & NORCROSS, J.C. 1989. The movement toward integrating the psychotherapies: An overview. American Journal of Psychiatry 146, 138-147.

BELARDI, N. 1992. Supervision: Von der Praxisberatung zur Organisationsentwicklung. Paderborn: Junfermann.

BLATNER, A. & BLATNER, A. 1988. Foundations of psychodrama: History, theory, and practice. New York: Springer.

BOESCH, E.E. 1977. Konnotationsanalyse: Zur Verwendung der freien Ideen-Assoziation in Diagnostik und Therapie. Materialien zur Psychoanalyse und analytisch orientierten Psychotherapie. III, 4, Sektion B. Göttingen: Vandenhoeck & Ruprecht.

BRANDAU, H. (Hrsg.) 1991a. Supervision aus systemischer Sicht. Salzburg: Müller.

BRANDAU, H. 1991b. Supervision als Koevolution oder Sokrates als Supervisor. In: Brandau, H. (Hrsg.) Supervision aus systemischer Sicht. Salzburg: Müller. S. 11-42.

BRANDAU, H. 1991c. NLP und systemische "Super Visionen" in Trance. In: Brandau, H. (Hrsg.) Supervision aus systemischer Sicht. Salzburg: Müller. S. 176-193.

D'ZURILLA, T.J. & GOLDFRIED, M.R. 1971. Problem solving and behavior modification. Journal of Abnormal Psychology 78, 107-126.

ECK, C.D. 1990. Rollencoaching als Supervision - Arbeit an und mit Rollen in Organisationen. In: Fatzer, G. & Eck, C.D. (Hrsg.) Supervision und Beratung. Köln: Edition Humanistische Psychologie. S. 209-247.

EICHBERGER, M. 1990. TZI in der Gruppensupervision mit LehrerInnen. In: Pühl, H. (Hrsg.) Handbuch der Supervision. Berlin: Edition Marhold. S. 441-451.

EPSTEIN, G. 1985. Wachtraumtherapie: Der Traumprozeß als Imagination. Stuttgart: Klett-Cotta.

FATZER, G. & ECK, C.D. (Hrsg.) 1990. Supervision und Beratung. Ein Handbuch. Köln: Edition Humanistische Psychologie.

FATZER, G. 1990. Die lernfähige Organisation. In: Fatzer, G. & Eck, C.D. (Hrsg.) Supervision und Beratung. Köln: Edition Humanistische Psychologie. S. 389-408.

FEZLER, W. 1989. Creative imagery: How to visualize in all five senses. New York: Simon & Schuster.

GAWAIN, S. 1991[5]. Stell Dir vor - Kreativ visualisieren. Basel: Sphinx.

GERSTNER, K. 1989. Auswirkungen eines Imaginationstrainings auf Vorstellungsfähigkeit und Traumerinnerung. Diplom-Arbeit, Fachrichtung Psychologie, Universität des Saarlandes.

HANNAH, B. 1985. Begegnungen mit der Seele: Aktive Imagination - der Weg zu Heilung und Ganzheit. München: Kösel.

HOROWITZ, M.J. 1983. Image formation and psychotherapy. New York: Jason Aronson.

KANFER, F.H., REINECKER, H. & SCHMELZER, D. 1991. Selbstmanagement-Therapie. Berlin: Springer.

KAST, V. 1988. Imagination als Raum der Freiheit: Dialog zwischen Ich und Unbewußtem. Olten: Walter.

KERSTING, H.J. & KRAPOHL, L. 1990. Teamsupervision: Eine Problemskizze. In: Pühl, H. (Hrsg.) Handbuch der Supervision. Berlin: Edition Marhold. S. 149-160.

KESSLER, B.H. 1988. Datenerhebung mit imaginativen Techniken. In: Laux, J. & Schubert, H.-J. (Hrsg.) Klinische Hypnose: Theorien, Forschungsergebnisse, Anwendungen. Pfaffenweiler: Centaurus. S. 60-72.

KESSLER, B.H. & LUI, I. 1991. Psychopathologische Aspekte des Herzinfarkts. In: Hoellen, B. (Hrsg.) Aspekte der Klinischen Psychologie. Pfaffenweiler: Centaurus. S. 151-163.

KLAGSBRUN, J. & BROWN, D. 1984. Getting the picture: The use of imagery to clarify therapeutic impasses. Psychotherapy 21, 254-259.

KORN, E.R. & JOHNSON, K. 1983. Visualization: The use of imagery in the health professions. Homewood: Dow Jones-Irwin.

KRUCKER, W. 1987. Strukturbildende Psychotherapie: Tiefenpsychologie und aktive Imagination. Berlin: Springer.

KRÜGER, R.T. 1990. Psychodrama als Supervisionsmethode. In: Pühl, H. (Hrsg.) Handbuch der Supervision. Berlin: Edition Marhold. S. 323-339.

LAZARUS, A.A. 1980. Innenbilder: Imagination in der Therapie und als Selbsthilfe. München: Pfeiffer.

LEUNER, H. 1980. Katathymes Bilderleben. Ergebnisse in Theorie und Praxis. Bern: Huber.

LINSTER, H.W. & PANAGIOTOPOULOS, P. 1990. Supervision in der klientenzentrierten Psychotherapieausbildung. In: Pühl, H. (Hrsg.) Handbuch der Supervision. Berlin: Edition Marhold. S. 82-97.

LOOSS, W. 1990. Die Einzelsupervision von "Beziehungsarbeitern". In: Fatzer, G. & Eck, C.D. (Hrsg.) Supervision und Beratung. Köln: Humanistische Psychologie. S. 195-208.

LUCIANI, J.J. 1990. Healing your habits: Introducing directed imagination. San Diego: Luramedia.

MAASS, H. 1984. Der Seelenwolf: Das Böse wandelt sich in positive Kraft. Olten: Walter.

MARKHAM, U. 1992. Visualisieren. Braunschweig: Aurum.

MARKS, D.F. (Ed.) 1986. Theories of image formation. New York.

MASTERS, R. & HOUSTON, J. 1984. Phantasiereisen. München: Kösel.

VAN DER MEER, L. & ROTH, W.L. 1992. Selbstbild und Fremdbild psychotherapeutischer Praxis: Neue Wege zur Reflexion eines alten Problems. Verhaltenstherapie und psychosoziale Praxis 24, 515 - 531.

MORRIS, P.E. & HAMPSON, P.J. 1983. Imagery and consciousness. London: Academic Press.

MÜNCH, W. 1990. Zur Arbeit mit Übertragung und Gegenübertragung in Supervisionsgruppen für Lehrer: Die Abwehr ödipaler Verantwortung. In: Pühl, H. (Hrsg.) Handbuch der Supervision. Berlin: Edition Marhold. S. 452-463.

NOLL, R. 1985. Mental imagery cultivation as a cultural phenomenon: The role of visions in schamanism. Current Anthropology 26, 443-461.

NOY, P. 1969. A revision of the psychoanalytic theory of the primary process. International Journal of Psychoanalysis 50, 155-178.

OTERO, T.M. 1986. Altering your inner limits: imagery-related techniques in neuro-linguistic programming. In: Sheikh, A.A. (Ed.) Anthology of imagery techniques. Milwaukee: American Imagery Institute. p. 289-311.

PETZOLD, H. 1985². Psychodrama-Therapie: Theorie, Methoden, Anwendung in der Arbeit mit alten Menschen. Paderborn: Junfermann.

PLESSEN, U. & KAATZ, S. 1985. Supervision in Beratung und Therapie. Salzburg: Müller.

PÜHL, H. (Hrsg.) 1990a. Handbuch der Supervision. Beratung und Reflexion in Ausbildung, Beruf und Organisation. Berlin: Edition Marhold.

PÜHL, H. 1990b. Der Supervisor als Lehrer und Leiter. In: Pühl, H. (Hrsg.) Handbuch der Supervision. Berlin: Edition Marhold. S. 22-33.

PÜHL, H. & SCHMIDBAUER, W. (Hrsg.) 1986. Supervision und Psychoanalyse. Plädoyer für eine emanzipatorische Reflexion in den helfenden Berufen. München: Kösel.

RAGUSE, H. 1990a. Supervision - angewandte Psychoanalyse? In: Fatzer, G. & Eck, C.D. (Hrsg.) Supervision und Beratung. Köln: Edition Humanistische Psychologie. S. 171-180.

RAGUSE, H. 1990b. Gruppensupervision. In: Fatzer, G. & Eck, C.D. (Hrsg.) Supervision und Beratung. Köln: Edition Humanistische Psychologie. S. 249-256.

RICHARDSON, A. & PATTERSON, Y. 1986. An evaluation of three procedures increasing imagery vividness. International Review of Mental Imagery 2, 166-191.

RICHTER, K.F. & FALLNER, H. 1989. Kreative Medien in der Supervision und Psychosozialen Beratung. Hille: Busch.

ROTH, W.L. 1987. Verdeckte Konditionierung. Darstellung, Kritik und Prüfung eines kognitiv-verhaltenstherapeutischen Ansatzes. Regensburg: Roderer.

ROTH, W.L. 1993. "Power to the person" - zur Entwicklung der "Selbstmanagement-Therapie". Report Psychologie 18, 38-45.

SAMUELS, M. & SAMUELS, N. 1990. Healing with the mind's eye: A guide for using imagery and visions for personal growth and healing. New York: Summit Books.

SCHREYÖGG, A. 1990. Integrative Gestaltsupervision. Ein methodenplurales Modell. In: Pühl, H. (Hrsg.) Handbuch der Supervision. Berlin: Edition Marhold. S. 340-356.

SCHREYÖGG, A. 1992. Supervision - ein integratives Modell: Lehrbuch zu Theorie & Praxis. Paderborn: Junfermann.

SCOBEL, W.A. 1989². Was ist Supervision? Göttingen: Verlag für medizinische Psychologie.

SHAPIRO, D.L. 1972. Structural aspects of visual imagery in altered states. Dissertation, University of Michigan (Mikrofilm).

SHEIKH, A.A. (Ed.) 1984. Imagination and healing. Farmingdale: Baywood.

SHEIKH, A.A. (Ed.) 1986. Anthology of imagery techniques. Milwaukee: American Imagery Institute.

SHEIKH, A.A., SHEIKH, K.S. & MOLESKI, L.M. 1985. The enhancement of imaging ability. In: Sheikh, A.A. & Sheikh, K.S. (Eds.) Imagery in education: Imagery in the educational process. Farmingdale: Baywood. p. 223-239.

SHORR, J.E. 1983a. Psychoimaginationstherapie. In: Corsini, R.J. (Hrsg.). Handbuch der Psychotherapie. Bd. 2. Weinheim: Beltz. S. 1032-1051.

SHORR, J.E. 1983b. Psychotherapy through imagery. New York: Thieme-Stratton.

SINGER, J.L. & POPE, K.S. (Hrsg.) 1986. Imaginative Verfahren in der Psychotherapie. Paderborn: Junfermann.

TIETZE, H.G. 1986. Imagination und Symboldeutung. München: Knaur.

TILLMANNS, A. 1990. Supervision in der Verhaltenstherapieausbildung. In: Pühl, H. (Hrsg.) Handbuch der Supervision. Berlin: Edition Marhold. S. 98-109.

WEAVER, R. 1991. The old wise woman: A study in active imagination. Boston: Shambhala.

WEERTH, R. 1992. NLP und Imagination. Paderborn: Junfermann.

Kapitel 4

Krisenpatienten, die Helfer und die Supervision

Walter Andreas Scobel

Einleitung

Von der kollektiven zur individuellen Krise

Es ist Dezember 1992, während ich diesen Artikel schreibe. In dieser Zeit fällt es schwer, über individuelle Krisen und deren Bewältigung nachzudenken, wo sich die "neue" Bundesrepublik Deutschland kollektiv in einer Krise befindet. Kaum ein Lebensbereich scheint ausgenommen. Das Ganze, das Große schiebt sich vor das Kleine, vor den einzelnen Menschen. Längst für tot befundene Ungeister sind wieder lebendig: Rassenhaß, Fremdenfeindlichkeit, deutsche Großmannssucht, nationalsozialistische Parolen und faschistisch motivierte Gewalt gegen Menschen. Man hat den Eindruck, einer kollektiven Regression der Gesellschaft auf immer niedere Instinkte bei gefährdeten Personen beizuwohnen; das Schattenreich C. G. JUNG'S läßt grüßen. Wo Problem- und Schuldbewältigung angesagt wären, grassieren Aufgeregtheit und blinder Aktivismus. Politiker und Funktionäre weigern sich, eine ehrliche Bestandsaufnahme der Ist-Situation vorzulegen und verleugnen das Ausmaß der gesellschaftlichen Gefahren für uns alle. Die Chance einer solchen kollektiven Krise zur Reflexion und Bewältigung scheint vorerst vertan (vgl. HABERMAS, 11.12.1992). Wie bei individuellen Krisen auch folgte dem Schock die Apathie und dann die Verleugnung. Und genau solchen Prozessen der Nicht Reflexion, der mangelnden Analyse und der gezielten Verleugnung hat die Supervision auf dem Feld des professionellen Krisenmanagement entgegenzutreten.
Fragen wir uns zunächst, was der Begriff der Krise bedeutet. ULICH (1987, Seite 1) definiert: "Nach allgemeinem Verständnis sind Krisen Erschütterungen eines Gleichgewichts bzw. Wendepunkte, also dramatische Zuspitzungen eines Geschehens, in denen sich die weitere Entwicklung zum Guten oder Schlechten hin ergibt, klassisch etwa in der Medizin des Mittelalters die Fieberkrise, die über Leben und Tod entscheidet. Gemeinsam ist allen Krisenansätzen innerhalb und außerhalb der Psychologie, daß sie derartige Wendepunkte oder Übergänge beschreiben und zugleich annehmen, daß diese prinzipiell die Möglichkeit zur Weiterentwicklung wie zur Fehlentwicklung in sich bergen."

Wenn des weiteren von Krisenpatienten und ihren Helferinnen bzw. Helfern die Rede sein soll, so sind Menschen gemeint, die sich in einer psychischen Krise befinden. Jede psychische Krise wird ausgelöst und ist nicht zufällig. Diverse Ereignisse des Lebens können Krisen hervorrufen und wirken vor allem dort, wo das seelische Gleichgewicht eines Menschen instabil und brüchig ist (vgl. E. H. ERIKSON, 1966). Besonders Nahtstellen des Übergangs sind dafür prädestiniert: Beispielsweise der Wechsel von der Kindheit zur Pubertät; der Wechsel vom pubertierenden Jugendlichen zum erwachsenen Mann, zur erwachsenen Frau; der Wechsel von der Schule in den Beruf; der Wechsel von der Heimat in einen fremden Ort, eine fremde Stadt, in ein fremdes Land; der Wechsel vom Mann zum Vater, von der Frau zur Mutter; der Wechsel von einer Firma in die andere, von einem Arbeitsfeld in ein völlig neues Leistungsgebiet; oder die berühmte Nahtstelle der Lebensmitte: der Wechsel vom Fortgang, von der Zielprojektion zum Stillstand, der Wechsel vom Aufbau zum Abbau; etc. Jede Nahtstelle des Übergangs bringt ans Licht, wie sicher, wie stabil, wie stark oder wie brüchig das Fundament des Ichs und das Fundament der sozialen sowie der beruflichen Rolle tatsächlich vorher waren (vgl. dazu AHRBECK, 1982; LIDZ, 1970).

Psychische Krisen werden sowohl durch innere Vorgänge als auch durch exogene Faktoren bewirkt. Innere Vorgänge können markiert sein durch körperliche, biologisch-hormonelle, konstitutionelle und innerseelische Veränderungen, aber auch durch die Störung solcher Prozesse. Exogene Faktoren sind bakterielle, virologische Erkrankungen ebenso wie Unfälle, Trennungs- und Verlusterlebnisse sowie Schicksalsschläge jedweder Art. Ich denke hier beispielsweise an eine psychische Krise, die sich durch eine schwere Behinderung einstellt (vgl. AHRBECK/RATH, 1988, Krisen und Krisenbewältigung bei Behinderten), oder an eine Krise, die durch einen selbst verschuldeten Autounfall verursacht wird, oder an eine Krise des Vaters oder der Mutter, weil der eigene Sohn/die eigene Tochter drogenabhängig bzw. alkoholabhängig geworden ist. Der Möglichkeiten sind grundsätzlich viele, in eine wie auch immer bedingte Krise zu rutschen; ich glaube: für uns alle.

Jede Krise prüft Stabilität

Ausgelöst durch eine weltpolitische Krise der Fluchtbewegungen von Krieg, Folter, Hunger und Elend sowie der weltpolitischen Krise durch den Zusammenbruch des osteuropäischen Kommunismus erleben wir heute in Deutschland besonders eindrucksvoll, wie brüchig das Fundament sozialer, kultureller und wirtschaftlicher Anständigkeit sowie das Fundament für Gerechtigkeit unter den Bürgern bestellt ist, ja, wie wenig verläßliche Substanz in unserer Gesellschaft vorhanden ist, um eine große innenpolitische, wirtschaftspolitische sowie sozialpsychologische Krise ohne kollektive Schuldzuweisungen, ohne kollektive Sündenböcke und ohne unfaire Kompensationsmechanismen ehrlich, solidarisch und analytisch redlich zu bewältigen. Das verweist auch auf die psychische Instabilität vieler Bürger und Bürgerinnen, die keine Erschütterungen des Gewohnten hinzunehmen und zu verarbeiten vermögen; das verweist auch auf die Instabilität des Einzelnen.

Im Gegensatz zur kollektiven Zuspitzung, welche die gesellschaftspolitische Homöostase prüft, prüft die Krise des Individuums die eigenen innerseelischen Bewältigungs- und Verarbeitungsmechanismen, prüft die Krise des Individuums die Sicherheit der Identität und des eigenen Selbst. In diesem Artikel soll vom Umgang mit jenen Menschen die Rede sein, welche für die Bewältigung einer Krise professionelle Hilfe in Anspruch nehmen müssen, bei denen also die Kraft des Selbst zusammenzubrechen droht oder schon zusammengebrochen ist. Im Rahmen psychiatrischer Nomenklatur wird dann gerne von einer drohenden oder sich entwickelnden oder schon vorhandenen Dekompensation beim Patienten gesprochen; der Patient dekompensiert, heißt also: Er ist geistig, körperlich (somatisch) und seelisch erschöpft, bricht zusammen und kann sich selbst nicht mehr aufhelfen. Er braucht die Hilfe der professionellen Helfer. Am sinnfälligsten und spektakulärsten sind dafür die psychotische Dekompensation oder die Dekompensation **nach dem** Suizidversuch. Enthielt der Versuch, sich das Leben zu nehmen, noch die aktive Tat, bricht nach dem Scheitern der Selbsttötung der Wille zusammen, dem Lebensproblem mit einer "Lösung", und sei es der Tat zur Vernichtung des eigenen Daseins und der eigenen Person, zu begegnen. Das Lebensproblem und der mißglückte Lösungsversuch überwältigen das Ich des Patienten. Ähnlich verhält es sich bei der psychotischen Dekompensation: die vorhandenen und erlernten Bewältigungsstrategien eines sehr instabilen Menschen versagen und auf dramatische Weise stürzt das wackelige Selbstwertgerüst des Betroffenen ein, das dünne Fundament des Selbst zerbröckelt, zerfällt in Einzelteile und es bleibt das Einzelne für das Ganze (pars pro toto).

Helfer und Helferinnen, die bei Krisenpatienten einspringen und einspringen müssen, sind selbst diversen Irritationen und Deformationen ausgesetzt, die es in der Supervision aufzuspüren und zu korrigieren gilt. Diesem Problem soll der Fortgang des Artikels gewidmet sein. Professionelle Hilfe bei Krisenpatienten anzubieten, heißt also, solchen Menschen in unserer Gesellschaft zu helfen, deren Versuche zur Selbsthilfe vorerst versagt haben und die sich in ganz akuter Not befinden. Die Not der Patienten/der Klienten überträgt sich dann in aller Regel auf Betreuerinnen und Betreuer; sie zwingt zum Handeln. Um hier keine unnötigen Fehlentscheidungen einzuleiten, ist Supervision als Rückmeldung und Kontrolle für die Helfer ganz außerordentlich wichtig. Im weiteren Verlauf dieses Beitrages soll also nur marginal von Krise und Krisenpatienten die Rede sein; vor allem geht es um die Auswirkungen von Krisenintervention auf Helfer und wie dem durch Supervision sinnvoll entgegengetreten werden kann.

Supervision gegen Druck und Einengung

Die Arbeit mit Krisenpatienten verinnerlicht auf die Dauer beim Helfer bzw. bei der Helferin einen enormen physischen wie psychischen Druck zur schnellen und effektiven Handlung. Es besteht die Gefahr, daß dabei erstens eine professinell wirksame und verläßliche Distanz zum betroffenen Klienten/Patienten verloren geht, daß zweitens eine gelassene und rationale Reflexion der Situation und des Notwendigen unterbleibt und daß drittens Agitation statt bedachter/bedächtiger Hilfeleistung vorherrscht. Supervision bei Betreuerinnen und Betreuern von Krisenpatienten muß deshalb zunächst vor allem entkrampfend, entspannend, loslösend wirken und einen klimatischen Freiraum schaffen, wo sich Reflexion und Selbstauseinandersetzung ohne allzugroßen zeitlichen und emotionellen Druck für den Supervisor und die Supervisanden entwickeln können. Supervisoren sollten wissen, daß sie dem vielschichtigen Druck, der durch die Krise beim Patienten/Klienten entsteht und sich möglicherweise auf die Helfer überträgt, entgegenwirken müssen, um sinnlose Aufgeregtheit und blinden Aktivismus bei den Helfern zu verhindern (siehe Druck der kollektiven Krise).

Beispiel einer mißglückten Supervision

Nach fünf Jahren Teamsupervision auf einer psychiatrischen Akut-Station (geschlossene Aufnahme) möchte ich als verantwortlicher Supervisor Bilanz ziehen, weil ich vom Team abgewählt wurde und die Gelegenheit nutzen will, einmal meine Eindrücke vom Tagesgeschehen entfernt auf einer Metaebene zu bündeln und mitzuteilen. In der allerletzten Sitzung, die dafür und für meine Verabschiedung reserviert war, kommt es jedoch nicht dazu. Schon beim Betreten unseres Supervisionsraumes geht es unter den Mitarbeiterinnen und Mitarbeitern der Station hoch und laut her. Es ist zwischen der neuen Stationsärztin und dem informellen Leiter der Station, Pfleger und Sozialpädagoge, ein heftiger Streit ausgebrochen, in den alle anderen Helfer/Helferinnen einbezogen sind. Ich mache zu Beginn der Sitzung auf unser gemeinsames Vorhaben - Bilanz und Verabschiedung - aufmerksam, werde aber abgeschmettert mit dem Hinweis, dieser Streit sei jetzt wichtiger für die Belange der Station und müsse jetzt unbedingt geklärt werden. Ein letztes Mal also werde ich als Supervisor und Feuerwehrmann für zwischenmenschliche Brände gebraucht und heute wohl eher mißbraucht. Ich mache mit und stelle meine Bilanz zurück.

Auswertung zum Beispiel

Die Helferinnen und Helfer auf dieser Station sind es gewohnt, Patienten zu betreuen, die sich in einer akuten psychotischen Krise befinden. Nach der Einlieferung solcher Patienten gibt es häufig interpersonelle Sensationen; aber auch der normale Stationsablauf ist gespickt mit kippeligen und schwer beherrschbaren Situationen. Wutausbrüche und Weinkrämpfe,

Schreiereien und Beschimpfungen sind an der Tagesordnung, aber auch tätliche Angriffe gegen Mitarbeiter oder Mitpatienten kommen vor; besonders gefährlich wirken sich spontane autoagressive und/oder suizidale Handlungen bei Patienten aus. In dieser Atmosphäre befinden sich die Helfer/Helferinnen dauernd auf dem Sprung, innerlich in Alarmbereitschaft versetzt. Da ist wenig Zeit für leise Töne. Und fast immer gibt es einen besonders schwierigen Patienten, von dem oder von der viele Sensationen und zwischenmenschliche Konflikte "losgetreten" werden. Selbst in den Pausen und in ruhigen Phasen auf der Station wirken die Mitarbeiterinnen und Mitarbeiter nicht gelöst, merkwürdig angespannt und hektisch. Ruheräume des Personals werden nicht genutzt, bleiben leer; stattdessen ziehen es die Helfer/Helferinnen vor, sich ständig in der Mitte der Station, dem Stationszimmer ("Glaskasten" genannt), bei einem permanenten Rein und Raus und Hier und Da aufzuhalten; Kaffeepausengespräche mischen sich mit Organisation, Telefon und Tablettenausgabe usw.

In fünf Jahren Supervision haben die Helferinnen und Helfer dieses Klima in jede Situation getragen, ohne wirklich abschalten zu können. Mit dem "dritten Ohr" (REIK) verharrten sie bei ihren Patienten, egal wie groß die Entfernung zwischen Konferenzraum und Station war. Manchmal wurde von der Station aus ein Alarmsignal ausgelöst und alle rannten los, wie von einem fernen großen Magneten angezogen; ich, der Supervisor, war dann der einzige, der sitzen blieb mit dem Gefühl, einer schlimmen Störung beizuwohnen, ohne betroffen zu sein. Das Chaos der Patienten hatte sich zu einem permanent, auch motorischen Handlungsdruck bei den Mitarbeitern verinnerlicht und im Team abgebildet: Ruhe und Stille wurden als bedrohlich wahrgenommen.

Immer gab es auch einen besonders schwierigen, rebellischen, wortführenden Mitarbeiter als Initiator für lautstarke Auseinandersetzungen der Helfer/Helferinnen untereinander (gruppendynamisch eine Konstellation wie unter den Patienten), so daß selbstbezogene Reflexion des einzelnen Betreuers und eine ungestörte Analyse der Situation des Teams kaum je möglich waren. Immer wieder wurde der Supervisor in die Rolle des interpersonellen Feuerwehrmannes gezwungen; ...sicher ein Fehler, das mit sich machen zu lassen ...; aber dennoch ist es schwer bzw. war es schwer, bei einer solchen Team- und Fallsupervision dieser Rolle zu entkommen.

Kurzum: die Energie der Patienten und die Gruppendynamik unter den Patienten hatte dem Team der Mitarbeiter und der Mitarbeiterinnen dieser Station sozusagen einen Stempel aufgedrückt; und diese interpersonelle Abbildung wurde auch in die Supervision mit umgekehrter Rollenverteilung hineingetragen: dem Supervisor wird vieles von dem präsentiert und zugemutet, was die Helfer und Helferinnen sonst auf der Station aushalten müssen. Er soll dann modellhaft demonstrieren, wie damit fertigzuwerden ist. Gelingt es dem Supervisor nicht, diesen Handlungsdruck mit einer guten und einleuchtenden Begründung zurückzuweisen, hat er meines Erachtens verspielt.

Supervision gegen Abwehr- und Kompensationsmechanismen

Helfer entwickeln nach langjähriger Arbeit im Bereich der Krisenintervention häufig Abwehr- und Kompensationsmechanismen, ohne die ein "Überleben" in diesem Feld wohl kaum möglich wäre. Andererseits wirken sich solche Mechanismen schleichend und unbemerkt gegen die Person des Helfers ebenso wie gegen die Person des Klienten aus. Persönliche Veränderungen, Deformationen und Ermüdungserscheinungen bei den Helfern/Helferinnen sind wahrscheinlich (vgl. FENGLER, 1991; PINES et al., 1987, 3. Aufl.).

Um solchen professionellen Deformationen, schleichenden Charakterveränderungen und Ermüdungserscheinungen zuvorzukommen, muß in der Supervision im Bereich der Krisenintervention ganz besonders darauf geachtet und herausgearbeitet werden, welche Fehlhaltungen und Fehleinstellungen durch die Betreuung von Krisenpatienten beim Helfer unbemerkt induziert und verankert werden. Aber auch gewollte Abwehrhaltungen sollten aufgedeckt und kritisch angesprochen werden.

Beispiel 2:

Während der Teamsupervisionssitzung auf einer psychiatrischen Station für Kinder und Jugendliche soll der Suizidversuch eines 16-jährigen Patienten außerhalb des Klinikgeländes zum Anlaß genommen werden, um das hochexplosive Klima auf der Station zu analysieren, Hintergründe zu explorieren und um den Versuch zu unternehmen, durch die Supervision eine Perspektive zur Entschärfung der Situation zu entwerfen. Während der Sitzung kommt es zu einem Wortgefecht unter den Mitarbeiterinnen und Mitarbeitern, und zwar über die Frage, wessen Wahrnehmung von der gruppendynamischen Konstellation der jungen Patienten untereinander stimmt; kurzum, wie so oft im Leben die Frage: wer hat Recht? Dem Supervisor fällt auf, daß es letztendlich nicht mehr um die Patienten geht, sondern um unterdrückte Aggressionen der Helfer. Er äußert die Vermutung, daß sich das hochexplosive Klima ihrer Station inzwischen auf sie, die Betreuer übertragen habe und alle voller Zorn über die gefährliche "Agiererei" ihrer Patienten wären. Daraufhin ergreift der Stationsarzt das Wort und schimpft los: Er würde die Patienten am liebsten davonjagen; er habe es satt, sich von ihren Suiziddrohungen noch länger erpressen zu lassen; von ihm aus sollten die sich doch alle umbringen, dann wäre endlich Ruhe auf der Station. - Es folgt betretenes Schweigen. Allen Supervisanden ist klar, daß etwas ausgesprochen wurde, was sie alle seit geraumer Zeit dachten und denken; alle wissen, was das expressis verbis bedeutet: wir, die Mitarbeiterinnen und Mitarbeiter dieser Station, wünschen unseren Patienten den Tod, wenn die sich nicht endlich unserer Therapie beugen.

Auswertung A:

Die Supervisionssitzung gibt Gelegenheit, etwas unerhört Verbotenes und doch Empfundenes auszusprechen. Das betretene Schweigen signalisiert, welche Verblüffung aufkommt, wenn ein gänzlich tabuisiertes Gefühl und eine gänzlich tabuisierte Einstellung den Krisenpatienten gegenüber von den Helfern zur Sprache kommen. Das betretene Schweigen signalisiert außerdem, daß durch das Brechen des Tabus sofort ein kollektives Schuldgefühl aufkommt. Also entsteht einerseits bei den Helfern Erleichterung und andererseits ein neues Problem. Der Supervisor muß nun durch ein geschicktes Vorgehen dafür sorgen, daß das Gesagte nicht durch das kollektive Schuldgefühl unter die Schwelle des Tabus zurückbefördert, sondern die Frage bearbeitet wird, wie sich eine solche hilflose Wut gegen die suizidalen Jugendlichen aufbauen konnte.

Fortsetzung der Supervision:

Supervisor: Alle Helfer dieser Station seien erschrocken einerseits und auf der anderen Seite doch auch angenehm berührt, daß ihr Stationsarzt stellvertretend für alle ein Tabu gebrochen und etwas ausgesprochen habe, was alle mehr oder weniger dächten und empfinden würden. Es käme jetzt darauf an, nicht alles wieder durch das große gemeinsame schlechte Gewissen zurückzunehmen, sondern sich zu fragen, wie es soweit hätte kommen können. Der Todeswunsch gegen die suizidalen Jugendlichen sei in Wahrheit wohl ein deutliches Indiz dafür, wie wenig sich die Mitarbeiter dieser Station von ihren Patienten ernst genommen fühlen könnten, wie wenig ihre therapeutischen Bemühungen fruchten würden und wie wütend sie darüber seien, mit allen möglichen Manipulationen und Erpressungen ihrer Patienten konfrontiert und damit ohnmächtig gemacht zu werden. Es bestünde jetzt die Gefahr, daß sich eine solche aggressive Fehlhaltung gegen die Patienten verfestige, wenn die Hintergründe dafür nicht aufgedeckt würden.

Reaktion des Teams:

Durch die Bank wird von den Mitarbeiterinnen und Mitarbeitern (Krankenpflegepersonal, Erzieher, Diplompsychologin, Arzt) kundgetan, daß sie das Gefühl haben, alle Bemühungen seien umsonst, noch so schöne Therapiepläne würden fehlschlagen und man/frau würde die Jugendlichen nicht wirklich erreichen. Es habe sich im Team eine ungeheuere Wut darüber aufgestaut, tagtäglich die eigene Hilflosigkeit vor Augen geführt zu bekommen.

Auswertung B:

Bei den Betreuerinnen und Betreuern auf dieser psychiatrischen Station für Kinder und Jugendliche baut sich aufgrund der autoaggressiven, selbstzerstörerischen und/-oder suizidalen Zuspitzungen bei einzelnen Patienten ein Potential an gespannter Alarmstimmung auf, die mit sorgfältig ausgefeilten Therapieplänen eingegrenzt werden soll, auch, um dem Team das Gefühl zu geben, handlungsfähig und kompetent zu sein. Anders formuliert, den aggressiv getönten Krisen der Jugendlichen wird mit überlegtem Management entgegengetreten. Das ist zu begrüßen: durch dieses überlegte Krisenmanagement wird schließlich jener Fehler, der im vorigen Abschnitt beschrieben wurde, vermieden, also keine planlosen, hektischen, nur spontane Hilfsaktionen.

Dennoch muß das Team feststellen, daß diese Handlungskonzepte nur begrenzt greifen. Das enttäuscht und kränkt die Helfer/Helferinnen. Und an dieser Nahtstelle entwickeln sich jetzt sehr persönliche, nicht professionelle, zu wenig distanzierte Reaktionen bei den betroffenen Therapeutinnen und Therapeuten. Man/frau spürt, daß sich die Klienten/Patienten weitestgehend verweigern, und zwar verweigern, die dargebotene Hilfe anzunehmen. Das ist jenes Phänomen, was REIMER (1988) die "Verweigerung der Komplementärrolle" nennt: Der Klient/Patient weigert sich, sich dem Helfer als hilfsbedürftig und als Bittsteller unterzuordnen (die inferiore Rolle, vgl. SCOBEL, 1983), um dem Helfer die superiore Position und das damit gegebene Selbstbewußtsein zukommen zu lassen. Der Helfer/die Helferin nimmt diese Verweigerung als persönlich gemeinte Kränkung hin und antwortet mit einer unterdrückten Gegenaggression: ..."sollen die sich doch ruhig umbringen!"... Auf diese Weise können nur falsche Einstellungen zum Patienten und therapeutische Fehlhaltungen aufkeimen und sich verselbständigen.

Falsche Einstellungen sind beispielsweise:

- Suizidalen Patienten kann man nicht helfen! Oder: suizidale Jugendliche wollen sich nicht helfen lassen!
- Suizidale Handlungen sind Erpressungen!

- Suizidale Jugendliche wollen die Helfer kränken!

Falsche therapeutische Antworten, Fehlhaltungen sind beispielsweise:

- Psychosozialen Krisen bei Jugendlichen, die zur "Agiererei" neigen, muß mit Härte und Strenge begegnet werden.
- Suizidale Handlungen müssen ignoriert oder bestraft werden!
- Jugendliche, die in einer persönlichen Krise mit aggressiven Handlungen sich selbst oder andere gefährden, kann man nicht akzeptieren, im Gegenteil, die müssen zu spüren bekommen, wie sehr man/frau sie dafür ablehnt, daß sie die Helfer provozieren.
- Ich, als Helfer/Helferin, nehme es und werte es als persönliche Ablehnung des Patienten gegen mich, wenn der nicht bereit ist, sich meinem therapeutischen Angebot zu fügen. Folglich ist es mir egal, was aus solchen Menschen wird; sie sind mir gleichgültig.

Diese Beispiele mögen manchem gestandenen Therapeuten und mancher gestandenen Therapeutin wie Hohn vorkommen und sie werden die Nase rümpfen mit dem Tenor: das kann uns nicht passieren. Als Supervisor weiß ich, daß Supervisanden ebenfalls glauben, daß ihnen so etwas niemals unterlaufen könnte, bis sich dann herausstellt, daß sich solche Fehleinschätzungen und Fehlhaltungen ganz unbewußt eingeschlichen haben und in einem deutlichen Gegensatz stehen zur bewußten, kognitiven Selbsteinschätzung. Das **kognitive Selbst** des Helfers behauptet: so etwas denke ich nicht, fühle ich nicht, danach handle ich nicht.

Supervision gegen Krisen der Helferstabilität

Psychische Krisen und ihre Bewältigung verlaufen in Phasen. Der betroffene Klient/Patient befindet sich in einem Konflikt - religiös gesagt - zwischen "Widerstand und Ergebung" (BONHOEFFER). Wie wir aus unterschiedlichsten, wissenschaftlich belegten Erfahrungen wissen (zum Beispiel BOWLBY, 1983; KÜBLER-ROSS, 1978; SCHUCHARDT, 1987), wird jeder Mensch, der mit einem schwerwiegenden Lebensproblem, einer schweren Krankheit, einer schlimmen sozialen und/oder materiellen Not kämpft (etc.), vor die Frage gestellt, ob er/sie bereit ist, diese neue bedrückende Faktizität als eigenes Schicksal, als eigenen Weg, als Chance zum Weiterleben zu akzeptieren oder nicht. Das ist die Nahtstelle zwischen Bejahung (Akzeptanz) und Verneinung (Ablehnung, Abwehr). In dieser Phase der Ambivalenz setzt häufig Krisenintervention ein: Der Patient/Klient schwankt zwischen einer extremen Ablehnung seines Schicksals und der meist zögerlichen, zaghaften Bereitschaft, das Gegebene als unabweisbar und unabänderlich hinzunehmen.

Wie wir weiter wissen, kann ein Fortbestehen nur dann zur Bewältigung der Krise führen, wenn der betroffene Mensch lernt, das Unabänderliche zu akzeptieren, ja, aktiv zu bejahen und darauf aufzubauen. Hier an dieser Nahtstelle sind Helfer gefordert; sie müssen dem Betroffenen dazu verhelfen, die Akzeptanz der neuen bedrückenden Faktizität zu entwickeln. Das bedeutet: Der Helfer/die Helferin wird in diese Ambivalenz beim Patienten zwischen Abwehr und Bejahung verwickelt werden. Und hier können wiederum spezifische Irritationen, spezifische Fehleinschätzungen und spezifische Fehlhaltungen aufkommen. Das kann und soll Supervision aufzeigen.

Ein typischer Fehler ist, der häufig von Helfern gemacht wird, diese Ambivalenz beim Patienten als persönlich gemeinte Ablehnung zu mißdeuten. Insofern Betreuer und Betreuerinnen in das Hin und Her des Klienten zwischen Widerstand und Akzeptanz involviert werden, muß es ihnen vorkommen, als wolle der Betroffene sich nicht helfen lassen. Das darf nicht persönlich und muß als ein notwendiger Selbstfindungsprozeß des Patienten gewertet werden. Das kann ein Prozeß sein, der möglicherweise mit einem "Nein" endet; der Klient/Patient sagt dann: Motto: ich akzeptiere das Schreckliche nicht, ich lehne es ab, ich verdränge das lieber. Entwickelt sich ein Nein des Patienten, bleibt dem Betroffenen nichts anderes, als jene Hilfe zurückzuweisen, die auf Akzeptanz des Faktischen abzielt.

Betreuer in der Krisenintervention sind insofern **nicht** neutral, als sie den Klienten/Patienten dazu bringen müssen, sich mit dem jeweiligen Schicksalsschlag (Krankheit, Behinderung, Verlusterlebnis, dem eigenen Sterben oder was auch immer) auseinanderzusetzen; der Betroffene soll dazu gebracht werden, alle nur denkbaren Abwehr- und Fluchtmechanismen aufzugeben (beispielsweise die Apathie genauso wie ein wütendes Agieren), um sich der Realität zu stellen. Weder die **Verleugnung** des Problems noch die **Idealisierung** soll zugelassen werden. Betreuer und Betreuerinnen, die an dieser Weichenstellung Motivationsarbeit leisten und gegen das Nicht-Wollen oder Nicht-Können des Betroffenen anarbeiten müssen, geraten nach langjähriger Erfahrung in diesem Feld häufig selbst in eine Krise: **Die Stabilität des Helfers/der Helferin steht auf dem Spiel.**

Kaum eine andere berühmte und sehr verdienstvolle Therapeutin, die sich mit ihren Publikationen ins Rampenlicht der Öffentlichkeit gerückt hat, weist meines Erachtens die von mir beschriebene Krise der Helferstabilität deutlicher auf als die Sterbebegleiterin Frau KÜBLER-ROSS. Aus dem Engagement für ein menschenwürdiges Sterben ist durch ihre langjährige Tätigkeit ausschließlich auf diesem Gebiet etwas ganz anderes geworden, und zwar die **Flucht in die Idealisierung**: Wie eine lebende Feuerwehr reist Frau KÜBLER-ROSS über die ganze Welt (teilweise mit TV-Begleitung im Schlepptau) von einem Sterbebett zum anderen, ohne wirklich sehen und merken zu können, welche entsetzliche Veränderung in ihrer Gefühls- und Wertewelt vor sich gegangen ist: Nicht das Leben wird gesucht und hochgehalten, nicht die Veränderung, die ins Leben zurückführt, sondern die einmalige Chance im Sterben wird betont; das Sterben, der Tod als Therapeut des menschlichen Erlebens (KÜBLER-ROSS, 1988, S. 236, 253 f.; vgl. dazu auch AHRBECK/RATH, 1982)!

Sterbebegleitung - das sei ausdrücklich eingeräumt - ist eine Grenzerfahrung. **Ausschließlich** aber Menschen über Jahre hinweg helfen zu müssen und helfen zu wollen, die mit dem Tod ringen, kann vom professionellen Helfer sicher nicht ohne eine gravierende Veränderung der eigenen Gefühls- und Wertewelt überstanden werden. Ich möchte deshalb meinen Beitrag abschließen mit einem Beispiel der Supervision aus diesem Feld, um auf die prophylaktische Wirkung der Selbstkontrolle von Helfern, um also auf den Sinn und die Bedeutsamkeit von Supervision auch und gerade in diesem Feld zu verweisen.

Beispiel 3:

Von 1977 bis 1981 engagierte ich mich als Mitarbeiter im Modellprojekt "Suizidambulanz" der Psychiatrischen- und Nervenklinik des Universitätskrankenhauses Hamburg-Eppendorf. Durch unsere Aktivitäten innerhalb dieses großen Klinikums bekannt geworden, wurde das Team der Suizidambulanz gefragt, ob man von uns aus für das Pflegepersonal, das mit todkranken, suizidalen, süchtigen und/oder schwerkranken Menschen arbeitete, auf freiwilliger Basis eine Gruppensupervision anbieten könne. Wir haben das damals gerne bejaht, zumal uns durch die entsprechende Fachliteratur und einschlägige Ereignisse unter Helfern in Hamburg klar war (vgl. REIMER, 1981), wie suizidgefährdet besonders die Pfleger, Schwestern und Ärzte sind, die jahrelang stationär mit schwerstkranken Menschen und/oder Krisenpatienten umgehen. Unser Angebot einer Supervision für das Pflegepersonal wurde zunächst nur zögernd angenommen. Doch bald war eine Gruppe von acht Personen zusammen. Ein größerer Block von Mitarbeitern und Mitarbeiterinnen stammte von einer onkologischen Station (Krebsstation). Später kamen auch noch eine Sozialpädagogin und eine Ärztin dazu.

In den ersten Sitzungen wurde viel über Patientenschicksale gesprochen. Es entstand zunächst eine fallbezogene Supervision in der Gruppe, das heißt, von einzelnen Supervisanden wurden schwierige Patienten vorgestellt und unter Beteiligung aller wurde der Versuch unternommen, sowohl für die Betreuung als auch für die Patienten eine kurzfristige Perspektive zu entwerfen. Diese erste Phase der Gruppensupervision konnte also nur ganz indirekt auf die Schwierigkeiten der Helfer mit ihrer Arbeit eingehen.

Im weiteren Verlauf dieses Supervisionsangebots traten mehr und mehr die belastenden Gefühle der Pfleger und Schwestern in den Vordergrund. Viele klagten über eine permanente innere Unruhe, über häufige Ängste, über eine mit den Jahren zunehmende innere Verzagtheit und über eine schleichende Gemütsveränderung: man/frau könne sich nicht mehr so freuen;

man sei so ernst geworden; wenn gelacht werde, sei der Inhalt bissig und zynisch; der Spaß am Leben sei zurückgegangen und auch die Sinnfrage werde häufiger gestellt: was macht Sinn? Welchen Sinn hat das Leben? Welchen Sinn macht es zu sterben? usw.

Den Supervisoren (zwei Supervisoren aus dem Team der Suizidambulanz wechselten sich ab) wurde eindringlich vor Augen geführt, welchen enormen Belastungen die Helfer ausgesetzt sind, wenn die von ihnen betreuten Patienten keine Chance zur Verbesserung ihrer Gesundheit, ihrer Ist-Situation und/oder ihrer Lebensperspektive mehr vor sich hatten bzw. haben. Es wurde signifikant deutlich, daß die meisten Helfer/Helferinnen **nicht neutral** fühlen können, daß doch der Wunsch besteht, einem Patienten/Klienten zum Besseren im Leben zu verhelfen, daß Routine und Abgebrühtheit diesen Wunsch zwar verdecken, nicht aber wirklich abtöten können. Die Supervision war in dieser zweiten Phase vor allem deswegen so wichtig, weil hier alle versteckten Enttäuschungen, zunichtegemachten Hoffnungen und die Düsterheit der Perspektivlosigkeit zur Sprache gebracht werden durften. "Aus dem Herzen keine Mördergrube zu machen", war uns Supervisoren in dieser Phase Verpflichtung und Auftrag zugleich für unsere Supervisanden. Und die im Herzen sprichwörtlich eingelagerte Mördergrube zeigt symbolisch auf Ärger, Wut und Haß.

Ich denke, Helfer/Helferinnen neigen dazu, ihren Ärger und ihre Wut - geboren aus der Erfolglosigkeit des eigenen Bemühens - auch bei Krisenpatienten zunächst in ein NOCHMEHR an FÜRSORGE und Engagement umzusetzen, bis der "Atem" und die Kraft dafür durch die jahrelange Anstrengung ausgehen. Kann diese Aggression aber nicht mehr positiv transformiert, sondern muß ständig unterdrückt und in Schach gehalten werden, kann ein explosives intrapsychisches Gemisch entstehen aus Wut, Enttäuschung und Verzagtheit. Diesem Gemisch ein Ventil zu verschaffen, muß Supervision dienen; auch um suizidalen Handlungen von Helfern zuvorzukommen. Kluge und bewertende Ausführungen, wie ich sie von Kollegen gehört habe, nützen hier gar nichts, wie etwa: es gibt keine schwierigen Patienten, es gibt nur schwierige Helfer (das wurde in einem Vortrag gesagt). Mit solchen Provokationen wird der innerseelische Druck von Therapeutinnen und Therapeuten nur weiter erhöht.

Kommen wir zurück zu unserer Gruppe. Eine dritte Phase, welche sich ganz natürlich und "organisch" entwickelte, war gekennzeichnet von dem, was ich prosaisch einmal Spurensuche nennen würde. Es entstand bei den betroffenen Helfern wachsend eine tiefe Neugierde herauszufinden, was sie dazu gebracht hatte, ausgerechnet Menschen zu helfen, die sich auf einer schwierigen Gratwanderung befanden, einer Gratwanderung zudem, mit häufig eingeengten Perspektiven.

Nun werde ich in diesem Kontext sehr oft gefragt, was der Supervisor denn in einer solchen Phase tun muß bzw. zu tun hat. Das ist die Frage nach dem Handwerkszeug. Ich behaupte, daß der Supervisor/die Supervisorin in einer solchen Phase außerordentlich gut zuhören können muß, offen und sensibel sein muß für alle kleinsten Nuancen des Gesagten und fähig sein sollte, das Reflektieren der Betroffenen so einfühlsam wie möglich zu fördern und nicht zu stören. Manche Supervisoren besitzen den uneingeschränkten Drang, ihr vielseitiges Handwerkszeug anzuwenden und die Wirksamkeit unter Beweis zu stellen, so daß sie nicht merken, wie sehr sie den Reflexionsprozeß von Supervisanden unterbrechen und mit ihrem Gehabe stören.

Zum Abschluß dieses Beispiels möchte ich schildern, was eine junge Ärztin (etwa 35 Jahre alt) in dieser Supervisionsgruppe durch die interessierte und emphatische Unterstützung der Teilnehmerinnen/Teilnehmer und des Supervisors für sich herausfand: Seit Jahren würde sie an Nervenschmerzen und, wie sie fand, unbegründeter Nervosität leiden. Ebenso würde sie seit Jahren den Sinn der Zytostatika-Therapie bei ihren Krebspatienten anzweifeln (Therapie mit chemischen Substanzen, die die Kernteilung und Zellvermehrung hemmen sollen). Das sei so, als wenn man Menschen einmal wöchentlich durch ein kochendheißes Bleibad ziehen würde; Schutzhandschuhe für die Helfer seien dringend geboten. Außerhalb dieses Bleibades müßten sich die Patienten wie die Helfer von dieser Prozedur erholen und befreien, um dann ein paar Tage darauf erneut damit beginnen zu können. Sie frage sich, warum sie es auf dieser onkologischen Station überhaupt aushalte?

Durch den sanften Druck der Gruppe konnte sie zugeben, wie enttäuscht und wütend sie darüber war, daß so vielen Patienten nur noch eine ganz kleine Lebensspanne "garantiert" werden konnte und so wenig Zeit für sie, die Ärztin, blieb, im Gespräch mit den Betroffenen diese letzte kurze Chance zu planen. Die Patienten hatten keine Zeit mehr, sie, die Ärztin, aber auch nicht, um sich auf das Ungeheuerliche im Dialog mit den Betroffenen zusammen einstellen zu können. Seit ihrer Arbeit auf dieser Krebsstation sei sie immer tiefer in eine berufliche Krise geraten; sie zweifle zunehmend am Sinn ihrer Arbeit und an der Art und Weise, wie heutzutage mit schwerkranken Menschen in Krankenhäusern umgegangen werde und umgegangen werden müsse.

An dieser Stelle mußte der Supervisor eingreifen, um die Supervisandin nicht in allgemeingesellschaftliche Betrachtungen abgleiten zu lassen, sondern zu sich selbst zurückzuführen:

Protokoll eines Dialogs (korrigierte Tonbandfassung):

Supervisor: Versuch doch mal zu formulieren, was dich letztlich dazu bringt, auf dieser schwierigen Station auszuharren und dich nicht versetzen zu lassen. Was könnte das in dir sein?
Ärztin: Ich weiß es nicht ... (Pause, langes Schweigen) ...
Gruppe: Vielleicht ist es Mitleid, Mitgefühl oder so ...?
Ärztin: Natürlich tun mir die Patienten leid. Ich möchte nicht an Krebs erkranken ... Ich weiß nicht, was ich dann tun würde ...
Supervisor: Was möchtest du jetzt tun?
Ärztin: Weglaufen, um wieder ein fröhlicher Mensch zu werden.
Supervisor: Ist es so schlimm?
Ärztin: Ja, ich habe oft Suizidgedanken. Dann male ich mir aus, wie ich es machen müßte.
Tenor in der Gruppe: Das gibt es in Phasen bei uns auch.
Supervisor: Das ist nichts anderes, als weglaufen zu wollen?!
Ärztin: Stimmt. Obwohl ich auch sauer auf mich bin, daß ich hier den Absprung nicht schaffe.
Supervisor: Was bindet dich so sehr an die Patienten?
Freiwillig in den Tod gehen wollen, heißt hier doch eigentlich, den Patienten folgen zu wollen, sie begleiten zu wollen, bis in den Tod? Ja, sie nicht loszulassen, sie nicht gehen lassen zu können?
Ärztin: ...(Schweigen)... so habe ich das noch nie betrachtet ... das ist ja furchtbar ... (langes Schweigen) ... was mache ich da nur?
Supervisor: Dieses nicht Loslassen-Können, kommt dir das irgendwie bekannt vor?
Ärztin: Ich mag mich nicht trennen.
Supervisor: Von wem kannst du dich nicht trennen?
Ärztin: Ich glaube ich laufe allen Freundschaften hinterher, auch verflossenen.
Supervisor: Woher kommt das? Was hast du erlebt, daß das so ist?
Ärztin: (langes Nachdenken) ... Vielleicht kommt das von meinem schwerkranken Vater, um den wir in der Familie immer Angst gehabt haben. Er hatte einen Herzklappenfehler. Das ging dann immer in Phasen; lange Zeit war er gesund, als wäre nichts. Dann bekam er eine Herzattacke, lief blau an und schien zu sterben. Meine Mutter und wir Schwestern wußten dann, was zu tun war. Trotzdem hatten wir immer Angst, es könnte das letzte Mal sein. Er starb, als ich 21 Jahre alt war. Ich mochte ihn sehr.
Supervisor: Natürlich wolltet ihr ihn nicht gehen lassen?!
Ärztin: Ja, genau. Sollte das der Grund sein, weshalb ich um die Patienten so kämpfe, daß ich die in den Tod nicht gehen lassen kann?

Wenige Wochen nach dieser Supervisionssitzung, die von mir nur ausschnitthaft verschriftet wurde, hat die betreffende Ärztin ihr Anstellungsverhältnis gekündigt und ist erstmal für eine

Weile aus dem Beruf ausgestiegen. Der kritische Leser wird hier fragen, ob das der Sinn von Supervision sein kann. Ich denke: Unbedingt ja. Dieser Supervisandin ist es gelungen, ein unbewußtes Motiv für eine fast pathologische Bindung an das Schicksal von todkranken Patienten aufzudecken und wird in Zukunft versuchen, nicht wieder in diese vorgegebene Falle hinein zu schlittern. Sie wird ihre Signale der Krise deuten können.

Literatur

AHRBECK, B. (1982): Psychologische Deutung und der Umgang mit Krisen des Lebensmutes. In: Behindertenpädagogik 21, Nr. 1, S. 59-64.

AHRBECK, B., RATH, W. (1988): Krisen und ihre Bewältigung - nicht nur ein Problem sehgeschädigter Menschen. In: Verband der Blinden- und Sehbehindertenpädagogen (Hrsg.): Menschenbildung im Zeitalter der Elektronik. Kongreßbericht vom 15. Kongreß für Sehgeschädigtenpädagogik Baar/Zug 25.-29. Juli 1988, Verein zur Förderung der Blindenbildung, S. 32-42.

BOWLBY, J. (1983): Verlust, Trauer und Depression. Frankfurt a.M.

ERIKSON, E.H. (1966): Identität und Lebenszyklus. Frankfurt a.M.

FENGLER, J. (1991): Helfen macht müde. Zur Analyse und Bewältigung von Burnout und beruflicher Deformation.

HABERMAS, J. (1992): Die zweite Lebenslüge der Bundesrepublik: Wir sind wieder "normal" geworden. In: "Die Zeit", Nr. 51, 11, Dezember 1992, S. 48.

KÜBLER-ROSS, E. (1978): Interviews mit Sterbenden. Gütersloh.

KÜBLER-ROSS, E. (1988): AIDS. Herausforderung zur Menschlichkeit. Stuttgart.

LIDZ, TH. (1970): Das menschliche Leben. Die Entwicklung der Persönlichkeit im Lebenszyklus. Bd. 1 und Bd. 2. Frankfurt a.M.

PINES, A.M., ARONSON, E., KAFRY, D. (1987, 3. Aufl.): Ausgebrannt. Vom Überdruß zur Selbstentfaltung. Stuttgart.

REIMER, C. (1981): Zur Problematik der Helfer-Suizidant-Beziehung: Empirische Befunde und ihre Deutung unter Übertragungs- und Gegenübertragungsaspekten. In: Henseler, H., Reimer, C. (Hrsg.): Selbstmordgefährdung. Zur Psychodynamik und Psychotherapie. Stuttgart-Bad Cannstatt, S. 1-28.

REIMER, C. (1988): Suizidalität als spezifisches Problem des psychiatrischen/psychotherapeutischen Helfens und der Supervision. In: Scobel, W.A.: Was ist Supervision? Göttingen, S. 177-203.

SCHUCHARDT, E. (1980): Warum gerade ich? Behinderung und Glaube. Offenbach.

SCOBEL, W.A. (1983): Kann Sprechen helfen? Ein psychologisch-philosophischer Beitrag zur Bedeutung der Sprache in der klientenzentrierten Psychotherapie. Weinheim/Basel.

SCOBEL, W.A. (1982): Depression und Suizid. In: Reimer, C. (Hrsg.): Suizid. Ergebnisse und Therapie. Berlin/Heidelberg/New York.

ULICH, D. (1987): Krise und Entwicklung. Zur Psychologie der seelischen Gesundheit. Weinheim/Basel.

Kapitel 5

Lust und Leistung

Bericht aus einer Supervisions-Praxis und als Beispiel eine einstündige Einzelsupervision mit "Inszenario"[1] und "Moderationskarten"[2]

Gunter König

1. Einleitung

Guten Tag! Ich lade Sie ein, einen Blick zu werfen auf das Tun eines Supervisors. Ich schreibe hier von mir, meinen Erfahrungen, Gedanken, Gefühlen und von meinem Handeln.

Beim Lesen dieses Artikels werden Sie unschwer entdecken, daß ich ein gelernter Verhaltenstherapeut bin, systemisch denke und mit 'Freuden' und lächelnd interveniere. In meine Arbeit fließen vielfältige Quellen ein. Ich danke an dieser Stelle allen, die mich beeinflussen und beeinflußt haben.

Seit 20 Jahren arbeite ich als Psychologe. Seit 15 Jahren ist Supervision ein Arbeitsfeld für mich. Anfangs fanden sich die SupervisandINNen eher aus dem (sozial-)pädagogischen und psychologischen Arbeitsfeld. Heute kommen zunehmend Führungskräfte aus Verwaltung und Wirtschaft mit dem Wunsch, den Bereich Führung und Leistung zu beleuchten. Letzteres nenne ich - wie auch andere - Coaching.

Seit 1982 arbeite ich in fieler Praxis. Meine Arbeitsbereiche sind zu 50 % Supervision (einzeln und Teams aus verschiedenen Bereichen), zu 25 % Psychotherapie und zu 25 % Coaching mit Trainings und kreativen Arabesken.

---

[1]Inszenario ist ein Set kleiner Figuren in drei Größen, die erlauben Szenen aus den relevanten Alltagssituationen aufzubauen. Sie sind Grundlage für wandelbare Diagnosen, Interventionen und Zukunftsgestaltungen. *(Bezugsnachweis beim Autor)*
[2]Moderationskarten sind Visualisierungshilfen

Supervision nehmen heißt: die Qualität der Arbeit sichern und entwickeln. Qualität heißt für mich: Mit Freude Leistung bringen !

Hierfür gibt es verschiedene Möglichkeiten und Zugänge. Im Folgenden beschreibe ich meine Gedanken und Überlegungen. Danach stelle ich meine Supervisionsarbeit mit einem kommentierten Transkript[3] dar.

2. Allgemeine Überlegungen

Supervision wird in der Regel in Anspruch genommen, wenn ein Mensch mit der Gegenwart unzufrieden ist und den Wunsch nach einer besseren Gestaltung seines (beruflichen) Lebens verspürt.

Es gibt viele Wege, Supervision[4] erfolgreich zu nutzen. Supervision wird verschieden erlebt. Mein Vorgehen ist lösungsorientiert. Das Problem interessiert mich insofern, um schnell eine Vorstellung zu entwickeln, wie mein Gegenüber fühlt, denkt und handelt, so daß ich sicher sein kann, ihm zu nutzen.

Zunächst sammle ich ausgiebig Informationen, um zu den ersten Hypothesen zu kommen, die ich durch schnelle Interventionen wiederum überprüfe, dann verwerfe oder vertiefe. Ich bin davon überzeugt, daß wir nicht - weder ich, noch der Supervisand - die Ursache zu kennen brauchen, um mindestens eine Lösung zu finden. Der Supervisand[5] wählt frei, entscheidet, was er mitnimmt, überlegt sich, was er ändert, sei es bewußt, oder unbewußt. Ich versuche auf meine Weise, die persönlichen Möglichkeiten auszuloten, dabei den Kontext zu beachten, mit dem Supervisanden zu kooperieren und seine Kompetenz zu fördern.

Supervision durchzuführen ist immer ein "Mit-dem-anderen-sein" auf einem Weg, von dem wir nie wissen werden, wo er endet.

Irgendein Mensch kann mit irgendeiner Form - und wenn wir sie noch so unmöglich finden - etwas anfangen. Letzteres ist auch gleichzeitig ein Stein des Anstoßes !

[3]Hier danke ich dem Supervisanden ganz herzlich zu seiner Einwilligung, eine Supervision mitzuschneiden.
[4]Vertiefendes s. Schreyögg 1991, Brandau 1991
[5]Im weiteren verwende ich aus Freude und um der besseren Lesbarkeit willen die männliche Form und bitte dafür um Nachsicht und vergnügliche Zustimmung.

3. ÜBERZEUGUNGEN meiner Arbeit

1. Jede Person ist einzigartig.
2. Supervision ist ein Prozeß, in dem Gedanken, Ideen, Meinungen ausgetauscht werden.
3. Jeder Mensch hat Entwicklungsmöglichkeiten.
4. Ich konzentriere mich auf die Ziele und Bedürfnisse des Supervisanden in der Gegenwart.
5. Die Supervision ist der Raum für Entwickeln und Entdecken von Lösungen.
6. Supervision ist ein natürlicher Rahmen: Im Dialog widerspiegelt sich die Wechselwirkung zwischen Motivation und Interesse des Supervisanden einerseits, der Flexibilität und der einfühlenden Sensibilität des Supervisors andererseits und auch die Stärke der Beziehung zwischen diesen beiden.
7. Ich suche nach dem Sinn (und nicht nach dem Unsinn) in den Äußerungen der Supervisanden. Supervision gibt Gelegenheit in einer Situation interpersonelle und intrapersonelle Beziehungen auf konstruktive Weise weiterzuentwickeln.

Zur Rolle des Supervisanden gehört der größere Anteil aktiven Handelns. Das Handeln kann sich herleiten aus Begabungen, Lernerfahrungen, Überzeugungen der ganzen Persönlichkeit. Der Supervisor begleitet, sorgt für Gelegenheiten, auf daß der Supervisand die produktive Arbeit tun kann. So hat der Supervisor die Situation zu verstehen und gibt dem Supervisanden eine Art Schonraum und anerkennt die Schritte, die der Supervisand geht. Das heißt weiter, daß die Gespräche flexibel und den Mustern des Supervisanden angepaßt sind.

Die Vergangenheit steht für vielfältige Lernerfahrungen, von denen die meisten vergessen und einige selbstabwertend gestaltet wurden. Sie sind alle schätzenswerte Ressourcen, daraus entwickelt sich die Gegenwart. Die Gegenwart bietet unerschöpfliche Möglichkeiten für neues Lernen und eine angemessene Einschätzung des Selbst. Die Zukunft birgt viele mögliche Wege zur weiteren Selbstentwicklung.

Meine Verantwortung als Supervisor besteht darin, ein Klima, eine Atmosphäre für Veränderungen zu schaffen. Menschen verändern sich selbst. Wenn ich das Gute erwarte, dann geschieht auch das Gute. Zu meiner Verantwortung als Supervisor gehört, daß ich für die Stunden des gemeinsamen Daseins mich mit meiner Erfahrung, meinem Können, Wissen einbringe als Mensch.

Der Supervisand hat Verantwortung für sein Leben und darin, daß er etwas tut, T U T ! Der Supervisor stellt sich dem nicht in den Weg.

Ich übernehme Verantwortung für die Supervision, das heißt auch: ich bewege Supervisanden. Ich schaffe Gelegenheiten, in denen sie Erfahrungen machen.

4. Praktischer Ablauf

Brieflich, persönlich oder telefonisch werde ich angefragt, geleitet von einer Empfehlung, meiner Infoschrift oder dem Verzeichnis der Supervisoren (Diakonie). Ich nenne meine Voraussetzungen:

1. Ein Vorgespräch zum Kennenlernen.
2. Danach ein Gespräch mit dem Vorgesetzten:
   a) Klärung der Ziele und Erwartungen (Dieses Gespräch entfällt, wenn der Supervisand oder die Gruppe das Honorar selbst trägt.)
   b) Klärung der Bereitschaft des Vorgesetzten zur Teilnahme an einem oder mehreren SV-Sitzungen, wenn ich und/oder die Gruppe es für nötig halten.
3. Schriftliche Nachgedanken zur Supervision.

Wenn wir übereingekommen sind, miteinander zu arbeiten, so bedarf es noch formaler Klärungen bzgl.:

- Zielen bzw. Aufgaben der Supervision
- Absprachen zum zeitlichen Rhythmus
- Zeitpunkt, Dauer und Verlängerungsmöglichkeit
- Absage, wie und wann
- Honorar und Modalität
- Teilnehmerkreis

In der ersten Sitzung wird eine Supervisionsübereinkunft geschlossen und unterschrieben (siehe hierzu die Anlage "Übereinkunft").

In der ersten Supervisionsstunde möchte ich der Einzigartigkeit der Supervisanden und ihren Bedürfnissen möglichst gerecht werden und gleichzeitig deutlich machen, daß ich als Supervisor meinen Part ebenso mitspiele.

Dazu ein Beispiel:

> Die 1. Sitzung einer Supervisionsgruppe: Als ich in den Gruppenraum komme, ist noch niemand anwesend. Während ich warte, die Gruppe läßt sich Zeit, stelle ich mir vor, wie es den Teilnehmern gerade heute gehen mag. Das Ende einer Kur. Abreise. Also wohl eher hektisch. So schreibe ich auf die Flipchart:
> "Erst mal entspannen!
> Erst mal ..

Was brauche ich zum Entspannen?" (in einer anderen Farbe)
Dann trudeln die Teilnehmer ein, und ich sammle auf einem Blatt Reaktionen. Gesammelt und aufgeschrieben: "Kaffeetrinken, rauchen, schlafen, tanzen...", dann frage ich: "Wie ist das unter einen Hut zu bekommen? (während ich einen Riesenhut über die aufgeschriebenen Äußerungen male.) Ich versuche eine Annäherung (mit einem Blick aus dem Fenster) und schlage vor: "Wie lange brauchen Sie, um auf den Berg zu gehen und wieder zurück?" Geschätzt werden 20 Minuten. "Also, wir treffen uns in 20 Minuten wieder hier. Bis dahin klettern Sie, jeder von Ihnen, auf den Berg und wieder zurück, jeder für sich, ohne miteinander zu sprechen. Während 5 Minuten auf diesem Weg fragen Sie sich: Kann ich jetzt etwas sehen, finden, das ich auch mitbringen kann, das beitragen wird zur Lösung eines Problems im Team?" Die Gruppe macht sich auf, (ich laufe auch den Berg hoch und wieder runter,) findet sich wieder ein, ist heiter gestimmt. Die Supervision nimmt ihren Verlauf. Am Schluß erfahre ich, daß vier der sieben Teilnehmer neu sind in dem Team und eigentlich bei der Supervision lieber aussteigen wollten. Jetzt wollen alle weiter mitmachen.

An diesem Beispiel wird deutlich: Meine Absicht bei der 1. Sitzung ist, die Supervisanden wissen zu lassen, wie ich arbeite und was ich von ihnen erwarte. Ich zeige, wie ich Position beziehe und löse dadurch Erleben und Interaktion (untereinander und mit mir) aus. Ich biete andere Verhaltensweisen an, die anderes Erleben nach sich ziehen und neue Abstimmungen bewirken werden. Ich beziehe Position und nötige dadurch die anderen, Position zu beziehen! Deutlich wird, unter welchen Bedingungen ich arbeite.

Ein anderes Mal nehme ich nur teil am Kennenlernen der vielfältigen und widersprüchlichen Perspektiven. Doch so, saß alles glaubhaft erkundet werden kann. Der Supervisand erzählt dabei seine Geschichte, erzählt sie wieder und anders und gelangt dadurch zu einem Höchstmaß an Verstehen und Neu-Entdecken.

Ich stimuliere durch Fragen, die ich stelle. Als Supervisor bin ich Experte für Lösungen und Experte im Anregen von Lernprozessen. Eine meiner Beschreibungen könnte sein: Ich bin ein Vertreter eines dialogisch konzipierten Systemansatzes. Dabei bin ich dumm und der Supervisand kundig! Frage ich als Nicht-Wissender, dann wird mir einfach viel mehr erklärt und dadurch dem Supervisanden manches klarer.

In den darauffolgenden Sitzungen beginne ich gern mit einem Blitzlicht, sei es bei der Einzel-Supervision, sei es im Team:

a) "Was hat nachgewirkt vom letzten Mal?", oder "Was haben Sie umgesetzt?" oder einfach "Wie geht's, wie steht's?" Danach
b) "Was steht an? Was wünschen Sie anzuschauen? Was möchten Sie am Ende der Stunde gerne wissen?"

Jetzt entwickelt sich ein Teppich aus Unterstützung, Provokation, Beziehungslust, Rollenspiel, Verhaltensanalyse, Fragen ...

Am Ende steht der Rückblick. Den Rückblick verstehe ich als eine Art Vergewisserung, ob das, was wir in der Stunde gestaltet haben, auch wirksam werden kann. Ich vermerke nur Stichworte auf meinem Protokollformular (siehe hierzu die Anlage "Protokoll"). Schließlich erhalte ich das Protokoll der Supervisanden, das ich vor der nächsten Sitzung lese.

Das Zeitbudget beträgt meist eine Doppelstunde, doch auch Einzelstunden kommen vor. Arbeite ich mit Gruppen, so sind es eher 3 Stunden, auch 3 Doppelstunden am Stück. In letzter Zeit beginne ich gerne den Supervisionsprozeß für ein Team mit einem Tag.

Wird Bilanz gezogen, so benutze ich das Reflektionsblatt (siehe Anlage "Reflektion").

5. Meine 13 Empfehlungen, die ich mir hin und wieder in den Sinn rufe

1. Als Supervisor eigne ich mir Techniken an oder modifiziere Techniken, die meine Persönlichkeit zum Ausdruck bringen, und gleichzeitig auch dem Supervisanden Raum geben.
2. Veränderungen sind unvermeidbar. Oder: Du kannst der Einwirkung anderer nicht entgehen.
3. Ich nenne das Nützliche, das augenblicklich Optimale an einer "Störung".
4. Ich akzeptiere, was der Supervisand bringt.
5. Ich betone die Vielfalt der Möglichkeiten für den Supervisanden und für mich.
6. Ich übernehme Verantwortung. Ich schaffe eine Struktur, die dem Supervisanden erlaubt, sich zu ändern.
7. Ich gestalte eine Beziehung.
8. Ich bin unverschämt mit Respekt.
9. Ich erzähle Geschichten, Anmutungen oder Frechheiten.
10. Ich bin bereit, jederzeit aufzuhören. Ein Abschlußgespräch ist immer vereinbart. Nur solange ich den Supervisanden noch überraschen kann, wird er auch dazulernen.

11. Meine Aufmerksamkeit richte ich auf die Gegenwart, die Interaktionen, die Meinungen, die jemand von sich oder von anderen hat. Dabei kommt es mir darauf an, daß ein Supervisand nicht nur verändertes Verhalten merkt, sondern auch weiß, wie es zustande kommt.
12. Mentale Muster möchte ich deutlich machen und lade den Supervisanden ein, auf sein Mit-sich-sprechen und Mit-anderen-sprechen zu achten und zu merken, welche Worte gewählt werden, die ihre Wirkung sowohl auf sich selber, als auch auf den anderen haben, auch wenn sie bislang nicht bewußt sind.
13. Spätestens wenn ich als Supervisor nicht mehr imstande bin, über den Rahmen des Supervisanden hinauszublicken, ist es an der Zeit,
    a) den Supervisanden woanders hinzuempfehlen oder
    b) die Dienste eines Supervisors oder Konsultanten in Anspruch zu nehmen oder
    c) andere derartige Prozesse in Gang zu setzen, die meinen Blickwinkel erweitern.

6. Beispiel einer Supervision

A: König

B: Supervisand

A: Was haben Sie heute mitgebracht, was möchten Sie sich anschauen, und was vor allen Dingen möchten Sie am Ende der Stunde wissen?

Eröffnung, um schnell zu dem Maßstab für das Ergebnis am Ende dieser Stunde zu kommen.

B: Ich habe die einzeltherapeutische Arbeit mit einer 45jährigen Frau mitgebracht, ich nenne sie Frau D., die ich jetzt seit fünf Stunden berate. Es geht darum, besser zu verstehen, wie die innerfamiliären Strukturen sind, weil sie einerseits für sich antritt, andererseits aber auch für ihre Familie. Ich möchte mir einfach Zeit nehmen, um mir diese Strukturen anzusehen, aus verschiedenen Blickwinkeln zu sehen und damit auch mehr zu verstehen, was sie mir mitteilt.

Hier entsteht die Struktur für mein Handeln: B möchte die verschiedenen Facetten seiner Therapie verstehen.

A: Also fünf Stunden, sagen Sie, d.h. die erste Phase des Kennenlernens ist abgeschlossen (B: Ja.) das Problemfeld liegt klar, Sie denken, es hat was mit der Familie zu tun?

Ich fasse vergewissernd zusammen.

B: Sie kam mit einem Problemfeld aus der Familie an und hat dann sozusagen sich auf sich selbst noch besonnen und hat gesagt: "Ich selbst bring mich auch noch als Problem mit". Ich müßte es vielleicht mal kurz umreißen
Es ging um ihre Tochter, deswegen trat sie hier an: Sie hatte den Eindruck, daß ihre

Tochter dekompensiert, d.h. psychisch krank geworden ist. Das Ganze findet im Ausland statt. Sie wußte nicht, was sie tun sollte und wollte einfach eine Beratung von mir, die wir dann auch gemacht haben. Danach stellte sie fest, daß das für sie alles derart belastend ist, daß sie überhaupt nicht damit zurechtkommt, und daß sie auch selbst sehr gefährdet ist, demnächst zu dekompensieren.

A: Gut, das hört sich ja ziemlich durcheinander und anstrengend an. Ich denke, um das etwas zu ordnen, nehmen wir mal unsere "Männeken". Sie suchen aus, was sie darstellen: Wer spielt da alles mit!

Ich schlage eine Struktur vor, um Überblick zu gewinnen. In diesem Fall mit dem INSZENARIO. Das erlaubt auf dem Tisch schnell die entsprechende Welt entstehen zu lassen

B: Ja, zuerst nehme ich die Frau (nimmt eine weibliche Figur und stellt sie auf), sie hat ihren Mann vor einiger Zeit verloren.

1. *Gedanke: Unverarbeiteter Abschied, Trauer.*
2. *Gedanke: Partnerschaftliche Orientierung incl. Sexualität wird nicht gelebt.*
3. *Gedanke: Welches Verhältnis Therapeut - Klient? Partner? Mutter - Sohn? ältere Schwester - jüng. Bruder? Vater - Tochter?*
4. *Gedanke: Je nach Beziehung, welche Interventionen erlaubt er sich nicht? Rückmeldung? Konfrontation?*

A: Können wir den vielleicht hinlegen?

B: Ja, der war sehr wichtig, ich lege den nun zu der Frau dazu.

A: Hat er einen Nachfolger bekommen?

B: Nein, hat er nicht, das ist auch ein Thema geworden. Es sind 5 leibliche Kinder da, die sie in den letzten Jahren alleine aufgezogen hat (holt Kinderfiguren raus).

A: Da haben wir also jetzt 3 Jungen und 2 Mädchen.

B: Ja, und jetzt noch eine etwas andersfarbige Kinderfigur, sie hat nämlich noch ein Kind aufgenommen (holt noch eine Kinderfigur).

A: Hat noch nicht genug mit den Kindern... und dann fehlen Sie noch in diesem ganzen Reigen.

Sie hat die "Mutterseite" gelebt. Was gleicht das 6. Kind aus?

B: Ja. (nimmt Mannfigur und stellt sie der Frau gegenüber) Ich nehme sie (Figur) mal in den Vordergrund. Das ist die Person, die ich von der Familie kenne. Sie kam zu mir sehr verzweifelt über die Tatsache, daß sie feststellte, daß ihre Tochter, eine besondere Tochter, sich im Ausland plötzlich verändert, das Studium anders macht. Frau D. war dort, hat festgestellt, daß ihre Tochter bei einer älteren Dame eingezogen ist.

Der Therapeut ist immer mit drin. Wir können ohne ihn und seine Gefühle, Gedanken nichts erfahren. Kein Therapeut kann sich heraushalten, insofern hat er zu wissen, wie er verwickelt ist.

A: Dann kann man sie auch gerade hinstellen: eine ältere Dame.

B: (Stellt eine weitere Fraufigur zu einer der Kinderfiguren dazu). Das ist wichtig, daß wir sie auch hinstellen.

A: Ist das die älteste Tochter oder die jüngste?

Anmutung: Meine Erfahrung zeigt, daß Mütter oft Ihre Schwierigkeiten mit der jüngsten oder ältesten Tochter haben.

B: Es ist die jüngste ... und sie lebt mit der älteren Dame nahezu symbiotisch zusammen. Die Tochter macht nichts mehr ohne diese ältere Dame und pflegt sie.

A: Das können wir auch noch darstellen: verschiedene Räume hier mit diesen Papierstücken, die verschiedene Formen haben (nimmt kleine Papierblätter)

Bei dieser Fülle, die sich anhebt abzuzeichnen, ist mir einfach ein zusätzliches Mittel zur Abgrenzung nötig. Ich entscheide mich für Moderationskärtchen; in einem anderen Fall hätten es auch

B: Das wäre jetzt die Szene in der Praxis. Da stelle ich mich drauf und die Frau D. Und das ist der Raum der Tochter mit der anderen "Mutter".

A: Die Überlappung dieser Räume - das sind ja schon Ihre Spekulationen.

B: Das sind meine Spekulationen. Dann ist da der Raum der Familie, aus dem sie kommt (stellt die Figuren), da sind die Kinder. Dann ist da der Raum mit dem Mann. Ich stelle jetzt die Kinder auf den Raum der Familie, da gehört die Tochter auch dazu.

A: Noch ein weiteres Blatt...

B: Das ist auch noch ein Raum...

A: Die überlappen sich ja so, wechselseitig.

B: Genau, die überlappen sich, und das überlappt auch, ich überlappe jetzt den Raum "Vater" auch mit drauf, weil der eine ganz bestimmte Rolle hat in der Familie und diese wirkt bis heute in die Familie rein. Jetzt habe ich mein Blatt etwas zu weit weg getan, ich muß zu der Tochter. Ich bekomme viel mit von der Familie, aber auch viel von dem Vater, also das muß ich dazu tun. Aber das ist getrennt, dieses System mit der Tochter. So, ich denke, so paßt das ganz gut. Jetzt habe ich den Kreis a, der die Therapie, b die Familie und das angenommene Kind, sowie c die Tochter mit dieser Frau darstellt.

*Gummiringe sein können, die dann mehr die Be-**ziehung** deutlich machen können; oder kleine Fähnchen aus Haftetiketten, die dann mit inneren Verbalisationen beschriftet werden können.*

A: Diese Familie mit dem angenommenen Kind, leben die noch alle zusammen?

B: Nein, die leben jetzt bis auf zwei, die noch zu Hause sind, nicht mehr in der Familie.

A: Können wir die dann nicht extra kennzeichnen?

B: Dann mache ich das so: die sind weg, und die zwei sind noch zu Hause.

A: Also, die Leiblichen sind noch zu Hause, die Angenommene ist weg, und die Jüngste ist auch weg. Dann ist, ja, so.

B: So paßt es ganz gut. Die Angenommene muß ich ganz nah zu der Mutter hinstellen, das ist ein fast freundschaftliches Verhältnis geworden. Diese Tatsache hat auch eine hohe Rivalität zwischen der jüngsten und der angenommenen Tochter ausgelöst.

A: Jetzt würde mich einmal so zum Verständnis interessieren, ist Ihnen jetzt schon irgend etwas aufgefallen, wenn sie es so betrachten?

B: Mir ist dieses Einzelne hier aufgefallen (zeigt auf die Tochter im Ausland), was sich auch mit meinem Gefühl trifft, das ist etwas ganz Isoliertes, das paßt jetzt optisch sehr gut. Was für mich auch noch optisch und gefühlsmäßig paßt, ist der weiße Kreis (der den Raum Therapie darstellt), der auf allem draufliegt. Es

Durch das Stellen der Figuren entwickelt sich ganz natürlich und allmählich ein Überblick.
Ich bin überzeugt, je mehr Überblick ein Therapeut hat, je mehr Freiheit, um so mehr kann er sich verwickeln, bzw. mitgehen mit dem Strom der Geschichte und Geschichten. Er braucht keine Angst zu haben, unterzugehen.
Gleichzeitig erlaubt das INSZENARIO den Kopf freizuhalten. Der Berater, Supervisor oder Therapeut geht ruhig mit und zeigt durch Deuten, wo er gerade ist.

Ein Supervisor, bzw. Therapeut braucht eine Meinung zur "natürlichen Ordnung", um zu wissen, wann Abweichungen vorhanden sind.

kommt alles über die Person Frau D. bei mir an und das wiederum ist alles sehr vielschichtig.

Die ersten Selbstklärungsprozesse sind gelaufen. Ich bin für Verstehen, Klarheit und Übersichtlichkeit. So lasse ich die Schichten auch noch benennen

A: Ja, Sie sagen, so viel kommt bei Ihnen an, so vielschichtig, können Sie das benennen?

B: Ja. Erstens: die Beziehung zum Mann, ihre Rolle als Frau.

A: Können wir das auch gerade wieder kennzeichnen, jede Schicht ein Blatt, damit wir langsam einen Überblick bekommen.

B. Soll ich da draufschreiben?

A: Ja, denk ich doch.

B: Beziehung zum Mann (schreibt auf kleine runde Blätter), das ist Tod, Partnerverlust, ich sag mal: der "Gute". Der Vater war der 'Gute', 'Fürsorgende', 'Dankbare' für die Kinder, die Mutter war die 'Erziehende'. Mmh. Sie sieht dies zunehmend als Ärgernis.

A: Da können wir ja eine Extraschicht nehmen. Mutter, die Erziehende. Jetzt haben Sie auch Ärgernis, wir können auch Gefühlsstörungen dazuschreiben.

D: ...und Schuld

A: Aha, und Schuldgefühl

B: Sobald die sich ärgert, bekommt sie augenblicklich dieses Schuldgefühl, das gehört immer zusammen.

Hier überlege ich kurz, ob ich mit der "Schuld" weiter wandere. Oft verbirgt sich bei kirchlichen/religiösen Menschen ein Knäuel aus Wut, Trauer, Schmerz, Ärger und angenommenen Verpflichtungen. Ich laß es erst mal ruhen.

A: Gut. Das heißt: wir brauchen nochmal eine extra Schicht Schuld, was immer das bedeutet.

B: Ich merke, ich muß jetzt sofort mal die Frau nehmen, sie als Person, ehemalige Diakonisse.

A: Hat also das Wort Schuld nochmal eine Extratönung?

B: Richtig. Sie hat sich nach längerer Zeit in der Diakonissenschaft sehr aktiv und sehr couragiert zur 'Frau' entschieden und leidet jetzt in besonderer Weise unter dem Verlust des Mannes. Also auch Sexualität spielt da mit.

Frühere Gedanken werden schon bestätigt. B exploriert fast allein. Ich lasse weiterfahren und gebe nur Strukturierungshilfe.

A: Extraschicht. So mein Gedanke ist halt, wenn jetzt so viel Schichten sind, um wieder klar zu werden, allmählich ist es nötig, die verschiedenen Bereiche auseinanderzuklamüsern, um dann...

B: Ob ich mit der Frage richtig liege (Ja), daß ich analysieren will, vielleicht wäre es besser, ich integriere etwas.

A: Das wäre dann der nächste Schritt.

B: Gut, sie ist vielschichtig, sehr anstrengend und sehr interessant.

A: Das wäre jetzt ihr Anteil. Sie sind angestrengt und gleichzeitig interessiert an ihr. Mögen Sie sich auch?

B: Ja.

Ich mache aufmerksam: 'anstrengende Frau' und 'ich bin angestrengt'. Ich mache aufmerksam auf die eigenen Verwicklungen. Denn ich bin überzeugt, daß ich nur gut Supervision bzw. Therapie mache, wenn ich den Klienten mag.

A. Mmh, wichtig.

B: Zugewandt.

A: (geht auf die Toilette. Bis er zurückkehrt, überlegt B sich alleine weitere Schichten).

B: Ich merke gerade, wenn ich so aus mir raus, ich sag mal: wieder aus mir raus die Schichten finden soll, ist das viel unangenehmer, als wenn Sie mich fragen. Es ist angenehm, gefragt zu werden und einfach zu produzieren, also nicht wieder angestrengt aufnehmen, sondern locker viele Schichten dieser Arbeit mit Frau A. loszulassen. Also, das merke ich jetzt: es ist einfach schön zu sehen, wie sich das hier häuft (zeigt auf den Tisch) und wie ich mal in der Analyse...

A: Sie atmen gerade richtig aus!

Körpersprache beachten, aufnehmen.

B: Wie ich mal sage: Ah ja, deshalb bist du nach 50 Minuten...

A: ...fertig.

B: ...gut im Eimer, ja. Zumal ich das Gefühl habe, alle Schichten hören zu können und aufzunehmen, um damit zu arbeiten.

A: Wenn Sie das schon so sehen, hier, dann ist das doch ganz schön anstrengend, mit diesen verschiedenen Schichten zu jonglieren.

B: Das ist richtig. Sie aber ist der Meister damit. Ich merke, ich begleite sie, und indem ich sie begleite, muß ich augenblicklich die Schicht verstehen und hören, und allein nur Zuhörer und Begleiter zu sein...

A: Wer sagt denn das, Herr B?

Hier fange ich an, spöttelnd herauszufordern: "Muß...."

B: Was ich muß? (lacht)

A: Daß sie das alles verstehen müssen.

B: Der GT'ler in mir sagt das.

(GT = Gesprächspsychotherapie)

A: Ach, der GT'ler (lachen gemeinsam). Das können wir gleich mal als Extrapunkt nehmen.

B: Der GT'ler?

Verknüpfung der Anteile in der Klientin mit dem des Supervisanden.

A: Das "Muß" der GT, da scheinen sie sich ja mit der Frau gut zu treffen, ich vermute so, die muß auch einen ganze Menge.

B: Ja, würde ich sofort sagen. Wenn ich jetzt natürlich denke, wieviel MUß ich denn, um Gottes Willen? Wenn ich auch so viel muß wie sie, oh je!

A: Und sie müssen darüber hinaus noch mehr.

B: Ja, klar, ich muß noch viel mehr.

A: Sie müssen ja noch für Ordnung sorgen, für Struktur, Verstehen, Impulse geben und...

B: Ja, ich gebe Ihnen recht mit dem "Müssen", aber ich fühle mich anders. Ich kenn das, dieses "Müssen".

A: Sie lieben es geradezu.

Das Herausfordern wird fortgesetzt und übertrieben, und als die Bestätigung kommt, wird wieder benannt: Muß, zwingen, Anstrengung.

B: Manchmal.

A: Richtig gefordert zu sein von einer Klientin.

B: Ja. Manchmal fühle ich mich dann aber wesentlich unruhiger. Ich muß mir dann oft "Ruhe bewahren" sagen und mich wirklich dazu zwingen.

A: Schon wieder "zwingen".

B: Weil ich unruhig werde.

A: Ja, nun, Herr B, merken Sie einfach: "Muß", "Zwingen", "Anstrengung".

B: Das bin wieder mehr ich (beschreibt ein weiteres Papier). Also diese Blättchen sind sehr gut, merke ich. Ich schreibe mal: "Ich", "muß", "Zwang", "Anstrengung". In der Arbeit mit ihr ist aber der Anteil: Zuhören und Ruhebewahren auch da. Ich lausche ihr oft, weil sie, und das sind Schichten, die ich noch nicht erwähnt habe, z.B. auch im religiösen Bereich klare ausgeformte und reflektierte Gedanken hat.

A: Und wie gehts Ihnen damit, wenn Sie so etwas hören?

B: Da bin ich sehr Ohr.

A: Was heißt Ohr?

B: Ohr heißt, ich höre genau zu, den Standpunkt des anderen hören. Weil, wenn ich es mit ausgeformten Gedanken zu tun habe, die unheimlich stark emotional beladen sind, was ihr oft nicht so klar zu sein scheint, denke ich immer, da steckt noch viel, viel mehr drin.

A: Ja, nun, Religion hat ja verschiedene Ebenen. Eine Ebene ist ja nun auch, wenn ich mal von der Frau absehe: Wie sieht es denn mit Ihrer Religion aus?

Wieder überprüfen die Verknüpfung Klientin/Therapeut.

B: Meine Religion hat ja verschiedene Ebenen (lachen). Also es sieht so aus: Ich bezeichne mich als Christ, ich bin Jemand, der Gott als den biblischen Gott akzeptiert. Und auch Jesus als den von Gott geschickten Sohn auf dieser Welt, der uns zu Gott zurückführen soll, habe ich als solchen akzeptiert, und auch den Kontakt in Form eines Gebetes, um das mal so platt zu sagen.

Ist er sich sicher, ob ein Therapeut religiös sein darf?

A: Nein, was heißt platt, das ist ja ein wichtiger Punkt, das ist ein wichtiger Wert.

B: Ja, ich bin ein gläubiger Christ, das weiß ich von mir, und wenn sie mich fragen wird, wenn werde ich es ihr auch so sagen. Es ist mir ein vertrauter Bereich.

A: Und gleichzeitig ist es auch ein Bereich, vermute ich einfach so, daß jemand, der Diakonisse gewesen ist, bestimmt sehr viel mehr als Sie betet, sehr viel mehr als Sie glaubt, sehr viel mehr ...

B: Ja.

A: Stößt das wieder an Forderungen, die Sie an sich selber stellen?

B: An der Stelle nicht.

A: Gut. O.K. Legen wir zur Seite.

Überprüfung abgeschlossen

B: Aber das hier ist eine Schicht, die mich sehr unter Druck setzt: Dichtung und Poesie, mmh. Sie kennt viel Literatur, sie kennt viel Dichtung, ihr fällt Poesie und Dichtung zu bestimmten Situationen ein, sie versucht sich dadurch zu erklären.

A: ... und zu beschreiben, wunderbar!

B: ... und zu beschreiben. Was ich auch wunderbar finde, nur manchmal habe ich das Gefühl, ihr intellektuell an solchen Stellen so ganz nicht gewachsen zu sein.

A: Aha, also ein weiteres Muß ist: Als Therapeut habe ich meinem Klienten intellektuell mindestens gewachsen zu sein.

Beiläufiges Sammeln der Ansprüche des Supervisanden.

B: (schreibt auf ein Blättchen): Ich muß intellektuell gewachsen sein, mindestens. Ja, das würde ich auch unterschreiben, wenn ich mit einem Klienten zu tun habe, von dem ich merke, daß er sich über Dichtung und Poesie ausdrückt, dann ist das sein Weg, den er mit mir gehen kann.

A: Natürlich, doch was brauchen Sie dazu intellektuell gewachsen sein, wenn er

Alternativen anbieten

schöne Bilder spricht, dann können Sie doch in diese Bilder hineingleiten.

B: Ja, ja, schöne Bilder, es sind unheimlich schwierige Bilder! (lacht) Ja, und diese Bilder sind so vielschichtig, die haben alles auf einmal drin und ich habe immer wieder das Gefühl, sie meint jetzt etwas Spezielles, will mir damit was mitteilen. Manchmal denke ich: Ja, hast du verstanden, und reagiere, und sie freut sich, und manchmal muß ich dann leider ganz allgemein sagen: Jetzt fällt mir eine ganze Menge ein. Ich merke, daß ich von mir verlange, daß ich dieser Frau am Anfang der Therapie, und es ist ja noch im Anfang, und in der Poesie ist immer auch ein Stück "Verschleierung"; ich denke, daß die Poesie an dieser Stelle ein erster Versuch ist, sich mitzuteilen und ich hoffe doch, daß sie später mit mir Prosa redet, direkt mit mir redet.

Achtung! Hier werde ich achtsam, weiß noch nicht, wo's hindrängt. Doch ich weiß, unter Schleiern liegen oft wunderbare Geheimnisse verborgen.

A: Aha, aha.

B: Daß dies ein Anfang ist, und an diesem Anfang möchte ich sie einfach abholen, sonst würde ich mich nicht als guten Therapeuten sehen, der so was nicht kann.

A: Das klingt ja fast so wie Goethes "Dichtung und Wahrheit", Poesie und Prosa.

Ich nötige zur Präzisierung.

B: Ja, aber nicht Dichtung im Sinne: etwas "Erdachtes", sondern im Sinne: "verdichtet". Das sind Dichtungen, die ich ihr absolut abnehme und die sie mir brillant vorträgt. Sie macht z.B. während des

Gespräches eine kleine Fermate und sagt: "Mir fällt ein Gedicht von XY ein. Ich möchte Ihnen das vortragen."

A: Wunderbar, das ist ja ein Genuß, Sie haben eine wunderbare Klientin, gratis und umsonst.

Ich gerate selbst in nachschmeckende Begeisterung.

B: Ja, es ist wirklich ein Genuß, aber es ist sehr viel, ich habe es da in der Tat mit einem sehr vielschichtigen Menschen zu tun.

A: Ich unterbreche einfach mal jetzt so. Was würden Sie dem Ganzen hier jetzt für eine Überschrift geben, über den Prozeß, in dem Sie sich gerade befinden?

B: Ich entlaste mich in der Mitteilung.

A: Ich entlaste mich in der Mitteilung, meinen Sie sich, oder die Frau?

B: Mich.

A: Sie entlasten sich in der Mitteilung.

B: Ich merke, daß ich mich entlaste, indem ich die Möglichkeit habe, die ganzen verschiedenen Schichten, und das sind ja noch lange nicht alle, so vor mich hinzulegen, und einfach zu bemerken: Ja, jetzt weißt du, warum du so oft zwar gefüllt und zugewandt, aber eben auch belastet bist. Und, mein Anteil an Selbstunsicherheit dreht mir auch zu Ende einer Sitzung noch eine rein, indem ich mir sage: Wenn du wüßtest, was du alles nicht kapiert hast!

A: Das ist ein wunderbarer Satz, um sicherzustellen, daß der Druck erhöht wird.

B: Richtig. Das habe ich aber isoliert und gemerkt, ich laß diesen Satz weg.

A: Mmh, was sagen Sie stattdessen?

B: Ich sage mir: Du hast eine ganze Menge verstanden, du verstehst schon eine ganze Menge und verlaß dich doch auf die Rückmeldung. Sie hat für mich auch immer eine Rückmeldung. Die fällt positiv aus. Sie sagt: "Ich fühle mich verstanden und begleitet, irgendwie schon vertraut, und ich merke, daß die Art und Weise, wie wir miteinander reden, meine Kreativität anregt."
Jetzt bin ich froh, daß ich auch das isoliert habe, ich höre sie nämlich jetzt sagen: "Ich produziere hier mehr als sonst." Das ist also auch verdichtet, was zwischen uns gesprochen wird, also kein alltäglicher Zustand, sondern ein verdichteter Zustand. Und da habe ich eine Rückmeldung, die mir an der Stelle hilft, wo ich meinen Anspruch, intelligent und auffassungsfähig zu sein, habe. D.h. ich fühle mich in der Lage, an der Stelle mit dieser Frau in dieser Weise zu arbeiten. Das ist ja im Grunde immer noch erst so ein Kennenlernen und auch alles andere als therapeutisch, würde ich mal sagen.

Wieder die Selbstabwertung, vielleicht auch Unklarheit darüber, was Therapie ist. Ich versuche im Folgendem beidem nachzugehen auf meine aktive, fröhliche Weise.

A: Ach!

B: Es ist Beziehungsaufbau.

A: ... und Beziehungsaufbau heißt ...

B: ... ist natürlich auch therapeutisch

A: Ach, so, danke (lachen).

B: Beziehungsaufbau ist auch therapeutisch.

A: Sie werten sich gerne ab, dann und wann.

B: Für mich ist ein Unterschied zwischen Beziehungsaufbau und dem Mut zur Veränderung. Mut zur Veränderung ist für mich mehr therapeutisch, Beziehungsaufbau ist auch therapeutisch, aber hat einen anderen Focus und zwar den, daß die Begegnung der Menschen im Vordergrund steht und nicht die Veränderung. Erst die Begegnung. Was ich glaube, vielleicht auch ein Stück abweichend von der GT (mit gewissen Schmunzeln), daß die erlebte Beziehung zu einem anderen den Mut auslöst, sich zu verändern. Das ist mein Credo.

A: Mmh! Kann es nicht sein, daß es schon zu Hause passierte, daß sie den Mut schon hat und deswegen überhaupt kommt?

B: Ja, ja, dann ist es noch mehr Mut.

A: Na, ich denke, dann ist der Beziehungsaufbau noch mehr Therapie.

B: Die Frage ist interessant, ob das Therapie ist oder nicht, aber es ist eine Theoriefrage.

A: Gut, lassen wir sie zur Seite. Was beschäftigt Sie gerade, wenn Sie sich das hier nochmal anschauen?

Wieder Standort bestimmen lassen durch Blick auf den Aufbau.

B: Mein roter Faden ist da, wo ich hier antrete und sage: Ich möchte von den familiären Strukturen mehr verstehen, analytisch reingehen und differenzieren, und Sie sagen mir: Schauen Sie doch mal wie, was sehen Sie da - und ich stelle fest, daß ich hier eine

A: Vielzahl

B: Vielzahl von Schichten entdecken kann, die ich immer in mir gespürt habe und wenn ich sie so entdecke in ihrer Vielschichtigkeit, denke ich mir: Großer Gott!

A: Was wollen wir überhaupt noch die Familie angucken.

B: Ja. Und wenn ich jetzt auch noch die Familie angucke, ja, dann wirds zu viel. Also, 15 Einzelbereiche pro Klient, die ich denken, hören und fühlen kann, da ist irgendwann mal die Leistungsgrenze erreicht (lachen), ja, aber...

A: Na, bleiben Sie doch mal dabei. Sie haben ja noch gar nicht alle Schichten der Frau beschrieben. Also mein Gedanke ist, wenn ich das so sehe, das klingt mir erst mal danach: Der Therapeut, der Berater auf der Suche nach der eigenen Schicht.

B: Was so nicht stimmt!

A: Aha, denn ich denke weiter, diese Schichten sind ja miteinander verknüpft, was ist denn eigentlich der Verknüpfungspunkt?

B: Also, ich muß mich nicht auf die Suche nach den Schichten machen, sie bringt sie.

A: Aha, natürlich bringt sie die,...

B: Ja, wir haben ja ein sehr klares Agreement.

A: Wie lautet das?

B: Das lautet für die erste Stunde: Beratung, wie sie mit der Krankheit ihrer Tochter umgehen soll. Das haben wir gemacht. Da habe ich nichts anderes als die Alternativen, die es gibt, mit ihr besprochen, und sie sollte versuchen, sich für eine Alternative gefühlsmäßig zu entscheiden. Und das hat sie getan.

A: Prima, ja.

B: Das war für sie und ihre Tochter auch ein Zugewinn, das haben wir jetzt im Nachhinein festgestellt. Beim zweiten Mal sagte sie: "Es geht nicht nur um meine Tochter, es geht auch um mich." "Gut", sagte ich, "wenn es um Sie auch geht, dann kann ich nicht nur so mit Ihnen Beratung machen, dann würde ich mir wünschen, Sie kommen öfter und wir sprechen nicht über Ihre Tochter, sondern über Sie."

A: Prima.

B: Und das wollte sie. Wir vereinbarten 10 Stunden, und so tritt sie an. Ich brauche sie zu Beginn der Sitzung nicht zu fragen, sie setzt sich hin und fängt an zu erzählen, was sie alles in den letzten Tagen gedacht hat, was sie mitgenommen hat aus der letzten Stunde, wie es sich installiert hat, was neues dazugekommen ist, was sie jetzt empfindet, was sich bei ihr verändert usw.

Neben dem Gleis des Gesagten, auch Dinge aufnehmen, die ungesagt.

A: Das ist doch eine wunderbare Klientin, an sich...

B: An sich ja, ich habe auch kein schlechtes Gefühl dabei.

A: Aber was ist das, was sie beunruhigt?

Ich formuliere um und staune selber, wie ich zur Beunruhigung gekommen bin, und wie er es bestätigt.

B: Mich beunruhigt, daß ich ab und zu das Gefühl habe, mir geht der Überblick verloren.

A: Das kann ich nachvollziehen, das wundert mich überhaupt nicht.

B: Also, wenn ich sage (nimmt seine Figur): Ich sitze vor ihr und höre zu, und sie produziert und schafft und macht und ist kreativ.

A: Na, ist doch herrlich!

B: Ja, in dem Bereich bin ich zufrieden. Wenn ich da mit ihr sitze und das bei ihr auslöse.

A: Ja.

B: ... und sie macht das alleine

A: ja

B: ... Punkt, Ausrufezeichen !

A: Ja, also!

B: ... tolle Therapie!

A: Ja, genau!

B: ... Schluß!

A: no!

B: ... und wenn ich hier reingehe (zeigt auf die gesamte Darstellung), Schön, das jetzt so zu sehen und es sagen zu können, es löst auch etwas in mir aus, wenn ich hier so reingehe, dann denke ich "Puh!", mein lieber Mann, da ist jemand auf einigen Hochzeiten zugange, und diese Frau trägt kein kleines Tablett mit Sekt vor sich!

Thema entwickelt und verändert sich mit den sprachlichen Formulierungen, und sexuelle, erotische Gedanken entwickeln sich ganz sachte und ganz selbstverständlich.

A: Noch ein kleiner Rucksack dabei und eine Handtasche.

B: Und dann aber nur hochwertige Sachen!

A. Ja.

B: Wo man nach zwei oder drei Versucherle schon betrunken ist.

A: Sie sagt: "Mensch, sei wesentlich, und das dann im höchsten Destillat".

B: Ist hier als Person kreativ, aber auch traurig und gedrückt - jetzt gerade wird mir was klarer, aha, jetzt löst sich bei mir was auf und ich sage: Weißt du eigentlich von dir?

A: Wie wunderbar Du bist!

Hier beginnt eine Anzahl eingebetteter Aussagen, die zwar für die Klientin gelten, doch so gesagt werden, daß sie auch den Supervisanden erreichen, unbemerkt sicherlich.

B: Wie bunt und schön. Und ich habe die Vermutung, das weiß sie so nicht.

A: Und da hab ich die Vermutung: Sie sagen ihr es noch gar nicht.

B: Ja, das stimmt so. Ja, ich bin vorsichtig, weil sie da auch sehr genau hinschaut. Ich möchte mir das nicht vornehmen, es wird irgendwann einmal aus mir rausplatzen, dann wird es ehrlich sein und dann wird sie es nehmen können.

Gedanken nebenbei: Wie schaut's aus mit der Partnerschaft in der Therapie? Ist sich der Supervisand seiner Wirkung, seines Standpunktes bewußt? Ist er sich klar, daß dieses wesentliche Thema in der Therapie besprochen gehört? Gleichzeitig bahne ich spielerisch, daß auch "sogenannte heiße Themen" therapeutisch und nützlich und besprechbar sind.

A: Na, also wenn ich platzen höre, dann denk ich, da platzt ein Ballon, dann wird er vollgeschüttet und dann ist der naß und dann ...

B: Ja, platzen ist falsch, es soll nicht platzen, es soll irgendwann kommen, fließen.

A: ... tröpfeln ...

B: Da kommt jetzt eine Beziehungsebene mit hinein. Diese Frau ist zwar wesentlich älter und jemand, den ich auf den ersten Blick nicht unbedingt attraktiv finde, aber aus so einem Kontakt

A: es tröpfelt doch ein bißchen was.

B: Nein, nein, aus so einem Kontakt heraus wächst ihre Attraktivität von Stunde zu Stunde. Und wenn ich mir das vorstelle, ihr mitzuteilen, was für eine schöne Blume sie ist, da wäre ich zögernd, obwohl ich mich darin ergehen könnte (mit gewissen Schmunzeln).

A: Ja, ja.

B: Ich denke dann: Paß auf, also bitte paß auf, das sind Übertragungsgeschichten..

A: Worauf wollen Sie denn aufpassen?

B: Es ist ein Gefühl.

A: Na, was für ein Gefühl?

B: Ich muß gerade mal so nachdenken. Es kommen zwei Seiten. Entweder sie würde sich sehr darüber freuen und würde dann zu nahe kommen.

A: Wem?

B: Mir.

A: Und dann?

B: Dann müßte ich das bearbeiten, was eigentlich kein Problem ist ...

A: Aber?

B: Ich frage mich gerade, ob mir das dann zu nahe wäre. Ja! Das wäre mir zu nahe. Das ist auch so ein Thema gerade für mich persönlich. Ich mache immer wieder die Erfahrung, so jetzt bei einer befreundeten Arbeitskollegin, die jetzt gerade eine schwere Krise durchmacht (A: Ja). Ich höre dann so rein und bin da und bemerke dann, daß es mir offensichtlich nicht schwer fällt, Frauen in einer bestimmten Form von Kontakt zu öffnen.

A: Das kann man sich nochmal mit Genuß anhören.

B: Ja, gut. Und da passiert mir was, das ist wie eine Entzauberung, das wird irgendwann gefährlich.

A: Was wird daran für Sie gefährlich?

B: Ich verliebe mich dann in so eine Frau.

A: Ja, und?

B: Ich werde dann unzufrieden mit meinem Kontext.

Jetzt ist das neue Thema akzeptiert, und die Schritte gehen weiter. Das Thema als solches kann irgendwann in einer späteren Stunde Thema werden. Doch absichern für die Klientin

A: Das ist ein ganz zentrales und wichtiges Thema für jeden Therapeuten (B: Ja). Das gilt es, sich nochmal extra anzuschauen (B: Ja). Vielleicht in der nächsten Stunde.

B: Gerne, das ist wirklich ein Thema.

A: Vielleicht aber können wir hier schon einmal hinschauen (zeigt auf die Gesamtdarstellung): Was kann Ihnen denn passieren?

B: Nein, bei ihr kann mir da nichts passieren, da bin ich mir sicher.

A: Was ist denn das, was Sie beunruhigt?

B: Ich kann doch nicht schon wieder.

A: Was können Sie nicht schon wieder?

B: Ich kann doch nicht schon wieder eine Frau zum Leben erwecken. Das ist jetzt blöd gesagt, bitte.

A: Nein, das ist nicht blöd gesagt, das ist ganz deutlich gesagt. Bißchen eingebildet sind Sie ja schon.

B: Ja.

A: Ja.

B: Ja, ich bin unbescheiden.

A: Was hat das mit unbescheiden zu tun?

B: Nein, es trifft diese Frau, die eine Frau ist (zeigt auf die Figur) und ich meine es zu sehen, daß sie eine ist und zudem eine sehr entschiedene Frau.

A: Wunderbar!

B: Die auch noch einen Partner braucht.

A: Ja, richtig!

B: Und die nicht immer nur nach den Kindern schauen darf.

A: Richtig, Sexualität (vorher auf ein Kärtchen geschrieben) hier liegt es doch.

B: Und die ehemalige Diakonisse, ganz klar, die hat einen Knoten in sich reingemacht, damals, und hat es, Gott sei Dank, gemerkt.

A: Na, was ist denn der Punkt, daß sie plötzlich denken, wenn sie einen Knoten öffnen. Wofür sind Sie denn da?

B. Schön, daß wir darüber reden, da kommt die Geschichte mit der Arbeitskollegin. Warum soll ich da den Knoten nicht lösen?

A: Richtig. Aber Moment, mir kommt es darauf an, zu fragen: Was könnte passieren? Ich öffne nur einen Knoten, wo ich dann auch sicher bin, ich laufe mit, ich bin dabei. Denn wenn ich einen Knoten öffne und werde überschwemmt, dann halte ich Abstand.

B: Ja, in diesem therapeutischen Verhältnis könnte ich ohne weiteres mitlaufen. Und wenn ich das, was mir in meinem privaten Umfeld passiert, wegnehme, dann ist die Angelegenheit leichter.

A: Na, das ist doch nur eine andere Ausprägung der gleichen Sache.

B: Ja.

A: Denn, was sollte Ihnen dort draußen passieren?

B. Draußen kann mir eine ganze Menge passieren.

A: Na, was denn?

B: Diese Kollegin ist mir sehr, sehr lieb.

A: Ja, und?

B: Da kann passieren, daß ich als Person direkt in die Öffnung des Knotens mitreingerate.

A: Ah, ja.

B: Da sollten wir wirklich nochmal drüber reden, da merk ich: Mensch, junger Freund, da bist du nicht so stabil, wie du immer gedacht hast.

A: Das ist doch wunderbar.

B: Das finde ich eben nicht wunderbar.

A: Herr B, das zeichnet einen Berater doch aus, daß er eben merkt, wo er steht und wo er weich wird. Nur wenn Sie weich und beweglich sind, können sie ein guter Berater sein.

B: Ja. Es sind mir nur gerade zu viele Geschichten.

A: gleichzeitig?

Aussprechen der Gedanken, die gefürchtet werden auf daß sie ihren Furchtcharakter verlieren ("Entlasten durch Mitteilen").

B: Ja, das ist eine Häufung, die mir jetzt zur Zeit zu stark ist. Konkretes Beispiel: Frankfurt, Seminar, man trifft sich abends zum Essen, sie rückt näher, man spricht miteinander, halbe Stunde später

A: ... rückt sie noch näher.

B: rückt sie noch näher, erzählt mir von ihr. Sexuell mißbraucht vom Vater und vom Freund. Fühlt sich angezogen, ich hätte irgendwie was ...

A: Ja, Sie haben zweifellos was.

B: Was ich denn mit ihr hier machen würde, daß sie erzählen kann. Ich sagte zu ihr: "Du trägst es vor dir her, man kann das sehen". Nur als Beispiel, ja. Man sitzt gerade mal eine halbe Stunde beieinander und ich bin schon wieder mitten im Geschehen. Da komme ich für mich persönlich an die Grenze. Was passiert denn da?

A: Ausgezeichnet!

B: Hast du eine "Deformation professionelle", kannst du mit jemand noch normal reden?

A: Ha no, das lockt Sie ja auch zu merken, wie mit Sprache Menschen in Bewegung geraten?

Herauslocken.

B: Ja, klar. Aber dann muß ich das prüfen. Locken ... meine Ruhe haben (nimmt sich ein Blatt Papier und notiert das). Ja, das ist ein gutes Thema. Sicherlich reizt mich das, Menschen in Bewegung zu bringen, das gebe ich zu, die Gegenseite ja auch.

A: Ich denke, das legen wir zu dieser Seite hin?

B: Ich möchte es fast lieber hier dazulegen.

A: Also Sie legen es jetzt direkt in den Raum Therapie.

B: Weil es die Bewegung gut beschreibt.

A: Ich locke und werde gelockt.

B. Ich locke, das geschieht mit Frau A und das auf einem besonders interessanten Level. Es ist aber richtig. Dieser Kreis hier, Therapie, ist eigentlich völlig klar und eindeutig. Sie entwickelt sich, eine gute Klientin. Sie kann ihre verschiedenen Schichten ohne Probleme Stück für Stück

B beginnt seinen Bereich, den therapeutischen Raum, um deretwillen er hier sitzt, klar zu umreißen und sauber zu halten.

A: ... entfalten,

B: entfalten und entwickeln. Ich brauche eigentlich gar nicht groß irgend etwas anderes zu machen. Und wenn ich meine, ich müßte dieses alles (zeigt auf die Figuren) noch mitberücksichtigen, dann bin ich handlungsunfähig.

A: Richtig.

B: Und mache mich zu und mache damit was ganz Schlimmes.

A: nämlich?

B: Ich untergrabe die Beziehung

A: Ach!

B: Würde ich jetzt schon sagen, ich werde ihr dann irgendwann den Mut nehmen, das kann gar nicht anders sein.
Ich bin froh, daß wir darüber reden, denn wenn ich mich so wie vorhin beschrieben einstelle, dann bin ich zu und strahle dann etwas anderes aus, als das, was ich ausstrahlen möchte. Und dieses Locken, ja, das paßt eigentlich gut dazu, das paßt zu der Beziehung. Sie lockt mich auch ständig, bringt jetzt Bilder mit, die sie gemalt hat, die voller Inhalte sind. Mich haut es manchmal fast um, was alles drin ist.

A: Was ist denn drin?

B: Ja, an Sexualität und Frausein.

A: Ach, sowas, ja. Was hindert Sie denn daran, zu fragen: Wohin mit ihrer Sexualität?

B: Normalerweise hindert mich nichts daran. Zur Zeit ist es mir zu viel.

A: Und bloß, weil sie gerade so viel drumherum haben.

B: Ja, das ist kein Argument. Da haben Sie recht. Das ist kein Argument, das ist unfair.

A. Ja.

B. Ja, gut, daß wir darüber reden.

A: Sie bezahlt dafür und die anderen bezahlen nicht, und deswegen... (lachen)

Prinzipien (vgl. Prostitution)

B. Ja, es ist unfair.

A: Sollten Sie ihr anbieten, daß Sie kein Geld mehr nehmen und dann könnten Sie mit ihr auch.

Entscheidungsmöglichkeiten sind benannt.

B: Nein, dann würde ich erst recht nicht (lachen). Ich sollte mich privat begrenzen, so daß ich beruflich mehr Platz habe.

Jetzt nochmal ausgetappt die Prinzipien für sexuellen Umgang in der Therapie. Ein Bereich, der leider zu sehr beschwiegen wird und folglich zu viel auf Kosten der Klienten (meist Klientinnen) geschieht.

A: Das ist noch einmal eine andere Überlegung. Das heißt für hier: Sie haben noch nicht die Fertigkeit, vielleicht haben Sie sie schon, aber Sie pflegen sie nicht, mit Nähe umzugehen. Therapie ist nun mal ein Prozeß, in dem Annäherung geschieht, bis dann Mut, wie Sie vorhin sagten, kommt oder es feurig wird. Und dann geht es darum, wie die Betreffenden damit umgehen und sie gestalten. Und wenn Sie jetzt hier hergehen und sagen: Ach, was jetzt entfacht wird an Energie, die wird auf sie überspringen, na das ist eine freundliche Annahme. Aber das ist ja nun gerade Ihre Kunst, daß wenn diese Energie entsteht, daß Sie Anstöße geben und diese Energien in die Bahnen lenken, in die sie hineingehören, nämlich außerhalb von Therapie, der Therapieraum ist ein Versuchsraum, ein

Experimentraum, aber doch nicht dazu da, um sexuellen Vollzug zu erreichen.

B: Selbstverständlich nicht.

A: Ha no, ich sage es halt einmal, da besteht ja dann auch keine Gefahr.

B: Ganz sicher, darin besteht keine Gefahr.

A: Na, also!

B. Ganz klar. Ich habe auch gedacht, wenn Sie sagen, ich tue mir schwer mit Nähe, nein das stimmt nicht.

A: Gell, das stimmt nicht!

B: Ich tue mir nicht schwer mit Nähe, habe manchmal sogar zu viel.

A. Also, scheinen Sie sich doch schwer zu tun.

B: Es ist die Außenwelt, die da stark mitreinwirkt.

A: Ach, die Außenwelt ist das.

B. Die Außenwelt ist ganz stark mit drinnen (mit einem gewissen fast frechen Grinsen).

A: Die Außenwelt ist das.

B: Es ist meine Außenwelt, die mich zur Zeit daran hindert.

A: Na, jetzt aber, als gestandener Therapeut kennen sie sicherlich die berühmte Frage: Wer hat für Sie die Verantwortung?

B: Ich.

A: Und wer hat die Verantwortung, inwieweit die Außenwelt auf Sie Einfluß nimmt?

B: Ich.

A. Aha.

B: Wo ich es jetzt wieder weiß, kann ich anders damit umgehen.

A: Wunderbar. Hier würde ich gerne einen Schnitt machen, um nochmal auf Ihre Ausgangskonstellation zurückzukommen. Ist die beantwortet? Sie wollten ja eigentlich die Familienstruktur anschauen, und wir haben jetzt was ganz anderes gemacht. Wie geht es Ihnen damit, was denken Sie darüber? Was ist offengeblieben?

Immer wieder überprüfen, ist noch etwas offen, oder kann ich die Schlußrunde einläuten.

B: Ja, wir haben es ganz anders gemacht, aber wesensmäßig etwas richtiges gemacht. Ich habe das Gefühl, wirklich an dem Punkt zu sein, wo es klemmt. Das Wesen der Eingangsfrage war immer noch das Wesen des anderen Zugangs von früher, das Wesen: Ich will meine Ruhe haben. Die Bearbeitung hat mich an dieses Locken hingebracht. Ich sammel mal die Blätter von mir ein, auch um die Unübersichtlichkeit wegzunehmen und das Blatt "Therapie" mir mal nur anzuschauen. Ich stelle mir dieses

Blatt mal so, wie es jetzt bei mir so steht (legt das Blatt Therapie zentraler, dabei kippt die "Klientin-Figur" um).

A: Dann kommt sie ins Kippen, wenn Sie das tun.

Diese eingebetteten Mitteilungen...

B: Dann komme ich ins Kippen?

A: Nein, Sie haben sie gerade umgeworfen.

B: Ach so, da kommt sie ins Kippen. Ja, gut, dann muß ich aufpassen, daß sie nicht zu sehr kippt.

A: Aha.

B: In dem Sinne: mit Bremsen und Gasgeben.

A: Ja, das hat etwas damit zu tun, wenn Sie jetzt die anderen ein wenig zurückschieben, wie Sie es gerade gemacht haben, könnte ich auf den Gedanken kommen, Sie haben sie einer gewissen Stütze beraubt.

B: Ich habe ihr eine Stütze weggenommen?

A: Ja, wenn Sie ihre Familie so zurückdrängen, wie Sie es hier auf dem Platz so gemacht haben.

B: Ja, das wollte ich eigentlich nicht.

A: Ja, aber das kann man doch mal so als Satz hinstellen: Wenn Sie die Familie zurückdrängen, dann gerät sie ins Kippen, sie ist umgekippt gerade, nehmen wir es einfach mal als Symbol, vielleicht sagt es ja etwas aus.

B: Also, ich darf nicht zu weit weg von dem Kontext, sonst kippt sie. Das möchte ich auch nicht. Ich wollte eigentlich gerade sagen, daß ich in dem System Therapie bleiben kann, ich muß nicht immer auch den Kontext gleich noch denken, weil sie alles mitbringt.

A: Genau.

B: Sie ist sozusagen der

A: Kristallisationspunkt.

B: Sie bringt das alles mit. (er stellt die Figuren entsprechend neu) So, das ist gut. Frau D. und ich können näherkommen, ohne daß das schwierig ist. Der Rahmen ist klar, ist mir auch vertraut, damit kann ich umgehen. Das ist nicht etwas, was mir Mühe machen würde.

Die Figuren des Inszenario erlauben schnell, die Themen nochmal aufzunehmen. Der Prozeß steht "eingefroren" auf dem Brett. Neue Möglichkeiten werden noch einmal erwogen.

A: Ja, wichtiger Punkt, der Rahmen erlaubt...

B: Ja, das weiß ich jetzt schon, der Rahmen erlaubt Nähe, und es ist meine Verantwortung, meinen privaten Kontext da rauszuhalten.

A: Genau, ganz wichtig.

B: Ich merke gerade, das ist das erste Mal, daß ich diesen Kontext so herum raushalte. Oft ist es ja so, daß man in der

Die Wichtigkeit der Psychohygiene eines Therapeuten wird kurz gestreift.

Therapie intensivere Gespräche führt als draußen. Draußen ist oft dieses "Gebabbel" und daraus entsteht oft Unzufriedenheit. Die nehme ich weg, wenn ich in die Therapie reingehe. Jetzt ist es genau andersherum. Dieses zuviel Außen wegzunehmen, wenn ich Therapie mache. Das war mir nicht klar.

A: Das ist nochmal ein wichtiger Punkt.

B: Das war jetzt wichtig, ich bin entlastet, all die Blätter und Fragen wieder eingesammelt zu haben. Ich habe dies alles in der Person Frau D. immer vor mir und brauche nur zu hören, kann aber hier den therapeutisch entscheidenden Schritt weitergehen, nämlich daß ich mich locken lasse und auch gelockt werde...

A: Und auch locken

B: Locken und gelockt werden, ja.

A: Die Visionen, die Sie machen, vom möglichen Leben.

B: Ja, wo ich gerade merke, ich habe das mal gemacht, da hat sie mir einen Traum erzählt.

Hier werde ich, der Supervisor, als Liebhaber von Träumen und Traumseminaranbieter.

A: Lassen wir den.

B: Gut, locken. Ja, ich finde wieder innere Sicherheit. Habe es jetzt auch sichtbar vor mir. Im Grunde ist es ein ganz einfacher Auftrag. Der kommt aus mir heraus, ich merke, da ist was da, ich kann diesen Weg gehen, habe keine Sorge, kann mich sogar eher darauf freuen. Es bleibt für mich jetzt wenig unbeantwortet. Ich habe für mich einen nächsten konkreten Schritt.

A: Wie lautet der?

B: Locken und locken lassen.

A: Und vor allen Dingen, nicht locker lassen.

B: Was mir gefällt, ist, daß es die Beziehungsebene anspricht, die für mich im Vordergrund ist. Wenn diese Ebene von ihrem inneren Prozeß her stimmt, dann geht eigentlich fast alles.

A: Schön. Das war ein guter Schlußsatz.

7. Schluß

Ich freue mich, daß Sie bis hierher gelesen haben.

In dem Supervisionstranskript sind viele Ebenen angesprochen worden, die bei Ihnen sicherlich unterschiedliche Ideen, Gedanken, Vorschläge, Möglichkeiten auslösen. Jedes Supervisionsgespräch ist eine Kette von Entscheidungen, sowie jedes Lesen im Kopf eine Kette von Assoziationen auslöst.

Ich freue mich, wenn Sie angeregt waren, und ich freue mich noch mehr, wenn Sie mir eine Anregung zuschicken, sei es in Form von Fragen, Ergänzungen oder Rückmeldungen.
Danke.

"Dies ist ein Gedicht über Menschen
über das, was sie denken
und über das, was sie wollen
und über das, was sie meinen zu wollen.
Wenig anderes auf der Welt
verdient unsere Beachtung..."

Nathan Zach

Literatur

BRANDAU, H.: Supervision aus systemischer Sicht, Salzburg 1991

SCHREYÖGG, A.: Supervision - ein integratives Modell. Lehrbuch zu Theorie und Praxis. Paderborn 1991

Anhang:

Übereinkunft

Protokollierung

Reflektion

Übereinkunft

Bereich *Supervision*

Ich möchte mit Herrn König an meinen Zielen arbeiten:

1.)
2.)
3.)
4.)
5.)

Ich weiß, Herr König ist für die ***Supervision*** verantwortlich und
ich für meine Lebensgestaltung.
Ich weiß, daß ich die Arbeit an mir selbst beschleunigen kann durch Mitarbeit, besonders durch

( ) Üben
( ) Lesen
( ) Selbstbeobachtung
( ) Tagebuch führen
( ) Bewegung
( ) Nachberichte (Protokolle)
( ) ....

Herr König wird mir Zeit, Können und Wissen zur Verfügung stellen
(und mir auch sagen, wenn er dies nicht mehr kann).
Nach fünf Stunden wird Bilanz gezogen und entschieden über eine Verlängerung.
In jedem Fall findet eine Abschlußsitzung statt.
Diese Vereinbarung mag sich wandeln, wir sprechen darüber.
Datum: ....

....
SupervisandIN Gunter König

PS: Woran werden Sie merken, daß unsere gemeinsame Arbeit Erfolg für Sie zeitigt?

Name: **Datum:** **Stunde:**

Themen der Stunde:

Übungen:

Eindruck:

Aufgabe:

Planung:

Reflektion am:

Fokus	**Fragen zum Innehalten**
Ich	Was hat mir die Supervision genutzt ?
	(Persönlich, Aufgabe, Gruppe, Einrichtung)
	Wie haben wir/ich angefangen ?
	Wo stehe ich/wir heute ?
	Was war mir wichtig ?
Aufgabe	
	Was erzähle ich meiner liebsten Kollegin über Supervision ?
	Welche Anregung erscheint mir nützlich ?
	Welche Anregung behalte ich bei ?
	Was und wer bin ich heute in diesem Team ?
Team	Wie steht das Team zu mir ?
	Wer mag mich ?
	Von was nehme ich Abschied ?
	Wofür gab mir Supervision Gelegenheit ?
Einrichtung	Was war das Besondere an dieser Supervision ?
	Was will ich noch klären heute ?
	Was ist noch offen ?
	Welche Änderungsvorschläge habe ich in Richtung "Verbesserung der Arbeit und Erleichterung für die Kunden" ?
Supervisor	Was hat mir gefallen ?
	Was hat mir gefehlt ?
	Was hat mich gestört ?
	Weitere Anmerkungen: ....

Kapitel 6

Die Supervision stationärer Therapie-Systeme als moderne Form der Organisationsberatung

- am Beispiel stationärer Einrichtungen der Suchtkrankentherapie -

Astrid Schreyögg

1. Einleitung

Supervision wird heute immer häufiger von Mitarbeitern therapeutischer Systeme in Anspruch genommen. Als bevorzugtes Setting steht dabei die sogenannte Teamsupervision, d.h. die Supervision ganzer organisatorischer Einheiten im Vordergrund. Das ist auch verständlich, denn diese Konstellation hat aus Sicht der Systemmitglieder zwei gravierende Vorteile:

- die Kosten der Supervision werden vom Träger übernommen
- und die Mitarbeiter erhalten Gelegenheit, ihre beruflichen Fragestellungen und Probleme in genau dem Ensemble aufzuwerfen und zu bearbeiten, in dem sie entstanden sind.

Der "Trend zur Teamsupervision" läßt sich besonders bei stationären Systemen konstatieren; denn anders als in ambulanten Einrichtungen, wo jeder Mitarbeiter mit jeweils einem Klienten tätig ist, behandelt im stationären Bereich ein Subsystem von Therapeuten ein anderes von Klienten. Aus dieser formalen Anordnung resultiert nämlich für die Mitarbeiter die Anforderung permanenter Kooperation, die dann nicht nur "glückhafte Solidar-Erfahrungen", sondern auch eine Vielzahl von Querelen oder Reibungen mit sich bringen kann. Diese umfassen oft die gesamte Einrichtung. Sie führen gelegentlich zu Eskalationen, die neben beruflicher und persönlicher Destruktion einzelner zur herabgesetzten Arbeitsfähigkeit des Gesamtsystems führen.

"Externe Supervisoren", also systemfremde Beratungsexperten, sollen dann im Auftrag vorgesetzter Instanzen, die ja die Supervision finanzieren, solche Eskalationen mildern oder ihrer Entstehung vorbeugen. Und sie sollen im Prinzip die gesamte Einrichtung bei Realisierung der gegebenen Zielsetzungen unterstützen und fördern.

Ob allerdings solche Förderungsintentionen durch heute übliche Formen von Supervision realiter eingelöst werden können, bleibt höchst fraglich; denn Supervisoren operieren derzeit noch meistens auf dem Hintergrund von Beratungsansätzen, die als ausgesprochen verengt bezeichnet werden müssen. Sie tragen nämlich dem organisatorischen Charakter stationärer Einrichtungen nur unvollkommen oder gar nicht Rechnung, d.h. das Spezifikum dieser Systeme können sie weder diagnostisch noch methodisch ausreichend kompetent genug erfassen. Ja, es läßt sich sogar behaupten, daß durch traditionelle Formen von Supervision das ohnedies bestehende Konfliktpotential in den Einrichtungen häufig sogar noch verschärft wird.

Der vorliegende Beitrag will hier zur konzeptionellen Fortentwicklung beitragen. Dabei soll zunächst die "Organisationsferne" traditioneller Supervisionspraxis und ihrer Hintergrundkonzepte belegt, sodann ein alternatives Beratungs-Konzept vorgestellt werden.

Zu Beginn meiner Ausführungen umreiße ich einen breiten diagnostischen Rahmen, der gesellschafts- und organisationstheoretische Perspektiven umfaßt. Dieser Diagnoserahmen soll zur Systematisierung organisationsspezifischer Problemformulierungen in stationären Einrichtungen für Psychotherapie dienen.

Aus diesen Perspektiven wird dann ein Zielkonzept zur Förderung therapeutischer Organisationen als Gesamtsysteme entfaltet. Auf das Zielkonzept folgt eine Diskussion verschiedener Methoden-Konzepte, die schon traditionell zur Fortentwicklung organisatorischer Systeme herangezogen werden. Zum Abschluß stelle ich einen Methodenansatz vor, der stationären Einrichtungen in besonderer Weise gerecht wird. Zwei Beispiele, die zur Demonstration des Ansatzes dienen sollen, runden die Darstellung ab.

Zur Veranschaulichung sollen alle genannten Aspekte an spezifischen Typen stationärer Therapie-Systeme konkretisiert werden, nämlich an stationären Einrichtungen für Suchtkranken-Therapie, also an Systemen für Alkohol- oder Drogenabhängige. Viele meiner Ausführungen lassen sich, allerdings in Abwandlung, auch auf andere therapeutische Systeme, wie Kinderkliniken, psychosomatische Kliniken usw übertragen.

2. Die "Organisationsferne" traditioneller Supervisionsansätze

Die heute üblicherweise praktizierten Supervisionsansätze weisen eine geradezu erstaunliche "Organisationsferne" auf. Das resultiert aus der Geschichte von Supervision, bzw. aus den basalen Konzepten, die im Verlauf ihrer historischen Entwicklung zur Kreation supervisorischer Handlungsmodelle herangezogen wurden.

2.1. Die konzeptionelle Entwicklung von Supervision

"Supervision", als berufliche Beratungsform, entwickelte sich urspünglich in der Sozialarbeit und in der Psychotherapie.

2.1.1. Supervision in der Sozialarbeit

Als "Praxisberatung" oder "Praxisanleitung", thematisierte sie in der amerikanischen Sozialarbeit der Jahrhundertwende zunächst den gesamten Arbeitszusammenhang von Supervisanden, d.h. nicht nur die unmittelbare Klientenarbeit, sondern auch die begleitenden gesellschaftlichen und faktischen Anforderungen an berufsmäßige "Helfer".

Durch generelle Adaptation therapeutischer Modelle für die Sozialarbeit reduzierte sich Supervision dann bald auf psychologische Implikate von Praxis (WEIGAND 1989, BELARDI 1992). Auf dem Hintergrund psychoanalytischer und/oder humanistisch-psychologischer Therapie-Modelle fokussierte sie dann vorrangig prärationale Anteile von Supervisanden, die diese in der Interaktion mit ihren Klienten als "Störquelle" mobilisieren und die ihre Klientenarbeit dysfunktional überlagern.

Blieb die amerikanische "clinical supervision" bis heute auf diese Perspektiven begrenzt, regte sich seit Beginn der 80-er Jahre im deutschsprachigen Raum zunehmend Unmut. Wir finden hier eine Vielzahl von Autoren (WEIGAND 1982, GOTTHARDT-LORENZ 1989 u.a.), die den Kontext von Praxis, und dabei besonders den organisatorischen Kontext als zentrales Thema von Supervision definieren. Unter Hinweis darauf, daß berufliche Praxis hochgradig durch organisatorische Zusammenhänge beeinflußt wird, soll in jeder beruflichen Beratung, auch in der von einzelnen Personen, der Systemhintergrund thematisiert werden. Und besonders bei der Beratung von Teams seien solche Auseinandersetzungen unverzichtbar. BELARDI (1992) spricht hier sogar davon, daß sich Supervision in der Sozialarbeit "von der Praxisberatung zur Organisationsentwicklung" bewegt habe.

Dabei bleibt aber weitgehend unklar, wie organisatorische Systeme diagnostiziert oder gar methodisch zu erfassen sind. Sozialarbeiterische Supervisoren greifen dann meistens doch wieder auf Ansätze aus der Psychoanalyse zurück (wie z.B. auf MENTZOS 1976), so daß die eigentlichen Implikationen organisatorischer Systeme, nämlich ihr formal-struktureller Charakter, dann doch nicht einbezogen sind (z.B. bei GAERTNER/ WITTENBERGER 1979).

2.1.2. Supervision in der Psychotherapie

Im Verlauf der 20-er und 30-er Jahre entwickelten sich auch in der Psychotherapie, genauer in der Ausbildung von Psychotherapeuten, Konzepte für die Supervision. Wie wir im folgenden noch beschreiben wollen, waren und sind diese Konzepte bis heute so verengt, daß in diesem Bereich bislang noch kaum Fragen nach dem organisatorischen Kontext aufgeworfen wurden. Hier ging es ja ursprünglich nur darum, einen angehenden Therapeuten zu beraten, wie er an einem Klienten den jeweils zu erlernenden Therapieansatz "arte legis" appliziert. Und der Form nach wurde diese Beratung mit eben dem Verfahren bestritten, das erlernt werden sollte, d.h. dann traditionell therapeutisch.

Als sich Supervision im therapeutischen Bereich auf andere Beratungskonstellationen, also auch auf ganze Teams, ausdehnte, transferierte man diese traditionelle Beratungspraxis unhinterfragt auf die neuen Settings.

2.2. Psychotherapeutische Ansätze als Basis für die Supervision

So sind Supervisionsansäten in beiden Traditionen heute meistens **nur** psychotherapeutische Basiskonzepte unterlegt. Die aber verstellen, wenn sie die ausschließliche Basis für alle diagnostischen und methodischen Implikate bilden, Supervisoren wie Supervisanden gleichermaßen den Blick für das Spezifikum beruflicher Kontexte, bzw. sie verhindern oft sogar eine konstruktive Auseinandersetzung mit diesem (SCHREYÖGG 1989).

Das liegt an den verwendeten Therapieansätzen selbst, d.h. an ihrer Entstehungsgeschichte, an ihren Zielsetzungen und an ihrer Behandlungsstrategie. Da Supervision heute vorrangig durch psychoanalytische, humanistisch-psychologische und derzeit immer häufiger durch familientherapeutische Verfahren bestritten wird, will ich meine Hypothese an eben diesen Ansätzen belegen.

2.2.1. Die Psychoanalyse als Basis für die Supervision

Bei Supervisionsansätzen psychoanalytischer Provenienz läßt sich beobachten, daß sie den organisatorischen Kontext, in dem therapeutische, beratende oder andere Arbeit steht, in der Supervision weder diagnostisch noch methodisch miterfassen. Das Aussparen des arbeitsweltlichen Hintergrundes von Psychotherapie ist sicher nicht nur dadurch begründet, daß "Psychoanalytiker im allgemeinen soziologisch nicht bewandert sind" und "die Bedeutung des sozialen Ortes" wie "Statusposition, Rangunterschiede" nicht ausreichend reflektieren können (KUTTER 1984, S. 42).

Diese Begrenzung liegt eher im psychoanalytischen Konzept selbst begründet.

FREUD und seine unmittelbaren Nachfolger entfalteten Konzept und Methode der Psychoanalyse anhand einer traditionellen Arzt-Patient-Beziehung. Psychotherapie in einem organisatorischen System ist in der ursprünglichen Konzept- und Methodenentwicklung nicht vorgesehen. Sie setzte erst relativ spät ein (vgl. BETTELHEIM 1973, KERNBERG 1988) und ist letztlich bis heute nur selten Bestandteil psychoanalytischer Konzeptbildung. Aus diesem Grund ist es auch für den psychoanalytischen Supervisor nicht selbstverständlich, die psychotherapeutische Arbeit seiner Supervisanden auf der Folie des organisatorischen Hintergrundes zu beleuchten.

Das Ziel psychoanalytischer Arbeit besteht in der systematischen Auseinandersetzung des einzelnen mit seiner individuellen Genese. Der ursprünglichen Intention nach zentriert sich die Rekonstruktion auf primäre Sozialisationsprozesse. Die Determinierung des Menschen durch aktuelle Interaktionen oder aktuell wirksame Systeme wird in der psychoanalytischen Literatur erst relativ spät beachtet (RICHTER 1970, STIERLIN 1980). Aus diesem Grund konnte "Arbeit", als tertiäres Sozialisationsphänomen, lange Zeit nicht Gegenstand psychoanalytischen Interesses werden (vgl. AMMON et al. 1985). Wenn aber nun der arbeitsweltliche Hintergrund in der Behandlung von Klienten konzeptionell nicht miterfaßt wird, ist dieser auch in der Supervision, die solchen Sichtweisen verpflichtet ist, im allgemeinen ausgespart.

Entsprechend ihrer Intention, frühkindliche Erlebnisvorgänge zu rekonstruieren, zielt psychoanalytische Methodik auf die Freilegung eben dieser Erfahrungen. Unter Verwendung eines regressionsfördernden Interaktionsstils aktiviert der Therapeut sukzessive unverarbeitete, frühkindliche Gefühlsanteile des Klienten gegenüber primären Beziehungspartnern. Der Therapeut dient dabei als Projektionsfläche, d.h. er begünstigt "Übertragungen" dieser Gefühlsanteile auf ihn. Durch den sogenannten abstinenten Interaktionsstil (vgl. BATTEGAY/TRENKEL 1978), eine überwiegend gefühlsneutrale Haltung, sucht er systematisch eine "Übertragungsneurose beim Klienten zu erzeugen", die bis heute oft noch Hauptgegenstand psychoanalytischer Arbeit ist (vgl. HÄMMERLING-BALZERT 1978). Dieser für die Psychoanalyse behandlungsstrategisch im Prinzip unverzichtbare Interaktionsstil begünstigt dann immer die Einsteuerung des Klienten auf prärationale und frühe Erlebnisprozesse. Ein rationaler Dialog über aktuelle lebens- und arbeitsweltliche Vorgänge ist in solche Interaktionsstruktur kaum zu integrieren.

Psychoanalytiker, die supervisorisch tätig sind, laufen dann Gefahr, die basalen konzeptionellen und methodischen Prämissen psychoanalytischer Arbeit in die Supervision hineinzutragen. Die Konsequenz solchen Vorgehens ist, daß der arbeitsweltliche Kontext des Supervisanden für die Problemformulierung in der Supervision ausgespart bleibt und überwiegend individuelle und interaktionale Aspekte von Praxis akzentuiert werden. Darüber hinaus resultiert aus dem für die Psychoanalyse typischen Interaktionsstil auf Seiten des Supervisanden oft eine regressive Haltung. Ohne daß dies vom Supervisor vielleicht beabsichtigt oder gar erwünscht ist, wird der Supervisand unmerklich "klientisiert", zumindest aber auf emotional bestimmte Themen eingesteuert. Sachliche Fragestellungen tauchen dann nicht mehr auf oder sind nur unter Mühe in die Interaktionsstruktur integrierbar. Gerade aber die Beratung therapeutischer Arbeit in Organisationen fordert immer wieder die sachliche Auseinandersetzung heraus.

Für die Supervision von Gruppen oder Teams verwenden Psychoanalytiker in der Regel das Balint-Gruppenmodell (BALINT 1957). In diesem Ansatz werden die spontanen Äußerungen der Teilnehmer sowie die gruppalen Phänomene überhaupt als Resonanzboden für eine Fallarbeit genutzt, die insbesondere die Übertragungs- und Gegenübertragungsdynamik zu erhellen sucht (ARGELANDER 1972). Die supervisorische Problemformulierung bleibt im Sinne der ursprünglichen Intention von BALINT, Allgemeinmediziner in freier Praxis für ihre Klientenbeziehungen zu beraten, auf eine dyadische Therapiebeziehung zentriert. Ein erweiterter institutioneller, eben ein organisatorischer Arbeitshintergrund von Supervisanden ist dementsprechend auch hier konzeptionell nicht vorgesehen.

Die Arbeitsstrategie von Balint-Gruppenarbeit ist streng darauf gerichtet, die Regression des einzelnen Supervisanden auf individuell-historische Prozesse zu unterbinden (ROSIN 1983). Da das Balint-Modell aber konzeptionell und methodisch weitgehend an das psychoanalytische Ausgangskonzept gekoppelt ist, also die Bedeutung prärationaler Phänomene von Praxis betont, läßt sich auch in diese Supervisionsarbeit kein rationaler Dialog über Einflußfaktoren des organisatorischen Kontextes integrieren.

Das konzeptionell bedingte Ausblenden von Systemphänomenen und Sachthemen ist bei der Supervision organisatorischer Einheiten bzw. bei der Teamsupervision aber kaum vertretbar. Qua Balint-Gruppenkonzept wird dem Team auch die Auseinandersetzung mit dyadischer Fallarbeit aufgezwungen.

Dies stellt nicht nur eine unvertretbare Einschränkung teamsupervisorischer Problemformulierungen dar, die sich doch vielfach um organisatorische Einflüsse auf die therapeutische Arbeit zentrieren, so verstandene Supervision zwingt einer Einrichtung implizit auch eine konzeptionelle Orientierung der therapeutischen Arbeit selbst auf. Es läßt sich nämlich fragen, wie Supervision, die auf eine differenzierte Analyse dyadischer Arbeitsprozesse zentriert ist, milieutherapeutischen Intentionen eines Teams gerecht werden will.

Selbstverständlich finden sich immer wieder psychoanalytisch vorgebildete Supervisoren, die die Verengungen und Fallstricke des eigenen Ansatzes erkennen und zu überwinden suchen. Wenn sie dem organisatorischen Kontext von Supervision umfassend Rechnung tragen wollen, müssen sie aber im Prinzip den eigenen konzeptionellen Boden verlassen und in ihrer Diagnostik und Methodik auf andere Ansätze zurückgreifen, wie etwa bei FÜRSTENAU (1979) deutlich wird.

Grundsätzlich anders stellen sich die Probleme auch nicht dar, wenn bei der Teamsupervision auf gruppentherapeutische Ansätze aus der Psychoanalyse zurückgegriffen wird, wie es CONRAD/PÜHL (1983) u.a. vorschlagen. Hier wird auf dem Hintergrund des FOULKES'schen Gruppenmodells eine komplexere Form der Diagnostik, als es im Balint-Gruppenansatz üblich ist, verwendet. Die Methodik bleibt aber an traditio-nellen psychoanalytischen Ansätzen orientiert, so daß die vorab genannten Probleme auch für solche Modellkonstruktionen gelten.

2.2.2. Humanistisch-psychologische Verfahren als Basis für die Supervision

Wenn humanistisch-psychologische Ansätze als Basis für die Supervision verwendet werden, treten ebenfalls eine Reihe von Problemen auf. Als "dritte Kraft" der Psychologie nahmen die Begründer dieser Verfahren ursprünglich nicht nur eine Gegenposition zu herkömmlichen Therapieansätzen (vgl. MASLOW 1973, BÜHLER/ALLEN 1974, PERLS 1974 u.a.) ein, sie propagierten auch die Kreation eines alternativen Menschentyps. Auf dem Hintergrund expressionistischer Positionen der 40-ger und 50-ger Jahre wurde ein Individuum zum positiven Prototyp, das sich lebenslang entfaltend, kreativ und spontan allen einengenden gesellschaftlichen Verpflichtungen den Rücken kehrt.

Abgesehen von sozialpolitischen Bedenken gegen ein solches Ideal, das im Kern dem exklusiven Universalgenie feudalistischer Renaissance-Fürsten sehr nahe kommt (vgl. GRAUMANN 1977), begegnet uns hier eine generell fragwürdige anthropologische Position. Sie ist im wesentlichen charakterisiert durch tendenzielle Negativierung von Rationalität und Sozialität im Sinne von sozial-strukturellem Eingebundensein von Menschen (PETZOLD/SCHNEEWIND 1986). Unter dem Primat von subjektivem Erleben wird von ROGERS bis PERLS Irrationalität zum neuen Standard erhoben und auf rational bestimmte Analyse im therapeutischen Prozeß programmatisch verzichtet (GRAUMANN 1977).

Auf dem Hintergrund des individualisierenden Konzeptes organismischer Selbstregulation (z.B. STAEMMLER/BOCK 1987) soll die "wahre Natur des Menschen" aus seinen gesellschaftlichen Determinierungen befreit werden. Solche Intention folgt der Idee, daß menschliche Entwicklung losgelöst von gesellschaftlichen Strukturen auf biologischen Gesetzmäßigkeiten basiert. Es wird dabei die Tatsache ausgeblendet, daß menschliche Identität immer nur in sozialen Interaktionen und einem sozialen Kontext entstehen kann (KRAPPMANN 1969, HERZOG 1984 u.a.) und daß jedes menschliche Leben von Anbeginn auf Sozialität angewiesen ist.

Therapeutische Ansätze, die auf solchen Prämissen basieren, antizipieren dann primär die negativen Konsequenzen sozialer Einbindung. Die konstruktive, sichernde Bedeutung wird nicht bedacht. Aus dieser Sicht haftet auch kollektiven Arbeitsprozessen immer der Odem des Bedrängenden und Mühseligen an. Überhaupt ist Arbeit als eine Form menschlichen Tätigseins in Ansätzen humanistischer Psychologie kaum je ein Thema (JAEGGI 1980). Sie fordert dem Menschen ja prinzipiell Disziplinierung elementarer

Bedürfnisse ab (BÖHME 1985) und steht deshalb im Kontrast zur Befreiungsideologie dieser Konzepte.

Nun haben zwar humanistisch-psychologische Verfahren gerade durch ihre Betonung von Kreativität und Emotionalität zu umfassenden Innovationen in der therapeutischen Szene beigetragen. Als Basis für die Supervision therapeutischer Arbeit in Organisationen sind diese Konzepte aber wenig geeignet; denn ihre Verwender laufen Gefahr, die unterlegten anthropologischen Prämissen unhinterfragt auf die Supervision auszudehnen. Das bedeutet dann im Extrem, daß nur individuelle Problemformulierungen professioneller Art vorgenommen werden und der Arbeitskontext negativiert oder ausgeblendet ist. Jedes Anliegen der Supervisanden dient dann primär als Vehikel zur personalen Entfaltung. Die Supervision gerät so oft zu einer umfassenden Selbsterfahrungsmaßnahme für die Supervisanden.

Im teamsupervisorischen Setting hat dies gelegentlich zur Folge, daß die emotionale Betroffenheit einzelner oder des gesamten Teams so deutlich akzentuiert wird, daß Themen praktischer Arbeit in der gruppalen Selbsterfahrung untergehen. Bei dem einzelnen Supervisanden führt dies oft zur Labilisierung seiner Handlungsfähigkeit, bei Teams zu unangemessenen emotionalen Verstrickungen, die bis zum Zusammenbruch der kollektiven Kooperation führen können.

2.2.3. Familientherapie als Basis für die Supervision

In den letzten Jahren werden gerade von Teams immer häufiger Supervisoren engagiert, die familientherapeutische Ansätze als Basis für ihre Arbeit verwenden. Qua Konzept besteht bei ihnen zunächst die Garantie, daß der kontextuelle Hintergrund von Praxis miterfaßt wird. Wie aber sogar SELVINI-PALAZZOLI et al. (1988) warnen, sind auch familientherapeutische Modelle als Grundlage für die Supervision nur begrenzt verwendbar. In diesen Ansätzen stehen nämlich immer Besonderheiten emotionaler Bezüge eines Sozialsystems im Vordergrund. Die Relationen von Organisationsmitgliedern haben aber einen viel formaleren Charakter als die von Familienmitgliedern. Ihr Zusammensein konstituiert sich, wie wir im Folgenden noch genauer zeigen werden, primär durch Ziele und Binnenstrukturierungen eines planmäßigen organisatorischen Gebildes.

So erfolgt also bei der Supervision, die familiale Modelle als Hintergrund verwendet, immer nur eine Akzentuierung emotionaler Phänomene. Genuin organisatorische Besonderheiten werden durch familientherapeutische Ansätze nicht abgedeckt.

Auf dem Hintergrund dieser Überlegungen läßt sich insgesamt sagen, daß die Verwendung von Therapieansätzen für die Entwicklung supervisorischer Handlungskonzepte wenig geeignet scheint. Neben den bisher beschriebenen konzeptionellen Komplikationen sprechen aber auch pragmatische Gründe gegen die einseitige Verwendung psychotherapeutischer Ansätze als Basis für die Supervision.

In den letzten Jahren hat sich in der therapeutischen Szene eine Haltung umfassender Konzept- und Methodenpluralität entfaltet. Wir finden oft in ein- und derselben Einrichtung therapeutische Mitarbeiter aus unterschiedlichsten therapeutischen Schulen. Dann leben bereits vielfach bei der Frage, welcher Schulrichtung der Supervisor entstammen soll, turbulente organisationsinterne Flügelkämpfe auf. Oft gerät der psychoanalytisch oder anders vorgebildete Supervisor schon vor Beginn der Supervision ungewollt in Kombattantenschaft mit dem jeweiligen fachspezifischen Mitarbeiter-Flügel und trägt zur Vertiefung konzeptioneller und methodischer "Grabenkämpfe" noch bei.

Aus allen diesen Gründen ist es notwendig, die Supervision therapeutischer Arbeit in Organisationen konzeptionell und praktisch neu zu überdenken. Aufgrund der Komplexität dessen, was sich dem Supervisor bei der Supervision therapeutischer Arbeit in Organisationen ausbreitet, ist es unerläßlich, theorie- und methodenplurale Ansätze für die Supervision zu entfalten. Dann muß neben einem breiten und gegenstandsangemessenen diagnostischen Rahmen auch ein breites Methodenrepertoire zur Verfügung stehen.

3. Ein diagnostischer Rahmen für die Supervision stationärer Systeme

Bei der Supervision stationärer Systeme ist zunächst ein umfassender diagnostischer Rahmen zu entfalten. Dieser muß in spezifischer Weise auf die Systeme selbst bezogen sein. Er hat dann ihre gesellschaftliche Konstitution einerseits, wie auch ihre Binnenverhältnisse andererseits zu berücksichtigen. Für solchen Zweck sind gesellschafts- und organisationstheoretische Ansätze relevant. Sie geben den Blick frei auf grundlegende Konstituenten, sie lassen aber auch die Analyse dysfunktionaler Phänomene zu, was für die Supervision von Systemen besonders relevant ist.

3.1. Die gesellschaftlichen Konstituenten stationärer Einrichtungen

Als "stationäre Einrichtungen der Suchtkrankentherapie" verhandeln wir hier einen Systemtyp, der durch psychotherapeutische Maßnahmen seine Klienten "rund um die Uhr", konstruktiv zu verändern sucht. Dabei ist als "konstruktive Veränderung" die gesellschaftliche Reintegration einerseits, wie der Erwerb selbstgestaltender Handlungsformen andererseits zu begreifen.

Mit dieser organisatorischen Zielbestimmung gehen spezifische Konstituenten der Systeme einher:

Stationäre Einrichtungen in der Moderne sind durch einen relativ hohen Organisiertheits- und Komplexitätsgrad charakterisiert, der durch den Zugriff externer Instanzen laufend erhöht wird.

3.1.1. Stationäre Einrichtungen als "organisierte" Systeme in einer "organisierten" Gesellschaft

Stationäre Einrichtungen sind heute generell als "Organisationen" zu bezeichnen. Als grundlegende, interne Strukturmuster weisen sie, wie eingangs angesprochen, zwei Subsysteme auf, ein Klienten- und ein Mitarbeiter-Subsystem.

Von diesen ist das Mitarbeiter-Subsystem regelmäßig als "zielgerichtetes Handlungssystem mit interpersoneller Arbeitsteilung" (FRESE 1980, S. 1) zu bezeichnen. Es weist als organisiertes System formale Strukturmuster auf, die für jeden Mitarbeiter eine spezifische Aufgabenerfüllung mit grob vorgegebenen Verfahrensweisen und einen je spezifischen Platz in einem internen hierarchischen Gefüge vorsehen.

Aus gesellschaftstheoretischer Perspektive resultiert die "Organisiertheit" aus gesamtgesellschaftlichen Entwicklungen.

Wie insbesondere Max WEBER (1921) aufmerksam machte, wurde auf dem Hintergrund einer diesseits orientierten, calvinistischen Ethik "zweckrationales", und damit ökonomisch erfolgreiches Handeln, zur generellen Maxime menschlicher Daseinsgestaltung. Das führte zunächst in der Wirtschaft zur immer konsequenteren, rational geplanten, ausschließlich an ökonomischen Effekten orientierten Arbeitsteilung und Hierarchisierung. Es führte im weiteren Verlauf zur Rationalisierung von immer mehr Lebensbereichen (HABERMAS 1981). In diesem Sinne lassen sich moderne und postmoderne Gesellschaften von Industrienationen insgesamt als "organisierte Sozialsysteme" (WILLKE 1989) bezeichnen.

Seinen deutlichsten Ausdruck findet dieser Rationalisierungsprozeß in den von WEBER beschriebenen "Bürokratien". Hierbei handelt es sich um Sozialsysteme, insbesondere in Wirtschaft und Verwaltung, die konsequent nach Prinzipien maximaler Effektivität gestaltet wurden. Sie weisen eine Binnenstruktur auf, die strikt auf die Zielerreichung der Systeme ausgerichtet ist. Wenn wir in postmodernen Gesellschaften auch selten noch klassisch bürokratische Gebilde finden - sie erwiesen sich in ihrer rigorosen Form häufig doch als dysfunktional - (MAYNTZ 1974), so bilden sie mit ihrer Arbeitsteilung und Hierarchisierung doch das Grundmuster jeder modernen Organisationsgestaltung.

Das Primat von Rationalität aus dem ökonomischen Bereich dehnte sich nun, im Zuge der generellen "Vereinnahmung von Lebenswelt" (HABERMAS 1981) auch auf das Gesundheitswesen aus. Dieser Sektor, der ursprünglich an Prinzipien einer Brüderlichkeitsethik orientiert war, folgt also heute gleichfalls zweckrationalen Gesichtspunkten (WILLKE 1989). Und so müssen wir zur Kenntnis nehmen, daß auch stationäre Einrichtungen für Psychotherapie, soweit sie in das offizielle Gesundheitssystem integriert sind, heute "organisierte Systeme" darstellen.

Für stationäre Einrichtungen der Suchtkrankenhilfe in der BRD läßt sich diese Entwicklung auf das Jahr 1968 datieren, als nämlich das Bundessozialgericht stofflich gebundene Süchte als "Krankheiten" anerkannte. Aufgrund dieser gesetzlichen Entscheidung mußten nun Kosten für die Behandlung von "Leistungsträgern", wie Kranken- und Rentenversicherungen übernommen werden. Die stationären Systeme "avanzierten" dann zu großen Teilen von der bis dato üblichen "Heilstätte" zur "Fachklinik". Diese Entscheidung hatte weitreichende Folgen: Sie stellte zwar einerseits die Belegung und damit den Bestand der Systeme sicher, sie führte aber anderseits zur umfassenden Formalisierung und "Medizinalisierung". In den nunmehr als "klinisch" de-finierten Systemen mußten jetzt auf Weisung der Leistungsträger ärztliche Leitungen, vermehrt Krankenpfleger, Psychologen usw. angestellt werden. Die bis zu dieser Zeit tätigen Sozialarbeiter, Diakone usw. sahen sich unversehens in die zweite oder dritte Führungsebene abgedrängt.

Stationäre Einrichtungen lassen sich also nicht als "selbstgenügsame Monaden" (WILLKE 1989) betrachten. Wir müssen sie vielmehr als Teile einer zweckrational strukturierten, arbeitsteiligen Gesellschaft begreifen, die in Gestalt anderer organisatorischer Systeme, bzw. ihrer Agenten, laufend in die jeweiligen Einrichtungen "diffundiert".

Die für stationäre Einrichtungen relevante Systemumwelt besteht dann aus den jeweiligen Trägerschaften, Finanzierungs- bzw. Leistungsträgern, Aufsichtsbehörden usw. Alle diese organisatorischen Systeme weisen eine je spezifische Interdependenz untereinander auf. Und innerhalb der Gesamtheit vernetzter Systeme ergeben sich Über- und Unterordnungsverhältnisse. So ziehen dann nicht nur gesetztliche Bedingungen, sondern besonders Veränderungen in manchen Systemen, in sogenannten Suprasystemen, fast zwangsläufig Veränderungen in anderen, von ihnen ökonomisch abhängigen nach sich (WILLKE 1989).

In diesem Verständnis müssen wir, wie schon angesprochen, heute vor allem Leistungsträger, wie LVA oder BfA, als für stationäre Einrichtungen der Suchtkrankenhilfe hochrelevante Suprasysteme begreifen. Durch ihre rechtlichen oder finanzstrategischen Anforderungen sind sie automatisch in der Lage, die Binnenstruktur, aber auch konzeptionelle Leitlinien für den Umgang mit den Klienten usw. in gravierender Weise mitzubestimmen.

Anforderungen übergeordneter Systeme an eine jeweilige Einrichtung resultieren allerdings auch nicht etwa aus spontanen Willkürakten, sondern sie stehen ebenfalls primär auf dem Hintergrund rationaler Entscheidungsprozesse. Diese Systeme sind nämlich durch ihren Auftrag, gesetzlicher oder finanztechnischer Art, gehalten, die von ihnen ausgeübte Aufsichtspflicht oder Belegung nach zweckrationalen Gesichtspunkten auszuüben. Als Maßstab für die Akzeptanz einer jeweiligen Einrichtung gelten ihnen dabei im allgemeinen Strukturmuster, die eine gewisse formale Überschaubarkeit garantieren - und das sind arbeitsteilige und hierarchische Binnenstrukturen.

Auf diesem Wege sind also heute auch stationäre Einrichtungen für Suchtkrankentherapie mehr oder weniger gezwungenermaßen formal strukturiert, bzw. nach dem Muster bürokratischer Systeme gestaltet.

3.1.2. Stationäre Einrichtungen als "komplexe" Systeme in einer "komplexen"_Gesellschaft

Neben der Organisiertheit läßt sich als weiteres hervorstechendes Merkmal stationärer Einrichtungen ihr relativ hoher Grad an Komplexität bezeichnen. Und auch diese Besonderheit korrespondiert mit gesamtgesellschaftlichen Entwicklungen.

Schon WEBER antizipierte, daß sich im Zuge umfassender Rationalisierungsprozesse von Gesellschaft eine Vielzahl erwünschter Effekte ergeben würden, die das Leben von Menschen angenehmer und humaner zu gestalten erlauben. Er antizipierte aber gleichzeitig die Entstehung vielfältiger "dysfunktionaler Nebeneffekte". Wie insbesondere die aktuelle Umweltdebatte zeigt, entwickelten sich nämlich gleichlaufend mit der Erhöhung ökonomischer Produktivität auch eine Fülle von Erscheinungen, die heute sogar das Überleben des gesamten Kontinents bedrohen.

Und ein schon von WEBER - und besonders von MARX - diskutierter Nebeneffekt rationalisierter Gesellschaften besteht darin, daß Menschen hier immer bedroht sind, zu "Funktionsträgern denaturiert" zu werden. Diese von MARX als "Entfremdungserscheinungen" beschriebenen Nebeneffekte lassen sich auch als basaler Ausgangspunkt für die Entstehung unterschiedlicher psychischer und sozialer Defizite oder Deformationen begreifen, die dann zur Entwicklung von Süchten führen können.

Derartige "Nebeneffekte" müssen in einer vordergründig zweckrationalen Gesellschaft auch wieder auf rationale Weise, durch entsprechende Gesetzgebung, die Gründung kompensatorischer Sozialsysteme usw. bewältigt werden. Auf diesem Wege wird die Komplexität unserer Lebenswelt in einem unaufhaltsamen Prozeß laufend erhöht (LUHMANN 1984).

Auf dem Hintergrund dieser gesamtgesellschaftlichen Entwicklungen müssen wir dann stationäre Einrichtungen der Suchtkrankentherapie als "kompensatorische Sozialsysteme" begreifen; sie sollen nämlich einen Beitrag leisten zur Reduktion oder Aufhebung von Entfremdungserscheinungen, die zur Deformation im Sinne von Suchterkrankungen, geführt haben. Diese Institutionen sollen also den Klienten ihr Mensch-Sein wiedergeben.

Als notwendigerweise selbst wieder rational strukturierte Systeme sind stationäre Einrichtungen dann mit dialektischen Anforderungen konfrontiert:

Sie sollen, wie wir oben gesehen haben, im Hinblick auf ihre Binnenstruktur den objektivierenden Ansprüchen zweckrational orientierter Suprasystem entgegenkommen. Sie müssen aber andererseits laufend versuchen, Entfremdungserscheinungen, die aus ihrer eigenen formalen Strukturierung resultieren können, zu binden oder zu mildern. Verobjektivierung der Mitarbeiter durch rigorise Formalisierung hätte nämlich zur Folge, daß sie an den Klienten "nur" sozialtechnische Praxis ausüben. Wenn die Mitarbeiter aber ihr Humanum preisgeben, können sie ihren Auftrag an den Klienten gar nicht glaubwürdig erfüllen.

Aus dieser Dialektik resultieren vielfältige dysfunktionale Nebeneffekte innerhalb solcher Systeme. Und ihre Bewältigung führt, analog gesamtgesellschaftlichen Vorgängen, zur laufenden Erhöhung der Komplexität im Innenraum.

3.1.3. Der permanente gesellschaftliche Zugriff auf stationäre Einrichtungen

Nun hatte ich oben schon aufmerksam gemacht, daß die organisatorische Umwelt in unterschiedlich gravierender Weise "automatisch oder gewaltsam" laufend in stationäre Einrichtungen hineinwirkt.

Ihr status quo ist ständig bedroht durch Mitarbeiterfluktuationen, durch veränderte Ansprüche seitens neu eintretender Klienten, durch neue Anforderungen seitens der Trägerschaften, seitens der Finanzierungsinstanzen usw. So erheben z.B. Leistungsträger oft mehr oder weniger abrupt Anforderungen, die Aufenthaltsdauer der Klienten auf eine bestimmte Zeit zu reduzieren, das Personal umfassender auszulasten usw. Damit ist dann von den Einrichtungen gefordert, ihre bislang praktizierten Behandlungsstrategien, innerhalb eines als stabil definierten zeitlichen oder strukturellen Rahmens zugunsten neuer Arbeitsformen zu verlassen .

So bahnt sich z.B. seit 1985 bei den Rentenversicherungen, bzw. ihrem übergeordneten Verband ein konzeptioneller Paradigmenwechsel an. Traditionelle Behandlungsformen und -zeiten werden zunehmend infragegestellt. Das geschieht auf der Basis empirischer Untersuchungen einschlägig ausgewiesener Experten und ihrer je spezifischen Ausdeutungen. Im Sinne vorher beschriebener Systemzusammenhänge muß aber der Ausgangspunkt für solche Initiativen auch wieder primär auf der Folie ökonomisch verstandener Zweckrationalität gesehen werden.

Immer umfassender wird derzeit von Vertretern der Rentenversicherungen für die sogenannte individualisierte Behandlung und Behandlungsdauer plädiert. Je nach dem zuständigem Leistungsträger werden jetzt nicht mehr unhinterfragt Behandlungen in der bisher üblichen Dauer finanziert, sondern für unterschiedliche Patientengruppen differenzierte Finanzierungsstrategien angestrebt. Und es wird überhaupt nicht mehr für jeden Patienten, der das wünscht, ein stationärer Aufenthalt bewilligt. Sondern oft ziehen die zuständigen Agenten eher ambulante Heilungsmaßnahmen im jeweiligen gemeindlichen Umfeld in Betracht; denn ab April 1991 erhielten auch Suchtkrankenberatungsstellen einen gesetzlichen Heilungsauftrag, den sie allerdings auch nur "um den Preis ihrer Medizinalisierung" erwerben können.

Sie dienen stationären Einrichtungen jetzt nicht mehr ausschließlich als "Zulieferer" von Patienten, sondern sie fungieren heute selbst als "offizielle Therapeuten" und "avanzierten" damit zu konkurrierenden Institutionen.

Derzeit verändert sich also nicht nur die konzeptionelle Orientierung innerhalb stationärer Einrichtungen, sondern auch ihr Verhältnis zu ambulanten Systemen. Hier wird durch gesamtgesellschaftliche Entwicklungen neuerlich eine für Suchtkrankensysteme sehr problematische Entwicklung eingeleitet.

Der Erfüllung von Anforderungen der Leistungsträgern können sich stationäre Einrichtungen aber auf keinen Fall entziehen. Sie würden nicht mehr belegt werden und damit den Erhalt ihrer Einrichtungen gefährden.

Ansprüche der Außenwelt, so auch der Suprasysteme, erzeugen nun aber nicht schon automatisch die "passenden" Bedingungen in einer jeweiligen Einrichtung, wenn sie nur rational ausreichend sinnvoll geplant wurden. Soziale Systeme sind nicht einfach determinierbar. Sie müssen veränderte Konstitutionsbedingungen in langwierigen Kommunikationsprozessen innerhalb des Innenraums erst integrieren, bzw. neue, veränderte Selbstverständnisse, d.h. eine neue "Selbstreferentialität" bilden - sonst entwickeln sich Desintegrationserscheinungen, die ihre Funktionsfähigkeit empfindlich beeinträchtigen und ihre Existenz ernstlich gefährden können.

Teams stationärer Suchtkrankeneinrichtungen müssen also immer wieder neue Konzepte erarbeiten, wie sie den Ansprüchen ihrer Leistungsträger entsprechen können und wie sie ihr Verhältnis zu benachbarten Systemen neu gestalten. Da sie, aus den oben beschriebenen Gründen, als eng kooperierende Arbeitsgruppen fungieren müssen, ist ihre kommunikative Kompetenz laufend stark strapaziert.

So tragen also auch die Außenrelationen zur ständigen Komplexitätserhöhung dieser Systeme bei. Wenn sie diese konstruktiv bewältigen und damit ihren Bestand in einem heute hochkonkurrenten Markt von Einrichtungen der Suchtkrankentherapie wahren wollen, benötigen sie ein umfassendes Maß an kollektiver Kommunikationskompetenz.

3.2. Die organisatorischen Konstituenten stationärer Systeme

Hier läßt sich nun fragen, wie gut die Kommunikationsmöglichkeiten in diesen Systemen entwickelt sind. Dabei bieten sich organisationstheoretische Ansätze zur Diagnose an. Sie erlauben es einerseits Besonderheiten zu analysieren, die sich aus formal-strukturellen Bedingungen ergeben, sie erhellen andererseits nicht-formale Phänomene in Organisationen.

3.2.1. Stationäre Einrichtungen als "formale" Systeme

Wir hatten oben schon deutlich gemacht, daß stationäre Einrichtungen für Psychotherapie als geplante soziale Systeme mit rational angebbarer Zielsetzung und einer darauf abgestimmten rationalen Binnenstruktur und regulativer Überformung zu betrachten sind (MAYNTZ 1963). Gerade die planmäßigen Variablen können aber im Vollzug ihrer Realisierung eine Fülle von dysfunktionalen Erscheinungen in den jeweiligen Organisationen nach sich ziehen.

Ausgangspunkt für die Analyse dysfunktionaler Effekte im Innenraum einer stationären Einrichtung ist vorrangig ihre Aufgabenverteilung, die damit verbundenen Berufsrollen, die hierarchische Strukturierung sowie das Ausmaß der aufgaben-spezifischen Vorregelungen.

Die gesetzliche Entscheidung von 1968 war, wie schon erwähnt, für die formale Strukturierung dieser Systeme von zentraler Bedeutung. Von nun an mußten sie auf Weisung der jetzt zuständigen Leistungsträger in einem deutlich "medizinalisierten" Sinne professionalisiert und formal überformt werden. Hier finden wir in Einrichtungen der Alkoholtherapie einerseits und in solchen für Drogenkranke andererseits etwas unterschiedliche Entwicklungen.

Die vormals in der "Alkoholiker-Heilstätte" führenden Berufsgruppen wie etwa Diakone oder "Fürsorger" sahen sich unversehens einem Arzt, manchmal auch einem Psychologen unterstellt. Diese indirekte "Degradierung" erzeugte nicht nur Irritationen im Hinblick auf neue Rollendefinitionen, sie verursachte auch schwere berufsgruppen-spezifische Kämpfe. Sie wurde vom einzelnen meistens diffus als Kränkung erlebt. Dies Konfliktpotential bündelte sich vielerorts verdeckt oder offen im Kampf gegen den neuen "Chefarzt". Oft verbünden sich ganze Berufsgruppen gegen ihn, wie etwa Psychologen. Als "Revanche" koalieren Ärzte mit den Sozialarbeitern gegen die Psychologen usw. Oft kämpfen hier auch ganze Teams gegen die Leitung und beziehen sogar Trägervertreter in die koalierenden und konfligierenden Prozesse mit ein.

Es finden sich "Fachkliniken" für Alkoholkranke, in denen im Verlauf von fünf Jahren acht verschiedene ärztliche Leiter "verheizt" wurden, d.h. auf Betreiben der Teams durch die Träger gebeten wurden, die Einrichtung wieder zu verlassen. In noch mehr Fällen kündigten die Teams offen oder verdeckt die Kooperation mit der neuen Leitung auf, so daß sie oft von sich aus die Stelle wechselte. In vielen derartigen Systemen war und ist die Position der Leiter ständig bedroht.

In Einrichtungen der Drogenhilfe, die bis heute noch einen geringeren Professionalisierungsgrad aufweisen, gelang es den Teams durch Koalitionen mit Trägervertretern oft den Arzt in eine randständige Position abzudrängen. Dann muß er als Halbtagskraft eine ärztliche Leitung vertreten, die letztlich nur eine "Proforma-Leitung" sein kann. Die "wahre" Leitung bleibt in Händen der nächstmächtigen Berufsgruppen, das sind in der Regel Sozialarbeiter. Hier spielen oft auch noch "Exhuser" eine Rolle, die meist einem Selbsthilfe-Ansatz verpflichtet sind und den neuen professionellen und medizinalisierten Standards ohnedies skeptisch bis ablehnend gegenüberstehen.

Die leitenden Ärzte nun erleben diese offen oder verdeckt feindlichen Haltungen vielfach als kaum verarbeitbare Niederlage. Aufgrund ihrer beruflichen Sozialisation als primär somatisch vorgebildete Spezialisten erleben sie ihr Dasein in einer stationären Suchtkrankeneinrichtung ohnedies oft als "sozialen Abstieg" im Vergleich zu Studienkollegen, die als Chirurg oder Internist tätig sind.

Als Kompensat für Kränkungen weiten Ärzte oft ihre klassischen medizinischen Aufgaben, somatische Untersuchungen, Medikation usw. umfassend aus. Das übrige Personal entlarvt solche Haltungen aber meistens unter dem Stichwort "versorgende Medizin" als konzeptionell kontraindiziert. Das verschärft auch wieder bestehende Eskalationen.

Die aufgrund der Gesetzgebung zunehmend angestellten Krankenpfleger befinden sich in einer ähnlich schrierigen Lage. Ihre klassischen beruflichen Aufgaben können sie hier auch nicht unbedingt wahrnehmen. Also steht für sie die Frage an, aus welcher Aufgabenstellung sie ihre berufliche Identität beziehen können. Ihr Einsatz als Arbeits- oder Beschäftigungstherapeut stößt dann vielfach bei diesen Gruppierungen auf Widerstand, weil diese ihren Aufgabenbereich als "entprofessionalisiertes Auffanglager" mißbraucht sehen.

Die Empfehlungsvereinbarung der Kranken- und Rentenversicherungsträger sieht für Fachkliniken derzeit ein Leitungsgremium von leitendem Arzt, leitendem Psychologen und leitendem Sozialarbeiter vor. In den einzelnen Systemen bleibt aber im allgemeinen unklar, was jeweils genau zu leiten ist. Spezifische Stellenbeschreibungen müssen inner-organisatorisch ausgehandelt werden. Dies scheitert aber an berufsgruppenspezifischen Eskalationen. Diese Situation führt nicht selten zu schweren Kränkungen, wenn z.B. der "leitende Psychologe" nichts zu leiten hat, weil der "leitende Arzt" sich alle Entscheidungen selbst vorbehalten möchte.

Kompliziert stellt sich die arbeitsteilige Struktur auch für die Arbeitstherapeuten dar. Sie sind im Leitungsgremium derzeit noch nicht vertreten, was allerdings zur Zeit in Änderung begriffen ist. Aufgrund ihres Status sind sie in die Hauptkonfliktherde meistens nicht einbezogen. Als hierarchisch drittrangige Mitarbeiter können sie deshalb oft unbehelligter arbeiten und werden nicht selten zu "den tragenden Säulen" der Systeme. Wenn sie allerdings durch umfassende Konflikte zu stark an den Rand gedrängt sind, entwickeln sie oft subdepressive oder psychosomatische Symptome.

Neben diesen aus Arbeitsteiligkeit und Hierarchisierung resultierenden Besonderheiten mußten stationäre Einrichtungen auch eine Vielzahl von neuen formalen Regelungen im Vollzug ihrer Arbeit realisieren. Sie zentrieren sich um eine professionelle Diagnostik, das Schreiben von Abschlußberichten usw. In manchen Einrichtungen sind die Mitarbeiter von diesen Formalien so stark absorbiert, daß sie bei Krisen der Klienten oft nur sehr begrenzt zur Verfügung stehen können.

3.2.2. Stationäre Einrichtungen als nicht-formale Systeme

Aus der Sicht einschlägiger Experten ist eine organisatorische Situation keineswegs nur durch formale Muster bestimmt. Wie jedes Sozialsystem weisen auch Organisationen eine Fülle von nicht-planmäßigen Erscheinungen auf (TÜRK 1989). Sie stellen ebenfalls wesentliche Konstituenten dar. In therapeutischen Einrichtungen treten sie allerdings um so eher hervor, als sich solche Systeme niemals in der gleichen Weise formalisieren lassen wie andere.

Das liegt zum einen daran, daß sich Berufsgruppen, wie Psychologen oder Sozialarbeiter nur ungern in formale Systeme einfügen. Das liegt aber auch daran, daß für den Bereich der Psychotherapie keine allgemeinverbindlichen Standards bestehen. Realiter kämpfen hier eine Vielzahl von Schulen um Geltung. Wenn sich auch in einer jeweiligen Einrichtung der vom "Chef" präferierte Ansatz formal durchsetzt, so bleibt er doch nie unangefochten, weil hier eben keine "letzte Wahrheit" möglich ist. Diese grundlegende Variable befördert aber nun auch eine generelle Bereitschaft, formale Regelungen zu umgehen, sie bald wieder umzustürzen usw. So läßt sich in psychotherapeutischen Systemen generell eine große Bereitschaft zur Etablierung informaler Phänomene beobachten.

Als nicht-planmäßige, organisationsspezifische Phänomene lassen sich entsprechend der heute relevanten organisationstheoretischen Literatur folgende unterscheiden:

- informelle Strukturbildungen,
- politische "Prozesse",
- Organisationskulturphänomene und
- Organisationsentwicklungsprozesse.

Diese nicht-planmäßigen organisatorischen Erscheinungen mit ihren jeweiligen Konsequenzen stehen allerdings zu den formalen in Beziehung bzw. sie erhalten ihre besondere Bedeutung erst durch den spezifischen geplanten Rahmen. Im folgenden sollen sie deshalb jeweils in Relation zu planmäßigen Variablen erläutert werden.

(1) Informelle Strukturphänomene

Die organisationstheoretische Literatur unterscheidet zwischen einer formalen Binnenstruktur, deren Besonderheiten wir soeben beschrieben haben, und einer informellen Struktur (vgl. insbesondere ROETHLISBERGER/DICKSON 1939, MILLER/ FORM 1957). Die informelle Struktur entfaltet sich, im Sinne einschlägiger Autoren, als naturwüchsiges, gruppendynamisches Gebilde in jedem sozialen System mit überschaubarer Mitgliedschaft. In ihr bilden sich dann eigene Muster von

Kommunikations- und Autoritätsbeziehungen heraus. Das informelle System steht dem formalen ergänzend oder konkurrierend gegenüber (ebenda 1939, 1957).

Seine Entstehung und das Ausmaß seiner Dynamik steht auch wieder in gewissem Umfang in Beziehung zu planmäßigen Variablen des Gesamtsystems (LUHMANN 1964). So steigt die Wahrscheinlichkeit, daß es sich deutlicher ausbildet mit dem Formalisierungsgrad, d.h. es tritt um so eher hervor, je massiver oder aber je geringer eine Organisation im Ganzen formalisiert ist (ebenda 1964).

In stationären Suchtkrankeneinrichtungen beobachten wir meistens formal unterstrukturierte Situationen; denn aus den beschriebenen Gründen verfügen die Leiter oft über nur wenig Autorität, was automatisch einen Freiraum für die Entfaltung starker informeller Systeme eröffnet. Sie dienen dann dazu, die aus der Unterformalisierung entstehende "Angst" der Mitarbeiter kollektiv zu mildern (PÜHL 1989).

Aus einer funktionalistisch-soziologischen Sicht (LUHMANN 1964) besteht die Bedeutung informeller Systeme also vielfach gerade darin, dysfunktionale Erscheinungen, die sich aus mangelnden formalen Vorgaben ergeben, im "Verborgenen", kompensatorisch zu bewältigen, ohne daß offene Konflikte zwischen Mitgliedern des formalen und informellen Systems ausgetragen werden müßten.

Ob das aber für den Behandlungserfolg eines stationären Systems für Suchtkrankentherapie funktional ist, bleibt fraglich. So mögen etwa Patienten in Kliniken mit somatischen Zielsetzungen sicher vielfach von der heimlichen Improvisationsbereitschaft einer informellen Hierarchie von Ärzten und Pflegern profitieren. Bei Patienten von Einrichtungen mit psychotherapeutischen Zielsetzungen, besonders, wenn sie einem Milieuansatz folgen, ist dies dagegen keineswegs sichergestellt. Die Patienten erleben dann nämlich unter Umständen dieselben verdeckten Kommunikationsmuster in einem emotional intensiven Kontext, die ihre Problematik vorher, im familialen Rahmen, erzeugt und aufrechterhalten hatten (MENUCHIN et al. 1978, SELVINI-PALAZZOLI et al. 1985, HALEY 1977 usw.).

Informelle Systeme lassen sich nämlich auch als latente Strukturen begreifen, die im Gegensatz zur formalen Hierarchie, Macht in illegitimer Weise ausüben (SELVINI-PALAZZOLI et al. 1988). Ihre Einflußnahme bleibt oft tabuisiert, gibt Anlaß zu verdeckten Koalitionen innerhalb und zwischen verschiedenen hierarchischen Ebenen, und letztlich treten sie immer mit dem formalen System in Konkurrenz. So können informelle Systeme offen oder verdeckt nicht nur eine Vielzahl von Mitarbeiterproblemen erzeugen, sondern auch dem Behandlungserfolg entgegenstehen.

(2) Politische Prozesse

Die organisationstheoretische Literatur betont seit den 70-ger Jahren die Bedeutung politischer Prozesse in Organisationen. Dieser auch als "Kampf-Spiel-Konzept" bekannt gewordene Ansatz (ALLISON 1976) besagt, daß in jeder Organisation interessegeleitete Auseinandersetzungen zwischen Menschen stattfinden, die dann zur Bildung von zwei oder mehr interagierenden und konfligierenden Parteien führen (EHRENSPERGER 1985).

Im Sinne dieses Ansatzes läßt sich die aktuelle Situation einer Organisation als das Ergebnis von komplizierten Aushandlungsprozessen, Kompromissen und Taktiken begreifen. Im Extremfall spricht jede der Parteien der jeweils anderen Legitimität ab und interpretiert die eigenen Deutungs- und Handlungsmuster als allein gültig und rechtmäßig. Inhaltlich können diese Interessen sachlicher oder subjektiver Art sein. Häufig geht es ausschließlich darum, welche Partei mehr Macht und Einfluß auf das Ressourcensystem oder die Handlungsspielräume einer Organisation gewinnt. Als "Mitspieler" kommen organisations-interne, aber auch externe Personen in Frage.

Politische Prozesse finden sich immer dort, wo vielfältige Entscheidungsspielräume zu füllen sind, also z.B. entscheidende planmäßige Variable von der Organisation selbst bestimmt werden müssen. In solchen Konstellationen sind sie aller Wahrscheinlichkeit nach auch am turbulentesten.

So Beobachten wir in stationären Einrichtungen für Suchtkranke, die umfassende Entscheidungspielräume im Hinblick auf das therapeutische Konzept, die spezifische Aufgabenerfüllung einzelner Berufsgruppen usw. füllen müssen, mehr und turbulentere politische Prozessen als in anderen klinischen Systemen. "Die Kampf-Spiele" bewegen sich thematisch inbesondere um konzeptionelle Fragen, spezifische Ausgestaltungen der Binnenstruktur, um die jeweils gültigen Regelsysteme für die Patienten usw.

Die Patienten sind hier gelegentlich mit einem konfligierenden und koalierenden System von Mitarbeitern konfrontiert. Dabei besteht auch oft die Gefahr, daß sie in die Kampfprozesse miteinbezogen werden.

Die Konflikte des Mitarbeitersystems bilden dann für die Patienten einen ständigen, mehr oder weniger verdeckten Beunruhigungsherd, der ihre psychische Entwicklung generell hemmen kann. Sie sind hier sogar mit latenten oder offenen Koalitionsangeboten konfrontiert, also mit Konstellationen, die ihre Erkrankung vielfach erzeugt und aufrechterhalten hatten.

(3) Organisationskulturen

Seit den 80-ger Jahren richtet sich das Interesse von Organisationstheoretikern auf das Phänomen "Organisationskultur" (PETERS/WATERMAN 1983, DÜLFER 1991 u.a.).

Im Stile kulturanthropologischer Forschung wird eine Organisation als "Miniaturgesellschaft" begriffen, die im Laufe ihrer Geschichte spezifische kulturelle Muster entwickelt. In diesem Verständnis bilden Organisationen eigene kollektive Sinnsysteme aus, die "von loyalen Organisationsmitgliedern geteilt werden" (SACKMANN 1983, S. 395). Man unterscheidet in diesem Ansatz basale Prämissen, die als nicht-bewußte, anthropologische Grundsätze, die Bildung spezifischer Normen und Standards bewirken. Diese manifestieren sich dann in Sprachregelungen, Zeremonien, Ritualen, der Mythenbildung usw.(SCHEIN 1984).Im systemtheoretischen Verständnis läßt sich hier auch von organisationsspezifischen "Referenzsystemen" sprechen (LUHMANN 1984).

Die besondere Art einer Kultur bestimmt sich nach ihren Gründern, ihrer Gründungsgeschichte, nach den Organisationszielen, nach der Klientel usw., also wieder in hohem Maße nach planmäßigen organisatorischen Variablen. Sie entwickelt sich im Verlauf der Zeit durch das "Prozessieren von Kommunikation" im gesamten System als gemeinsam geteiltes Sinnsystem aus (ebenda 1984).

In stationären Einrichtungen für Suchttherapie beobachten wir im allgemeinen stark beziehungsorientierte Kulturen. Durch die laufende Auseinandersetzung mit persönlichen Themen der Patienten und die "therapiespezifische Sozialisation" neigen die Mitarbeiter generell dazu, auch organisatorische Binnenphänomene zu psychologisieren (KRÄMER 1985). Intention jeder Konfliktlösung ist dann die "gute", "übertragungsfreie", oder "geklärte" Beziehung.

In der spezifischen Ausgestaltung kultureller Muster lassen Einrichtungen der Alkoholikertherapie andere erkennen als die der Drogenhilfe. Entsprechend dem psychischen Erscheinungsbild vieler Alkoholpatienten, als "übergefügig", "sentimental" usw. finden wir auch in den Mitarbeitersystemen im allgemeinen "weichere" Kulturen vor. Sie sind manchmal durch "Überhöflichkeit", Konventionalismus, Regelbeflissenheit usw. charakterisiert. In stationären Drogeneinrichtungen dagegen begegnen uns viel "härtere" Kulturen. Drogenabhängige sind im letzten Jahrzehnt durch Kriminalität, Prostitution und Aids zunehmend verelendet, ihr Zustandsbild, ihre Umgangsformen tragen oft Merkmale von "Verwahrlosung". Das hinterläßt auch an den Mitarbeiterteams Spuren. Wir finden hier einen generell direkten bis rüden Umgangston, weniger konventionelle Kleidung, größere Normenunsicherheit usw.

Da in beiden Systemtypen meistens eine Fülle an Konfliktpotential vorfindlich ist, neigen sie im allgemeinen dazu, im Sinne eines "Minimalkonsens", sehr ausgeprägte, beziehungsorientierte Kulturen zu entwickeln. Sie bilden sich oft als kollektive Abwehrsysteme aus, die gegen benachbarte oder übergeordnete Einrichtungen, also einen realen oder fiktiven "äußeren Feind", gerichtet sind.

Auf dem Hintergrund solcher rigiden Kulturen entfalten diese Systeme auch nicht selten Behandlungsmuster, die nur noch die systeminterne Anpassung der Klienten befördern, nicht aber deren psychische Entwicklung. Die Etablierung solcher starren Kulturen führt besonders zu schweren Konflikten, wenn sich Bedingungen ändern. Die alte Kultur kann sich dann plötzlich als untauglich erweisen. Die Organisation geht dann entweder an ihrer starken Organisationskultur zugrunde, oder sie muß in langen zähen Auseinandersetzungsprozessen neue kulturelle Muster mit den jeweiligen Implikationen etablieren.

In solchen Fällen finden wir vorübergehend zwei oder drei kulturelle Muster, die im Sinne politischer Prozesse Parteien darstellen, die sich bekämpfen. So ergaben sich in Alkoholikereinrichtungen beim Übergang von der "Heilstätte" zur "Klinik" regelmäßig solche Kulturkämpfe. Die Vertreter der Heilstätten-Kultur forderten z.B. eher rigorose Regelsysteme für die Patienten, die der neuen "professionellen Ära" plädierten für stärkere Dialogorientierung usw. Und in Einrichtungen der Drogenhilfe "tobten" lange Zeit "Kulturkämpfe" zwischen "Ex-Husern" und Professionellen, von denen die ersteren, im Stile "des harten Burschen", oft für fast sadistische Sanktionen plädierten (ROST 1987), während die professionell orientierten gelegentlich zu überprotektiven Haltungen neigten.

Dysfunktionale Auswirkungen solcher Divergenzen sind für die Patienten dann letztlich dieselben, wie bei anderen politischen Prozessen. Da allerdings kulturelle Muster persönlichen Glaubenssystemen ähneln (PETERS/WATERMAN 1983), gestalten sich

Auseinandersetzungen um Kulturen noch härter und intensiver, als um Konflikte mit manifesten Inhalten.

(4) Der organisatorische Prozeß

Seit Mitte der 70-ger Jahre betonen Organisationstheoretiker die Bedeutung der Dynamik von Organisationen und die mit ihr verbundenen Störfaktoren. Basale Annahme solcher Ansätze ist, daß Organisationen in Analogie zu Organismen bestimmte Lebenszyklen durchlaufen, in denen typische Anforderungen und Krisen auftreten (QUINN/CAMERON 1983).

In Organisationsprozeßmodellen werden von unterschiedlichen Autoren zumeist drei relevante Phasen unterschieden (LIEVEGOED 1974, GOERKE 1981 u.a.):

- eine Pionierphase,
- eine Phase der Differenzierung und
- eine der Integration.

Die Pionierphase, d.h. das Gründungsstadium ist in der Regel eng mit der Persönlichkeit des Gründers verbunden. Dieser führt meistens direkt, autoritär und improvisatorisch. Die innerorganisatorischen Beziehungen sind familiär, Krisen werden vordergründig geregelt. Organisationen sind in diesem Stadium meistens unterformalisiert. Alle Beteiligten suchen mit hohem persönlichen Engagement die Organisationsziele zu realisieren.

Typische Krisenerscheinungen am Ende dieser Phase resultieren aus einem eventuellen Größenwachstum, dem Eintritt neuer Mitarbeiter oder generell veränderten Umweltbedingungen. Neue Anforderungen sind durch die bisherige Binnenstruktur nicht mehr angemessen zu beantworten. Innerorganisatorische Prozesse werden zunehmend komplexer und vielfältiger. Der Pionier ist mit seinem improvisatorischen Führungsstil überfordert. Es stellen sich Koordinationsfehler und "Pannen" aller Art ein. Bei Mitarbeitern und Klienten regt sich Unzufriedenheit (LIEVEGOED 1974).

Die Differenzierungsphase ist dann eine Epoche, in der angesichts der Krisenerscheinungen am Ende des Pionierstadiums alle innerorganisatorischen Abläufe systematisiert und formalisiert werden. Arbeitsteilung, Hierarchisierung und Delegationssysteme unter den Mitarbeitern werden nun formal geregelt und auch die Beziehungen zu den Klienten regulativ überformt. Im Zuge dieser fortschreitenden Formalisierung entsteht in der Organisation oft eine Starre, die wieder bei allen Beteiligten Unzufriedenheit auslöst.

Angesichts solcher Krisenerscheinungen muß nach Ansicht einschlägiger Autoren (LIEVEGOED 1974, GOERKE 1981) die Organisation konsequent umgestaltet werden. Die Integrationsphase stellt dann eine Epoche dar, in der durch "geplanten organisatorischen Wandel" eine kollegiale Führungsstruktur mit neuen Delegations- und Weisungssystemen etabliert wird. Die Organisation sollte dann alle Beziehungen externer und interner Art umgestalten. Durch ein hohes Maß an Sorgfalt der Beziehungen nach innen und nach außen können im Idealfall die in der Differenzierungsphase entstandenen "Vergreisungserscheinungen" überwunden werden (ebenda 1974, 1981).

Wie wir im weiteren allerdings noch sehen werden, kann das Ziel einer Einrichtung oder ihrer Beratung nicht einfach in derartigen Umgestaltungen bestehen, wir müssen vielmehr davon ausgehen, daß sich jedes System permanent konstruktiv weiterentwickeln muß.

Anhand dieses phasenorientierten Modells lassen sich vielfältige dysfunktionale Phänomene in stationären Einrichtungen für Suchtkranke ableiten.

In Gründungsphasen, also etwa beim Übergang von "vorprofessionellen Stadien" zu professionellen, gestalteten sich die Beziehungen sowohl innerhalb der Patienten- und innerhalb der Mitarbeiter-Subsysteme als auch zwischen ihnen eher menschlich nahe, oft zu nahe. Mit fortschreitender Entwicklung entfalteten sie mehr Formalien, um dann im Idealfall eine angemessene Balance zwischen Nähe und Distanz zu entwickeln.

So sahen etwa viele psychologische oder ärztliche Leiter von Fachkliniken für Alkoholkranke im Aufbau "Ihrer" Klinik eine pionierhafte Aufgabe, für die sie oftmals auch die mit ihnen neu eingetretenen Mitarbeiter begeistern konnten. Engagiert, improvisatorisch und mitarbeiternah versuchten sie mit neuen therapeutischen Ansätzen eine professionelle Ära zu begründen. Die Bedeutung formaler Regeln in den Mitarbeiter- und Patienten-Subsystemen wurde von ihnen oft stark unterschätzt. Das allgemeine "Selbsterfahrungsklima" der 70-er Jahre begünstigte einen emotionalisierten Führungsstil der Leiter ohnedies.

Sie fanden allerdings in den Kliniken auch viele Mitarbeiter aus der Heilstätten-Ära vor, die bald offen oder unterschwellig die neuen Konzepte und Methoden konterkarierten. In ausgedehnten Teamsitzungen versuchte dann die "neue Crew" vorrangig über persönliche Nähe die Konflikte improvisatorisch beizulegen. Das erzeugte im allgemeinen eine überemotionalisierte und konfuse Kommunikationssituation.

Der innovative Enthusiasmus nutzte sich dann durch zermürbende politische Prozesse, aber oft auch durch die Erweiterung von Kliniken, die mit mehr Management-Aufgaben verbunden war, zunehmend ab. Die Krisenerscheinungen der Pionier-Endphase wurden dann oft durch vielfältige Regelsysteme zu bewältigen versucht. Solche Entwicklungen führten häufig dazu, daß sich Patienten wie Mitarbeiter eingeengt fühlten. Manche dieser Systeme konnten die Differenzierungsphase durch Etablierung neuer Regelsysteme, neuer Behandlungsstrategien, konstruktiver Stellenbeschreibungen usw. überwinden. Viele andere befinden sich aber noch in früheren, oft sehr krisenhaften Stadien.

4. Das Ziel von Systemsupervision als "organisatorische Lernfähigkeit"

Angesichts all dieser Phänomene läßt sich fragen, worin das Ziel der Supervision dieser Systeme bestehen soll. Nach einigen konzeptionellen Vorüberlegungen wollen wir uns einem speziellen Zielkonzept zuwenden.

4.1. Konzeptionelle Vorüberlegungen

Wie aus allem vorangegangenen deutlich wurde, kann es Supervision, wie etwa klassische Supervisionsansätze suggerieren, nicht in der "Fallarbeit" oder in der Beziehungsregulation im Mitarbeitersystem bewenden lassen. Wir haben gesehen, daß es sich hier um hochkomplexe organisatorische Gebilde handelt, die in ihrem Innenraum ein hohes Konfliktpotential aufweisen. Dies verhindert dann nicht nur die sinnvolle Arbeit mit den Klienten, sondern auch angemessene Verhandlungen mit Vertretern von Suprasystemen, mit benachbarten Einrichtungen usw.

So müssen auch die Ziele von Systemsupervision einen breiteren Rahmen als bislang avisiert, umspannen. Im Prinzip müssen nämlich alle für stationäre Systeme relevanten Phänomene miteinbezogen sein. Die Supervision muß dann auch in ihrer Zielorientierung eine Meta-Perspektive umfassen. Sie sollte nämlich das System instand setzen, bzw. dazu fördern, alle seine Belange in selbstgestaltender Weise zu regulieren.

Das wären Beratungsperspektiven, die eine grundsätzliche "Lernfähigkeit" des Gesamtsystems zu befördern suchen. Was ist aber nun unter einer solchen zu verstehen, bzw. was meint der Begriff "organisatorische Lernfähigkeit"?

4.2. Der Begriff "organisatorische Lernfähigkeit"

Die Begriffe "organisatorisches Lernen" oder "organisatorische Lernfähigkeit" tauchten erst im Verlauf des letzten Jahrzehnts in der einschlägigen Literatur auf. Sie umschreiben die Tatsache, daß es sich bei Organisationen potentiell um Systeme handelt, die zur **reflexiven Veränderung** fähig sind.

In der traditionellen Organisationstheorie bestand lange Zeit die Vorstellung "reiner Marktregulation". Überleben oder Untergang einer jeweiligen Einrichtung regulierte sich aus dieser Sicht lediglich nach den Ansprüchen bestehender Märkte. Die einzelne Organisation selbst schien diesen dann willenlos ausgeliefert (TÜRK 1989). Auch im ursprünglichen systemtheoretischen Verständnis, in dem soziale Systeme, in Analogie zu primitiven Organismen, als "autopoietisch" (LUHMANN 1984) begriffen wurden, bestand eine ähnlich deterministische Auffassung. Organisationen schienen hier selbstregulierenden Automatismen zu folgen, die den Selbsterhalt und den dafür notwendigen Austausch mit der Umgebung garantieren.

Erst in neueren systemtheoretischen Ansätzen (ROTH 1987, SCHIEPEK 1987 u.a.) wird der Blick frei, daß soziale Systeme hochkomplexe, kognitive Systeme darstellen, die nicht einfach "autopoietisch", sondern "selbstreferentiell" strukturiert sind. Durch ihre Selbstreferentialität bilden sie, wie schon beschrieben, im Verlauf kommunikativer Prozesse kollektive Sinnsysteme mit entsprechenden kommunikativen Operationen heraus, die sie aber, als kognitive Systeme, prinzipiell zu reflektieren und zu revidieren vermögen.

Diese Sicht korrespondiert auch mit neueren Entwicklungen bei organisationstheoretischen Autoren, die einer humanistisch-psychologischen Anthropologie verpflichtet sind. Organisationen wird hier die prinzipielle Möglichkeit autonomer Lernfähigkeit zugeschrieben.

In diesem Zusammenhang entfalteten insbesondere ARGYRIS und SCHÖN (1978) differenzierte Sichtweisen. Sie entwarfen ein Lernmodell, das drei aufeinander aufbauende Komplexitätsgrade organisatorischen Lernens vorsieht:

- Als "singl-loop-learning" bezeichnen die Autoren eine Lernform, bei der das System in wenig komplexer Weise, im Innenraum auftretende Krisen, die durch Außenansprüche oder andere Bedingungen entstehen, lediglich durch neue Handlungsformen der Organisationsmitglieder zu kompensieren sucht. Die Normen und Standards des Systems, also seine Selbstreferentialität, wird hierbei von den Systemangehörigen nicht infragegestellt.

- Als komplexere Lernform bezeichnen die Autoren das "double-loop-learning". Bei diesem werden in Konfrontation mit Krisen grundsätzliche Parameter des Systems reflektiert und modifiziert. Das organisatorische System setzt sich in solchen Fällen mit seiner Selbst- und Fremdreferentialität auseinander und vor allem seinen Operationen, neue Anforderungen externer oder interner Art zu verarbeiten.

- Die fortgeschrittenste Lernform stellt nach ARGYRIS und SCHÖN das "deutero-learning" dar. Unter diesen Begriff fassen die Autoren organisatorisches Lernen, das die ersten beiden Stufen wie selbstverständlich integriert hat. Dann ist die Bereitschaft dauerhaften Lernens sogar ein Bestandteil der systemeigenen Referentialität. In diesem Fall gilt es dem System als Regelfall, sich ständig mit verändernden Bedingungen externer und interner Art auseinanderzusetzen, die eigenen Sinnsysteme und Operationen, sowie die Kompatibilität zu diesen Bedingungen zu untersuchen und sogar das Sinnsystem und die Operationen selbst in laufender Korrespondenz zu realen Ansprüchen zu modifizieren.

Erst eine Organisation, die Formen von deutero-learning, also die Fähigkeit zur permanenten Lernbereitschaft "erklommen" hat, läßt sich als "lernfähiges System" bezeichnen.

5. Der methodische Rahmen von Systemsupervision

Systemsupervision bzw. eine moderne Variante von Organisationsberatung kann nun dazu dienen, die heute für stationäre Therapie-Systeme notwendige Lernfähigkeit zu entwickeln oder zu fördern.

In einem allgemeinen Verständnis besteht "Organisationsberatung" darin, daß ein Berater organisatorische Veränderungsprozesse zu befördern sucht. Wie aber seine Rolle und die Veränderungsprozesse von Organisationen zu begreifen sind, wurde und wird bis heute sehr unterschiedlich interpretiert.

Wir finden hier Ausdeutungen, die der Organisation als lernfähigem System mehr oder weniger gut Rechnung tragen bzw. die in unterschiedlicher Weise geeignet sind, organisatorische Lernfähigkeit zu fördern.

5.1. Traditionelle Formen von Organisationsberatung

In einem traditionellen Verständnis fungiert der Organisationsberater als **Experte**, um die Organisation bei **Krisen** in einem

– technisch-geplanten oder

– psychotherapie-ähnlichen Verständnis

umzugestalten (SCHREYÖGG, G. 1990).

5.1.1. Organisationsberatung in einem technischen Verständnis

Auf dem Hintergrund traditioneller Organisations-Konzepte, die noch ausschließlich am Bürokratie-Modell orientiert waren und dementsprechend institutionalisierte Systeme lediglich als formal strukturierte Gebilde begriffen, erschienen organisatorische Veränderungsprozesse lange Zeit nur als "planerisches Problem".

Angesichts von Krisen erhielten Organisationsberater den Auftrag, für Unternehmungen usw. effektivere formale Strukturmuster zu entwerfen. Die Umsetzung der neuen Gestaltungsform wurde lediglich als **technisches** Problem betrachtet, das durch möglichst exakte Stellenbeschreibungen und Angaben von Umstellungsprozeduren zu lösen ist.

Wenn die entsprechenden Vorbereitungen getroffen sind, geben vorgesetzte Instanzen den "Startschuß" zur Umstellung auf den neuen Organisationsplan (vgl.HÖHN/BÖHME 1979).

In pragmatischer Hinsicht erweisen sich derartige Beratungsstrategien oft als untauglich. Sie gehen schleppend oder gar nicht voran. Die Organisationsmitglieder widersetzen sich, im Sinne von "resistance zu change" (WATSON 1966), auf unterschiedliche Weise den Anweisungen. Die Experten, aber auch ihre Auftraggeber, sind dann durch die übrigen Systemmitglieder in einen Ohnmachtsstatus verwiesen.

Aus normativer Sicht trägt so verstandene Organisationsberatung der Lernfähigkeit eines Systems in keiner Weise Rechnung. Die spezifischen Kompetenzen und Ressourcen der ständig ommunizierenden Systemmitglieder bleiben außer Betracht.

Solches Vorgehen von Beratern entspringt, wie STAEHLE (1991, S. 19) zeigt, einem "organisatorischen Konservatismus" von Beratern, wie Auftraggebern. Es spricht wohl eher für konzeptionelle Ignoranz gegenüber modernen organisationstheoretischen Ansätzen. Die Organisation wird von solchen Beratern nämlich ausschließlich als formal strukturiertes, bzw. geplantes Gebilde begriffen, nicht jedoch als selbstreferentielles System. Dieses Verständnis von Organisationsberatung ist aber auch heute noch am weitesten verbreitet (ebenda).

Wir finden einzelne Fachkliniken für Suchtkranke, die sich anläßlich von Krisen solcher Beratungsform bedienen. Die Effekte sind in der Regel besonders ungünstig. Da in diesen Systemen qua Kultur formale Strukturmuster meistens verleugnet oder negiert werden, entwickeln sich gegenüber dem Experten und gegenüber der vorgesetzten Instanz, die den Experten engagiert hat, meistens sogar paranoid eingefärbte Widerstandshaltungen. Sie können dann jede konstruktive Entwicklung hemmen.

Aus systemtheoretischer Sicht läßt sich behaupten, daß solche Beratungsstrategie in die Selbstreferentialität stationärer Einrichtungen in keiner Weise zu integrieren ist. Die von den Beratern verwendeten operativen Denk- und Kommunikationsmuster wirken auf die Systemmitglieder nicht nur fremdartig, sondern sogar aversiv.

So ergibt sich auf diesem Wege meistens noch nicht einmal ein Lernfortschritt im Sinne des singl-loop learning.

5.1.2. Organistionsberatung in einem psychotherapie-ähnlichen Verständnis

In den 70-ger Jahren setzte sich eine zunächst konträr erscheinende Form von Organisationsberatung durch. Hierbei fungierte und fungiert der Organisationsberater als **Experte bei Krisen**, um die Organisation in einem **psychotherapie-ähnlichen** Sinne umzugestalten.

Ausgangspunkt war die Einsicht, daß jede Umsetzung organisatorischer Muster von der Einstellung der Organisationsmitglieder diesen gegenüber abhängig ist. Auf dem Hintergrund solcher Überlegungen widmete man sich zunächst ausführlich

"Veränderungswiderständen" als gruppalen Phänomenen (vgl. WATSON 1966). Entsprechend den Forschungen LEWINs (1947) zur Änderung von Einstellungen und einem von ihm entwickelten Prozeßmodell suchte eine neue Generation von Organisationsberatern auch neuartige Verfahrensweisen zu entwerfen.

LEWIN betrachtete Kleingruppen mit ihren ausgeprägten, kommunikativen Möglichkeiten, als entscheidendes Medium für Einstellungsänderungen bei Menschen. Dem Leiter einer Gruppe kam dabei die prozessual verstandene Aufgabe zu, Be-reitschaft für Veränderungen zu erzeugen (unfreezing), bei der Veränderung Unterstützung zu geben (change) und die Einstellungsänderung zu festigen (refreezing).

Auf dem Hintergrund dieser Konzeption sollen die Organisationsmitglieder an allen Veränderungsprozessen umfassend beteiligt werden. Sie erhalten nicht nur vielfältige Informationen über die geplanten Veränderungen, sie nehmen schon an den Planungsprozessen selbst teil.

Die Kleingruppe, d.h. eine organisatorische Einheit, wurde, entsprechend LEWINscher Forschung als das entscheidende Wandlungsmedium betrachtet.

Solche Aktivitäten zielen, entsprechend bürokratiekritischen Intentionen, einerseits auf Erhöhung organisatorischer Effektivität, andererseits auf die Aufhebung von Entfremdungserscheinungen. Sie verfolgen also auch Ziele von "Humanisierung" (TREBESCH 1980).

Als Beratungsstrategie werden gruppendynamische oder -therapeutische Maßnahmen aus dem Umfeld der humanistischen Psychologie von eigens dafür ausgebildeten Experten verwendet. Ausgehend von den "National Trainings Laboratories" entfaltete sich eine Spezialdisziplin für Organisationsberatung.

Besondere Bedeutung erlangten in diesem Rahmen Autoren der sogenannten Human-Resources-Bewegung. Sie suchen, wie etwa LIKERT (1961, 1967), über intensive Veränderung in einzelnen organisatorischen Kleingruppen und in Kleingruppen übergreifenden Gruppierungen, die gesamte Organisation in obigem Sinne umzugestalten. Auf diese Weise soll in der gesamten Organisation ein dialog-orientiertes Klima erzeugt werden (KIESER et al. 1979, SIEVERS 1975, Bartölke 1980 u.a.).

Allerdings erweist sich auch diese Art von Beratungsarbeit in vielen Fällen als wenig erfolgreich, weshalb seit Beginn der 80-ger Jahre eine Stagnation solcher Ansätze zu beobachten ist. Hier treten ebenfalls eine Reihe von Problemen auf:

Durch die psychotherapie-orientierte Methodik stehen immer wieder Fragen an, wie umfassend sich die Mitarbeiter gegenüber ihren Kollegen oder Vorgesetzten "eröffnen" wollen oder sollen, damit die Methodik erfolgreich ist. Durch die Methodenapplikation ergeben sich also ethische Probleme.

Die Trainingsaktivitäten erhalten durch ihre besondere Methodik immer den Charakter des "Ausnahmsweisen". Durch den artifiziellen Rahmen, der eigens für die Veränderung geschaffen wird, lassen sie sich nur unter Mühe in den organisatorischen Alltag transferieren. So erhält "Veränderung" letztlich immer den Odem des Ausnahmsweisen (PETTIGREW 1985).

Die "change agents", also die Organisationsberater, sammeln über die Interaktion mit den Kleingruppen umfassendes, innerorganisatorisches Wissen an, was ihnen eine hohe informelle Vormachtstellung garantiert. Diese Position hat aber für die realen Prozesse innerhalb der Systeme eher ungünstige Konsequenzen. Für den Zeitraum der Beratung gelangen die Experten nämlich automatisch in Konkurrenz zu den Führungskräften; denn diese sind aus den oben beschriebenen ethischen Gründen oft nicht in die Trainingsaktivitäten einbezogen und verdächtigen die Berater nicht selten illegitimer Machtsausübung. So werden solche Veränderungsmaßnahmen von Vorgesetzten gelegentlich sogar politisiert, und damit das Krisenpotential im System noch erhöht.

In stationären Einrichtungen für Suchtkranke sind solche Beratungsformen derzeit am weitesten verbreitet. Wie oben angesprochen, liegen den dort üblichen "Teamsupervisionen", meistens allerdings implizit, auch solche Beratungsstrategien zugrunde. Konzeptionell greifen Supervisoren dabei vorrangig auf Kleingruppenmodelle aus der Psychoanalyse (GAERTNER 1982, CONRAD/PÜHL 1983, RAPPE-GIESECKE 1990 u.a.), auf solche aus der humanistischen Psychologie (WEISS 1985, SCOBEL 1988 u.a.) oder auf familientherapeutische Ansätze (KERSTING et al 1988) zurück.

Derartige Beratungsformen fügen sich dann zu nahtlos in die beziehungs-orientierten Kulturen dieser Systeme ein, zumal die Deutungs- und Handlungsmuster der verwendeten Ansätze mit den dort üblicherweise verwendeten Operationen in perfekter Übereinstimmung stehen. Als "Fallarbeit" werden meistens nur interaktive Phänomene zwischen Klienten und Professionellen, oder von Professionellen untereinander verhandelt. Und als "systemorientiert" werden in der Regel nur emotionale Phänomene herausgestellt. Die stationäre Einrichtung als organisatorisches System läßt sich, wie oben ausgeführt, so kaum angemessen thematisieren.

Die Lernfähigkeit stationärer Einrichtungen im eingangs beschriebenen Verständnis wird auf diese Weise jedenfalls nicht gefördert. Lernen stagniert hier bestenfalls auf der Ebene des single-loop-learning.

Da die unterlegten Modelle zumeist auch wieder nur beziehungs-orientierte Implikationen enthalten, kommt eine Auseinandersetzung mit formal strukturellen Mustern kaum zustande, bzw. schon aus der Verwendung dieser Ansätze resultiert die unreflektierte Verleugnung oder Negation von Organisiertheit (SCHREYÖGG 1989). Durch die in solchen Konzepten implizit geforderte hohe Intimität sind Vorgesetzte in den Beratungszusammenhang oft nicht einbezogen, was immer eine verdeckte Koalition des Beraters mit den Mitarbeitern gegen vorgesetzte Instanzen intendiert. Wenn sie doch teilnehmen "dürfen", verstärken sich über die Methodik automatisch die bereits bestehenden Entformalisierungstendenzen. Das wiederum kommt den ohnedies meist schon etablierten Illusionen dieser Teams entgegen, sich nämlich als "nicht-formale, gesellschaftliche Inseln" zu begreifen.

Die Deutungs- und Handlungsmuster der Teamsupervisoren/ Berater passen dann zu nahtlos in die Muster des Systems. Und es besteht Gefahr, daß für den Zeitraum der Sitzungen mit dem Berater als Magier die "Illusionswelt" nur noch perfektioniert wird.

5.2. Integrative Systemsupervision als Organisationsberatung

In den letzten Jahren habe ich im Zusammenhang mit der generellen Konzeptualisierung von Supervisionsarbeit auch neue Perspektiven für die Supervision von Systemen entwickelt. Aus ihnen resultierte dann eine spezifische Form von Organisationsberatung, die sich als besonders sinnvoll für die Arbeit in stationären Einrichtungen für Psychotherapie erwiesen hat.

Dabei handelt es sich, analog dem entsprechenden Supervisionsmodell (SCHREYÖGG 1991 a), um einen breit angelegten Ansatz. Die in der realen Praxis vorfindlichen Phänomene, mussen, wie hier im ersten Teil exemplarisch dargestellt, zunächst mithilfe manigfaltiger theoretischer Konstruktionen, die unterschiedliche sozialwissenschaftliche

Paradigmen enthalten und aus unterschiedlichen Fachdisziplinen stammen, diagnostiziert werden.

Die Methodik erschöpft sich dann auch nicht in der obligatorischen Anwendung eines einzelnen therapeutischen Ansatzes, sondern sie ist, entsprechend den jeweils relevanten Themen der Teams, ihrem Entwicklungsstand, ihrer jeweiligen Kultur usw., in reflektierter Weise aus einem "Methodenuniversum" auszuwählen.

So unterscheidet sich dieses Modell also in zentralen Punkten von herkömmlichen Supervisionsansätzen: Sein diagnostischer und methodischer Ausgangspunkt liegt nicht bei einem einzigen psychotherapeutischen Ansatz, sondern es sieht, je nach dem zu verhandelnden Phänomenbereich, die Verwendung unterschiedlicher Theorien und unterschiedlicher Methoden vor. Auf diese Weise läßt es auch die adäquate Analyse und Bearbeitung von arbeitsweltlichen Systemphänomenen zu.

Dabei können allerdings weder die Theorien, noch die Methoden beliebig, d.h. "eklektisch", etwa nur aus pragmatischen Gründen verwendet werden. Wie an anderer Stelle ausführlich (vgl. SCHREYÖGG 1991 a) beschrieben, müssen sie vielmehr auf der Basis eines phänomenologischen Meta-Modells, das anthropologische und erkenntnistheoretische Prämissen umfaßt, sorgfältig ausgewählt oder modifiziert werden. Der Begriff "integrativ" bezeichnet dann eine Theorie- und Methodenverwendung, die in modelltheoretischer Hinsicht kompatibel ist mit dem zugrundliegenden Meta-Modell.

Dieser Systemsupervisions- bzw. Organisationsberatungs-Ansatz, unterscheidet sich aber auch in zwei gravierenden Punkten von traditionellen Organisationsberatungs-Konzepten:

- Begriff und Bedeutung "organisatorischer Veränderung" unterliegen einer Neubestimmung und

- die Rolle des Beraters mit seinen jeweiligen Funktionen wird neu gefaßt.

5.2.1. Begriff und Bedeutung "organisatorischer Veränderung"

Auf dem Hintergrund moderner Organisationsforschung wird die Veränderung institutioneller Sozialsysteme nicht mehr als Ausnahmezustand betrachtet, der nur reaktiv, anläßlich von Krisen, eingeleitet werden muß. Organisatorische Veränderung erscheint nun vielmehr als kontinuierliches Geschehen, das sich in der Organisation schon automatisch vollzieht. In jedem System müssen, wie wir gesehen haben, laufend Informationen verarbeitet und in Innovationen umgesetzt werden. So ist auch organisatorische Veränderung als sich permanent vollziehende Modifikation zu denken. Sie ergibt sich in jeder Organisation schon von selbst (BEER/ WALTON 1987). So "erzwingt" der reale organisatorische Prozeß immer ein gewisses Maß an organisatorischer Lernbereitschaft.

Wurde "organisatorische Veränderung" in traditionellen Ansätzen zumeist als Maßnahme betrachtet, die anläßlich von Krisen erst planmäßig in Gang gesetzt werden muß, rückt nun in den Vordergrund, daß organisatorische Veränderung auch "proaktiv" zu denken ist (NYSTRÖM/STARBUCK 1984).

Veränderung vollzieht sich also automatisch durch den Prozeß von Organisationen und ihren Austausch mit der Umwelt. Veränderung kann aber auch als geplante Weise begriffen werden, wie der ohnedies gegebene organisatorische Lernprozeß noch sinnvoller oder noch humaner zu gestalten ist. Er muß also nicht eigens durch "magierhafte" Methoden in Gang gesetzt werden. Und die Initiative für solche Lernprozesse kann nur vom System selbst ausgehen und Veränderungen auch nur von diesem realisiert werden (ebenda).

Solche Sicht trifft sich mit systemtheoretischen Positionen. Auch hier wird postuliert, daß Organisationen durch ihre Eigendynamik und ihren Austausch mit der Systemumwelt laufenden Veränderungsprozessen unterworfen sind (LUHMANN 1984). Und auch hier finden wir die Vorstellung, daß Systeme Veränderung nur selbst vollziehen können; denn jeder Veränderungsprozeß besteht in Veränderungen der Selbstreferentialität, die immer nur innerhalb des Systems zu leisten ist (WILLKE 1987 a, b).

5.2.2. Die Rolle des Organisationsberaters und seine Funktionen

Solche Sichtweise beinhaltet aber nun eine neue Rolle von Organisationsberatern: sie sind jetzt nicht mehr als "Techniker" oder "Psychotherapeuten" definiert, bzw. als Experten, die "wissen, wie es besser gehen kann". Sie dienen dem Kollektiv von Organisationsmitgliedern nun lediglich als **externe Dialogpartner**, damit diese ihre innerorganisatorische Lernfähigkeit steigern oder erhalten.

Der hier gemeinte Dialogzusammenhang bedarf allerdings gesonderter Erläuterung. In ihn fließen bestimmte Funktionen von Beratern ein, d.h.

- Systemdiagnosen und
- Systembeschreibungen als rational geleitete Systeminterventionen (WILLKE 1987 a,b, 1991). In ihn fließen aber auch
- erlebnisaktivierende Systeminterventionen ein (vgl SCHREYÖGG 1989).

(1) Systemdiagnosen

Jedem Dialog zwischen Berater und System geht auf Seiten des Beraters eine möglichst differenzierte Diagnose voraus.

Wenn wir diese Diagnose auch wieder aus systemtheoretischer Perspektive fassen, begegnet der Berater als "personales System", der jeweiligen Organisation als "sozialem System". Wie schon für soziale Systeme erläutert, ist auch das Personalsystem, Berater, durch ein je eigenes Referenzsystem charakterisiert. Analog phänomenologischer Literatur, im Anschluß an SCHÜTZ (1932), besteht auch hier die erkenntnistheoretische Prämisse, daß Erkennen immer an das erkennende Subjekt, den jeweiligen Menschen, gebunden ist. Er entwickelt im Verlauf seines Lebens durch seine bisherigen Erfahrungen eine je eigene Weise, die ihm begegnende phänomenale Welt zu deuten und zu strukturieren.

In diesem Verständnis wird der Berater das zu beratende organisatorische System mit den ihm zur Verfügung stehenden Deutungsmustern zu erfassen suchen. Das sind dann einerseits "alltagsweltliche" Muster, die aus seiner lebensweltlichen Erfahrung resultieren. Er wird aber, was professionelle Berater regelmäßig tun sollten, auch "Typisierungen zweiter Ordnung" (SCHÜTZ 1932), also gegenstandsangemessene Theorien verwenden, die organisatorisches Geschehen zu strukturieren vermögen. Das sind dann unterschiedliche Konzepte zur Erklärung interaktiver - und vor allem organisatorischer und gesellschaftlicher Phänomene (SCHREYÖGG 1991 a, b).

Idealerweise verfügt der Berater über eine Vielzahl von einschlägigen theoretischen Mustern, über Kenntnisse von Funktionsweise, Gesetzeslage usw. vergleichbarer Systeme, Erfahrungen im Umgang mit Organisationen dieses Typs und befaßt sich schon im Vorfeld der Beratung, anhand von Broschüren, anderen einschlägigen Publikationen usw., mit dem speziellen, zu beratenden System.

So sollte also allen derartigen Beratungsprozessen eine intensive Beschäftigung mit diesem und vergleichbaren Systemen vorausgehen - eine Qualifikation, die in der Literatur meistens etwas zu pauschalisierend als "Feldkompetenz" umschrieben ist.

Die vom Berater entfalteten diagnostischen Muster werden nun aller Wahrscheinlichkeit nach keineswegs deckungsgleich sein mit den Selbstdiagnosen des Systems, bzw. der Systemmitglieder. Ja, seinen besonderen Wert für das zu beratende System erhält der Berater gerade durch seine "Systemfremdheit", also die Tatsache, daß er nicht Teil des Systems ist. Als systemfremde Person ist er nämlich nicht von den unreflektiert etablierten, selbstreferentiellen Mustern des Systems infiltiert. Er ist nicht Organisationsmitglied, ist bislang nicht an kommunikativen Prozessen innerhalb der Organisation beteiligt und somit auch nicht an der Konstitution des kollektiven Sinnsystems. Im Gegenteil, er ist Teil anderer Systeme und als "externer" Berater immer nur für einen gewissen Zeitraum in die jeweils zu beratenden eingebunden.

Berater diagnostizieren die ihnen begegnenden Systeme also aus einer "exzentrischen Position", d.h. im Prinzip beziehen sie ihre Diagnosen aus dem Vergleich zu anderen realen oder fiktiven Sozialsystemen (WILLKE 1991).

Wie wir allerdings sogleich sehen werden, kann keine diagnostische Perspektive den Anspruch letzter Gültigkeit erheben. Das Gelingen der gesamten Beratung hängt vielmehr davon ab, wie flexibel auch der Berater sein eigenes Referenzsystem immer wieder kritisch zu reflektieren und revidieren vermag.

Neben der inhaltlichen diagnostischen Qualifikation ist also besonders die **diagnostische Haltung** des Beraters relevant.

(2) Systembeschreibungen als rational geleitete Systeminterventionen

Seine diagnostischen Muster, d.h. seine gedanklichen Strukturierungen, bringt der Berater zunächst über das Medium Sprache in den Dialog mit den Systemmitgliedern ein.

Er tritt also als personales System mit dem sozialen in einen kommunikativen Austausch, wodurch sich ein neuer Systemzusammenhang bildet, das "Beratungssystem" (RAPPE-GIESECKE 1990). Und in diesem entfaltet sich nun im Verlauf von Kommunikationsakten, im Idealfall, ein neues Referenzsystem.

Dabei ist von Belang, **wie** und **was** der Berater sprachlich kommuniziert.

Das "Wie" umschreibt den kommunikativen Rahmen. In der Terminologie kommunikationstheoretischer Ansätze ist hier die "Beziehungs-Ebene" gemeint. Mit "Was" dagegen ist die "Inhalts-Ebene" (WATZLAWIK et al. 1967) bezeichnet.

Der **kommunikative Rahmen** muß seitens des Beraters durch hohe Verständigungsbereitschaft für die Anliegen des Systems getragen sein, d.h. er muß auf die Systemmitglieder nicht nur fachlich kompetent, sondern auch menschlich vertrauenserweckend wirken. Das wiederum wird ihm nur gelingen, wenn er mit den Mustern vergleichbarer Systeme gut vertraut, für ihre Funktionsfähigkeit ernstlich engagiert ist und auch die Kommunikationsformen, d.h. Operationen vergleichbarer Systeme "beherrscht".

Diese Voraussetzungen erfüllt er im allgemeinen nur dann, wenn er selbst therapeutischen Arbeitsfeldern entstammt und bereits über größere Erfahrungen in der Kommunikation mit stationären Einrichtungen verfügt.

Im Verlauf solcher Dialoge sollte sich der Berater also anfänglich kommunikativer Muster bedienen, welche in das System voraussichtlich integrierbar sind.

Im Hinblick auf die **Inhalte** der von ihm artikulierten Muster besteht aber im weiteren Verlauf seine besondere Bedeutung für das System in seiner "Exzentrizität". So wird er also auch diagnostische Positionen einbringen, die bei den Systemmitgliedern auf Dissens stoßen; denn auch das System hat selbstverständlich schon explizite oder implizite Diagnosen über seine Situation entwickelt oder es entfaltet sie im Verlauf des Dialog-Prozesses konstrastierend zum Berater.

Gerade der Dissens über diagnostische Einschätzungen im aktuellen Beratungssystem vermag nun die Veränderung der Selbstreferentialität des Systems zu beleben - allerdings nur dann, wenn schon eine vertrauensvolle Gesprächsbasis besteht. Im anderen Fall aktivieren Berater nur kollektive Widerstände.

Jetzt werden, im Sinne eines "gemeinschaftlichen, mehrperspektivischen Äquilibrierungsprozesses" (SCHREYÖGG 1991 a), die unterschiedlichen Sichtweisen ausgetauscht. Dabei ist der Berater immer wieder gefordert, auf die diagnostischen Perspektiven der Systemmitglieder hin seine Diagnosen zu modifizieren - aber auch diese die ihrigen.

Im Verlauf eines solchen Prozesses, der langfristig, als "permanenter Organisationsentwicklungsprozeß" (SCHREYÖGG 1991 b, c) oder auch kurzfristig, für einige Tage, angesetzt sein kann, treten für die Organisationsmitglieder bislang nicht gedachte Muster zutage, nicht hinterfragte werden reflektierbar und damit überhaupt erst einer Veränderung zugänglich (ebenda).

Auf diesem Wege verändern sich die Muster des Gesamtsystems, weil die des einzelnen über vielfältige kommunikative Prozesse im Beratungszusammenhang automatisch wieder in das Gesamtsystem integriert werden können.

Die Rollenzuweisung an den Organisationsberater kann nun nicht mehr lauten, "bitte verändere uns", sondern der Beratungsauftrag lautet jetzt: "wir haben hier diese und jene Aktivitäten vor: Was meinst Du als Externer dazu? Wir wollen mit Dir in einen Dialog darüber eintreten." Den zu Beratenden kommt jetzt also von Anbeginn ein betont aktiver Status zu.

Anders nämlich als bei systemtheoretischen Autoren, die Verwendung spezifischer, "magierhafter" **Methodik**, wie etwa "paradoxe Interventionen", empfehlen (WILLKE 1987 a, b), findet Beratung hier regelmäßig in einem Subjekt-Subjekt-Bezug zwischen allen Beteiligten statt.

Wie im vorangegangenen dargestellt, gründen sich die Interventionen solcher Organisationsberatung vorrangig auf meta-kommunikative Akte im Sinne von **"Systembeschreibungen"**.

(3) Erlebnisaktivierende Systeminterventionen

Wenn es zum Thema und vor allem zum System paßt, können die primär rationalen Aussagen lediglich durch erlebnisaktivierende Methodik, die aber auch einen Subjekt-Subjekt-Bezug unterlegt, angereichert oder ergänzt werden.

So ist es häufig ratsam, die Rekonstruktion der gerade zu verhandelnden Problemkonstellation mit psychotherapienahen Arbeitsweisen zu unterstützen oder eine Thematik auf diese Weise weiterführend zu bearbeiten. Hier kommen einzelne methodische Maßnahmen aus dem Psychodrama oder der Gestalttherapie infrage, die durch Verwendung "kreativer Materialmedien" (SCHREYÖGG 1989, 1991 a), wie Farbstifte, Bausteine usw. erweitert werden.

Wie bei den beschriebenen diagnostischen Positionen muß also auch die Methodik durch eine gewisse Pluralität charakterisiert sein; denn sie soll ja Rekonstruktion und Bearbeitung von sachlichen und emotionalen Phänomen zulassen, die sich wiederum nicht nur auf interaktiver, sondern auch systemischer Ebene bewegen. Darüberhinaus muß sie Variationen im jeweils intendierten Regressionsniveau zulassen; denn in kooperativen Arbeitsgruppen lösen Methoden, denen ein "Zwang zur Selbsteröffnung" innewohnt, regelmäßig höhere Grade von Ängstlichkeit aus. Eine diesbezügliche Variabilität ist hier also immer unabdingbar.

Zur speziellen Auseinandersetzung mit der organisatorischen Ist-Situation kann im Rahmen dieses Ansatzes eine breite Palette von Methoden und Techniken genutzt werden, von denen hier nur die wichtigsten darzustellen sind.

Das klassische Organigramm, das die von der Organisation formal vorgegebene Soll-Struktur (JOSCHKE 1980) mit ihren verschiedenen hierarchischen Ebenen, jeweiligen Funktionen und formalen Bezügen zueinander wiedergibt, erlaubt als graphische Darstellung oft einen ersten, übersichtsartigen Eindruck von der Gessamtorganisation.

Über ein Organigramm der "latenten Struktur" (SELVINI-PALAZZOLI et a. 1985) können Teammitglieder graphisch darstellen, wie sie die Machtverteilung in einer Organisation selbst erleben und welche Parteibildungen bzw. politischen Prozesse ihrer Meinung nach relevant sind.

Wenn statt graphischer Darstellungsmedien Bausteine oder andere Gegenstände verschiedener Farbe, Form und Größe als flexibles Organigramm verwendet werden, evoziert dies bei dem Systemmitgliedern noch vielfältigere Projektionen und Assoziationen über die Positionsinhaber des organisatorischen Systems. Diese Technik erlaubt es auch, im Verlauf einer Rekonstruktion formale und informelle Strukturmomente immer wieder neu in Beziehung zu setzen.

Während bei den bisher beschriebenen Organigramm-Techniken die Systemmitglieder das organisatorische System aus eher distanzierter, "exzentrischer" Position untersuchen, fordert ein sog. phänomenologisches Organigramm (MASSARIK 1983) eher ihr persönliches Erleben in der Organisation heraus. Hierbei ergeht die Aufgabe an einzelne oder an das Gesamtsystem, mit Wachsmalkreiden oder anderen Medien zum Malen sich selbst im organisatorischen Kontext darzustellen. In einer anschließenden Rekonstruktionssequenz läßt sich ein personaler oder systemischer Problemfokus gemeinsam mit den Teammitgliedern ausdeuten.

Diese Arbeitsform kann auch thematisch gezielter, etwa zur Ermittlung der Organisationskultur, genutzt werden. Auf die Instruktion, ein "Kulturbild" anzufertigen, stellen die Organisationsmitglieder entsprechend ihren Impressionen den organisatorischen Kontext symbolisch dar. Im anschließenden rationalen Dialog wird die subjektive Darstellung durch Ermittlung faktischer Kulturelemente angereichert.

Besonders vielfältig und variabel kann ein organisatorisches System mit Hilfe des Sceno-Materials veranschaulicht werden. Der Sceno-Kasten, ursprünglich als projektives Testverfahren für Kinder entwickelt, umfaßt Biegepüppchen, Holztiere, Bausteine u.a.m., die auf einer Magnetplatte aufzubauen sind. Durch den kindhaften Anmutungscharakter evoziert das Material auch bei Erwachsenen regressive Anteile. Deshalb lassen sich mit diesem Material nicht nur die strukturellen Besonderheiten einer Organisation, sondern auch die emotionale Haltung von Organisationsmitgliedern ihrem System gegenüber einfangen. Im nachfolgenden Gespräch ergeben sich eine Fülle von Anhaltspunkten für Problemformulierungen und weiterführende Bearbeitungen.

Phänomenologische Organigramme sind auch mit einer Fülle von anderen Medien, wie Ton oder Plastilin, anzufertigen. Die regressionsfördernde Ladung dieser Medien unterstützt ebenfalls die Produktion prärationaler Erlebnisanteile von Systemmitgliedern. Zu der Instruktion "Ich und mein Arbeitsplatz" gestalten die Teams aus den plastischen Materialien nach ihren eigenen Intentionen eine Skulptur. Im anschließenden Gespräch kann sie mit dem Berater gemeinsam ausgedeutet werden. Sie eignet sich ebenfalls als Ausgangspunkt für Dialoge mit unterschiedlichem Problemfokus.

Einen besonderen Akzent erhält die Verwendung phänomenologischer Organigramme in der non-verbalen Arbeit. Wenn der Berater das Team bittet, seine Situation mithilfe des Szeno-Materials nonverbal aufzubauen, ergeben sich nicht nur durch das Bauergebnis, sondern auch durch den Bauprozeß eine Vielzahl von diagnostischen Hinweisen und Bearbeitungsmöglichkeiten für Teams.

Funktionsdiagramme können wichtige Aussagen und Klärungen über die Aufgabenstruktur ergeben. Hierbei werden zunächst alle in der Einheit anfallenden Aufgaben in geeigneter Weise aufgelistet und dann den jeweiligen Personen zugeordnet. Im Zuge umfassender Aushandlungsprozesse können so nicht nur wichtige Sachfragen, sondern auch wesentliche individuelle und interaktive Vorlieben und Abneigungen im Zusammenhang mit dem Arbeitsauftrag eines Teams zur Sprache kommen. Funktionsdiagramme lassen sich auch mit Hilfe verschiedener Medien (wie Zeichnen, Malen usw.) aktualisieren.

Die Präzisierung informeller Strukturen ist mit Hilfe von Soziogrammen möglich. Zu bestimmten Aufgaben oder Fragestellungen werden die Organisationsmitglieder gebeten, sich selbst zu plazieren oder im Sinne von Fremdeinschätzung sich plazieren zu lassen. Diese Methodik bildet dann etwa einen Hintergrund für Auseinandersetzungen über Fragen des gegenseitigen fachlichen Respekts und der Loyalität untereinander. Dann könnte die Instruktion lauten: "Wem würde ich meinen Lieblingsklienten am ehesten problemlos abgeben, wem am zweit-leichtesten?" usw.

Die generelle Interaktionsdynamik einer Arbeitsgruppe läßt sich durch Interaktiogramme ermitteln. Dann kann der Berater oder ein Mitglied des Teams während einer "normalen" Beratungs-Sitzung ein Interaktiogramm erstellen, d.h. eine Matrix, wer mit wem auf welche Weise über welche Themen kommuniziert. Erlebnisnaher und subjektbezogener erfolgt dies, wenn im Verlauf einer Sitzung der jeweilige Disputant dem von ihm angesprochenen Gesprächspartner immer ein Wollknäuel hinüberwirft. Am Ende solcher Übung ist die Arbeitsgruppe von einem für alle sichtbaren "Netz" mit seiner je spezifischen Struktur überzogen.

Vergangene und zukünftige organisatorische Ereignisse lassen sich mit Hilfe von Rollenspielen aktualisieren. Diese Methodik ermöglicht durch entsprechende Maßnahmen wie Doppeln und Rollentausch (vgl. PETZOLD 1979) vielfältige Auseinandersetzungen über sachliche und emotionale Phänomene. Sie dient als Hintergrund für die Rekonstruktion und Problemformulierung ebenso wie zur Entwicklung neuer Handlungsstrategien. So ist es etwa sinnvoll vor "kniffligen" Verhandlungen mit Agenten von Suprasystemen, eine übende Rollenspiel-Sequenz vorzuschlagen.

Fragestellungen einer organisatorischen Einheit, die in die Zukunft gerichtet sind, können als "Szenario" ausgespielt werden. Im gemeinsamen Gespräch sind zunächst für die Zukunft relevante organisatorische Parameter wie etwa die Größenentwicklung einer Organisation oder eine neue, von Suprasystemen geforderte Klientengruppe zu ermitteln. Auf dem Hintergrund dieser Parameter werden dann Rollen formuliert, die die Grundlage für ein zukunftsorientiertes Rollenspiel bilden.

In vielen Beratungs-Situationen sind prozessuale Phänomene relevant. Weit über die Möglichkeiten rein verbaler Darstellung hinaus ergeben "Panorama-Techniken" eine Fülle von Anregungen zur Auseinandersetzung. Als "Organisationspanorama" (HEINL et al. 1985) malen die Organisationsmitglieder auf eine Rolle Papier die Geschichte ihres Systems, soweit sie rekonstruierbar ist. Prozeß und Ergebnis solcher Aktion erbringen jeweils eine Fülle von Dialogmöglichkeiten für die weitere Arbeit.

Neben diesen mehr kreativen Arbeitsformen lassen sich selbstverständlich auch Medien wie Audio- und Videorecorder für die Beratungsarbeit nutzen. Videoaufzeichnungen von Teamsitzungen, die sofort oder einige Sitzungen später vom gesamten System aufgearbeitet werden, können auch einen sehr wesentlichen Hintergrund für die weitere Beratungs-Arbeit bilden. Diese sog. kalten Medien haben allerdings oft einen sehr konfrontativen Charakter. Ihr Einsatz erfordert eine entsprechend vertrauensvolle Atmosphäre.

Alle diese hier beschriebenen, erlebnisnahen Arbeitsweisen erhalten ihren Wert allerdings nur aus dem jeweiligen spezifischen Beratungsprozeß, den Anliegen der Systemmitglieder und aus den Intentionen, die dieser Beratungsansatz insgesamt verfolgt: die Förderung organisatorischer Lernfähigkeit durch Unterstützung der inner-organisatorischen Dialogprozesse über alle für das System relevanten Zusammenhänge.

6. Anwendungs-Beispiele

Im Folgenden stelle ich nun zwei Beispiele für die oben beschriebene Beratungsarbeit dar, die ich in einem abschließenden Abschnitt kommentiere.

Das erste bezieht sich auf eine Fachklinik für Alkoholkranke, das andere stammt aus einer Einrichtung der Drogenhilfe. Auf diese Weise sollen die unterschiedlichen Szenerien und Themen beider Einrichtungstypen deutlich werden, aber auch die situativ unterschiedlichen Anforderungen an Berater.

6.1. Beratungs-Beispiel in einer stationären Einrichtung der Therapie mit Alkoholabhängigen

Der Kontext unseres ersten Beispiels ist eine Fachklinik für junge alkoholkranke Männer in kirchlicher Trägerschaft. Der konzeptionelle Ansatz der Klinik, der sich auch in der klinikinternen Kultur ausprägt, besteht in einer spezifischen Ausgestaltung der Gestalttherapie, die den Gedanken des therapeutischen Milieus in einer besonders systemorientierten Ausprägung vertritt (BUCHHOLTZ 1991).

Die Klinik hatte in den fünf vorangegangenen Jahren einen turbulenten organisatorischen Prozeß durchlaufen. Entsprechend dem Suchtkrankengesetz von 1968 war eine strukturelle Veränderung von der Heilstätte zur Klinik vollzogen worden. Als Leiter wurde hier ein Psychologe, außerdem ein Arzt, sowie eine ganze Reihe von Krankenpflegern angestellt und der Arbeitsansatz der Einrichtung war professionalisiert worden. Der vorherige Leiter, nun in der zweiten Linie, hatte gravierende psychosomatische Beschwerden entwickelt, die seine Anwesenheit in der Klinik zum Schluß unmöglich machten (SCHREYÖGG 1991 c).

Diese Umstrukturierungsmaßnahmen hatten aber insgesamt zur Etablierung neuer kollektiver Standards geführt, die mit den alten Heilstättenmustern kollidierten. Diese Situation erzeugte vielfältige Reibungsverluste im Mitarbeitersystem und dementsprechend auch im System der Klienten. Zum Zeitpunkt der zu beschreibenden Beratungssitzung befand sich die Organisation in einem Übergangsstadium von der Pionier- zur Differenzierungsphase. Die pionierhaften "Umtriebigkeiten" der neuen professionellen "Ära" hatten sich langsam gelegt, es etablierten sich nun differenziertere Formen der Arbeitsteilung, angemessenere Formen des hierarchischen Aufbaus usw. Es ergaben sich aber auch zunehmend Diskussionen um angemessenere Formen von Nähe und Distanz innerhalb des Mitarbeitersystems wie auch der Mitarbeiter zu den Klienten.

Die Sitzungen fanden regelmäßig unter Einbezug des Leiters statt, der als "Protagonist" der neuen Kultur ein hohes Ansehen genoß, als "Respektsperson" aber auch eine Fülle von Über-Ich-Ängsten evozierte.

Die Autorin hatte das Team bis zum Zeitpunkt der zu beschreibenden Sitzung zwei Jahre lang beraten. In den Beratungssituationen, die alle zwei Wochen für vier Stunden stattfanden, waren regelmäßig alle hauptamtlichen Mitarbeiter anwesend. Die nebenamtlichen Kollegen wurden nur gelegentlich zu gemeinsamen Treffen eingeladen. Die Sitzungen fanden in einem gemütlich eingerichteten Raum, der als "Wochenend-Domizil" des Leiters diente, am Rande des Klinikgeländes statt.

Die Beziehungen der Systemmitglieder untereinander waren, entsprechend dem therapeutischen Ansatz der Klinik und ihrem aktuellen Entwicklungsstand, durch eine relativ hohe Bereitschaft, alle anfallenden Konflikte so offen wie möglich auszutragen, charakterisiert. Die Beraterin übernahm in Gegenposition zum Leiter und den oft noch pionierhaften Eskalationsbereitschaften des Teams die Rolle einer deeskalierenden und stabilisierenden "älteren Schwester" mit ausgeprägt systemfreundlichen aber doch systemdistanzierten Haltungen ein.

Neben einer Thematik, die die Zeitstrukturierung des Teams betraf und die relativ schnell zu klären war, sollte in dieser spezifischen Sitzung eine Kontroverse zwischen zwei

Kollegen, einem männlichen und einer weiblichen Therapeutin, ausgetragen werden. Es ging um die unterschiedliche Umgangsweise mit einem Klienten. Die Therapeutin betreute den Klienten in Einzel- und der Therapeut in Gruppensitzungen.

Die Therapeutin warf ihrem Kollegen vor, daß er mit dem Klienten viel zu hart umginge. Der Kollege reagierte zunächst leicht ärgerlich und bat um genauere Aufklärung. Im Verlauf des Disputes, an dem sich immer mehr Teammitglieder beteiligten, fiel der Beraterin auf, daß überwiegend Frauen Partei für den Klienten ergriffen. Auf dieses Phänomen aufmerksam gemacht, äußerte plötzlich einer der Männer, daß die Mitarbeiterin, die die Klage vorgebracht hatte, "wohl in den Patienten verliebt" sei. Diese berichtete nach einigem Zögern, daß dieser Patient tatsächlich Gefühle von starker Zuneigung bei ihr auslöste.

Dies führte bei den Frauen zu Solidaritätsbekundungen, bei den Männern zu einer unbestimmt distanzierten Haltung. Auf die Frage, ob dies häufiger vorkomme und was es überhaupt für das Team bedeute, daß die Klienten alle Männer seien, entstand eine sehr lebhafte Diskussion, die tatsächlich zeigte, daß dieses Thema für das Team von größter Bedeutung war.

Da die Beraterin den Eindruck hatte, daß diese Geschlechterfrage schon länger "gärte", ihr aber für die Frauen und Männer eine jeweils andere Bedeutung zukommt, schlug sie dem Team vor, sich für eine halbe Stunde in eine Männer- und in eine Frauengruppe aufzuteilen, um dieses Thema und die damit verbundenen Probleme auch in ihren heiklen Anteilen, jeweils "unter sich" zu besprechen. Die Beraterin blieb bei den Frauen und bat den Leiter, vorübergehend die Runde der Männer zu moderieren.

Im Verlauf dieser Sequenz "blühten" die Frauen förmlich auf und teilten sich zum Teil sehr bewegt mit, wie es ihnen bislang ergangen ist, wenn sich Klienten in sie verliebt hatten, wenn sie sich in diese verliebten und wenn starke gegenseitige Sympathie entstanden war. Dabei kam ihre persönliche Involviertheit und ihr innerer Kampf mit diesen Gefühlen zur Sprache. Sie thematisierten auch, wie sie sich innerhalb des organisatorischen Systems und dessen Ansprüchen an die Authenzität professioneller Beziehungshaltungen jedesmal stark beunruhigt fühlten. Die Beraterin bat alle Mitarbeiterinnen, sich in einen imaginativen Rollentausch mit dem Klienten zu begeben, der ihnen gerade vor Augen steht, und sich selbst aus dessen Augen anzusehen.

Ohne besondere Details zu artikulieren, waren sie fast alle beschämt, wie sehr sie doch von dem jeweiligen Klienten idealisiert wurden. Sie merkten nun deutlich, wie umfassend das "Verführungsangebot" seitens der männlichen Klienten ist und konnten sich eingestehen, wie schwer es ihnen fällt, sich diesem zu entziehen.

In der Gruppe der Männer verlief, wie sie anschließend darstellten, das Gespräch weniger lebhaft, fast etwas "rationalistisch". Sie hatten zunächst einen rein professionellen Zugang zu dem Thema, um dann doch eine Reihe emotional relevanter Phänomene zu benennen. Sie fühlten sich vielfach durch die unreflektiert maskulinen Normen der jungen Männer "genervt", durch ihr "Potenzgeprotze", ihre spezifische Tendenz zur "Männderbündelei", ihr "Mackergehabe im Schwimmbad" usw.

Im anschließenden, nun wieder gemeinsamen Gespräch, entwickelten die Teammitglieder eine Perspektive, daß der unterschiedliche Zugang der weiblichen und männlichen Mitarbeiter nicht nur bei diesem einen Klienten Ausgangspunkt für den Dissens war, sondern eine Erklärung für die schon lange schwelende Rivalität zwischen den Männern und den Frauen des Teams bot. "Ihr habt es halt leichter mit denen", meinten einige männliche Mitarbeiter, woraufhin die Frauen ihre "ganz anders gelagerte Mühsal" noch einmal eindrücklicher erläuterten. Ohne besondere Details ihrer imaginativen Erfahrung zu "verraten", machten sie deutlich, wie schwer es ist, sich dem ständigen "Verführungsangebot" zu entziehen oder aus ihm angemessene Interventionen zu machen.

Alle Teammitglieder konnten nun sehr prägnant artikulieren, daß der hausinterne Ansatz mit seiner hohen Forderung nach Authentizität, es ihnen oft schwer machte, eine menschlich angemessene Distanz oder Nähe zu den Klienten zu halten. Sie erkannten, daß dies bei den Frauen oft zu übermäßiger Nachgiebigkeit und bei den Männern oft zu unangemessener Strenge führte. Sie erkannten aber auch sehr deutlich, daß sich Stilkomponenten für den Umgang mit den Klienten nicht ein für alle Mal festlegen lassen, sondern daß sie je nach den persönlichen Befindlichkeiten, nach den besonderen Interaktionsbedingungen usw. je wieder neu zu bestimmen sind (SCHREYÖGG 1991 a).

6.2. Beratungs-Beispiel von einer stationären Einrichtung der Therapie mit Drogenabhängigen

Unser zweites Beispiel entstammt der Beratung einer stationären Einrichtung für Drogenabhängige beiderlei Geschlechts. Dieses System ist zwar nicht als Fachklinik anerkannt, erfüllt aber die Voraussetzungen zur Belegung mit Rentenversicherern. Die formale Leitung wird durch eine halbtagsangestellte Ärztin abgedeckt, der von einer volltags angestellten Krankenschwester assistiert wird. Die Leitung der laufenden Geschäfte obliegt einem psychotherapeutisch vorgebildeten Sozialarbeiter, dem eine weitere Sozialarbeiterin, ebenfalls therapeutisch ausgebildet, als Stellvertreterin zur Seite steht. Eine ebenfalls ganztags angestellte Psychologin ist für die Eingangsdiagnostik, aber auch eine Gruppenleitung zuständig. Darüberhinaus sind in der Einrichtung eine Reihe anderer Sozialarbeiter, Arbeitstherapeuten und eine Sportpädagogin tätig.

Die konzeptionelle Orientierung der Einrichtung ist als humanistisch-psychologisch zu bezeichnen. Die Mitarbeiter sind an Ansätzen des Psychodramas und modernen Varianten der Gestalttherapie ausgerichtet.

Diese Einrichtung, auch in kirchlicher Trägerschaft, hatte sich im Verlauf von zehn Jahren ein ausgezeichnetes Ansehen bei Beratungsstellen, Trägervertretern usw. erworben. Zum Zeitpunkt der zu beschreibenden Sitzung war die Einrichtung jedoch etwas labilisiert, weil eine von den Leistungsträgern geforderte Verkürzung der Behandlungszeit von 12 auf nur 9 Monate vorgenommen werden mußte. Die Konsequenz dieser Forderung war die Etablierung neuer Regelsysteme, neuer Behandlungspraktiken usw. Die bislang stark wohngruppenorientierte Arbeit wurde zugunsten einzeltherapeutischer Maßnahmen reduziert. Manche sehr regressionsbetonte Anteile der Behandlung wie des Gesamtsystem mußten zugunsten einer deutlicheren Auseinandersetzung mit der aktuellen Realität der Klienten zurückgenommen werden usw.

Alle diese Veränderungen waren vom Leiter zunächst vorkonzipiert, sodann mit dem gesamten Team unter Hinzuziehung der Autorin weiter ausgearbeitet worden.

Durch diese notwendigen Umstruktierungen, aber auch einen fast fertigen Neubau, der zur Aufnahme von sogenannten Rückfallpatienten dienen sollte, und damit das Gesamtsystem erheblich vergrößerte, war die Einrichtung automatisch in eine neue "Pionierphase" gezwungen, in der aufgrund der Größenordnung viele Vorgänge nicht nur neu, sondern automatisch auch strikter geplant und formalisiert werden mußten.

Die Beratungssitzungen fanden einen Tag pro Monat statt unter Teilnahme aller hauptamtlichen Mitarbeiter, bis auf die Ärztin. Sie hatte wegen ihrer Teilzeitstelle ohnedies alle Hände voll zu tun, die jeweils anfallenden Aufgaben in der ihr zur Verfügung stehenden Zeit zu bewältigen. Ort der Beratung war hier das Zentrum des Hauses, ein großer, klar struktierter Raum, der auch für die "Hausversammlungen" diente.

Die Beraterin hatte das Team bis zum Zeitpunkt der zu beschreibenden Sitzung ein Jahr lang begleitet, während dessen das Team eine relativ schwere Spaltung zu bewältigen hatte. Es handelte sich dabei um einen Konflikt zwischen zwei kulturellen Sub-Systemen. Der damalige Stellvertreter, ein Psychologe mit klientenzentrierter Ausbildung, hatte als Protagonist des einen Mitarbeiter-Flügels eine Halbtagsstelle für sich gefordert, weil er die Anforderungen des Systems an die Mitarbeiter zu "hart" fand. Als der Leiter unter Hinweis darauf, daß solche Arbeit eben hart sei, dieses Anliegen strikt ablehnte, schlossen sich dem Psychologen eine Reihe von "altgedienten" Mitarbeitern mit ähnlichen Forderungen an. Der Konflikt endete mit dem fast geschlossenen Weggang dieses Flügels. Die Konsequenzen für das Gesamtsystem waren teils kritisch, teil günstig. Problematisch war, daß nun in diesen komplizierten Übergangszeiten erst neue Kollegen integriert werden mußten. Als günstig erwies sich diese Entwicklung aber insofern, als die ohnedies notwendigen Formalisierungen jetzt "ungestörter", also ohne diesen sehr emotionalorientierten Teil des Teams vonstatten gehen konnten und die neuen Mitarbeiter gleich auf die nun zu etablierende, striktere Organisationskultur "eingeschworen" werden konnten. So beendete dieser Konflikt auch eine spezifische Ära des Systems.

Die Beziehungen der Systemmitglieder waren verhältnismäßig offen und direkt, obwohl einige von ihnen erst kurz in der Einrichtung waren. Die Beziehung zur Beraterin waren entsprechend den anstehenden Team-Themen sachlicher orientiert als bei der Alkoholiker-Einrichtung.

Die nun zu beschreibende Sitzung war von einer zentralen Thematik bestimmt: der Sexualregel für die Patienten. Seit Gründungsstadien bestand in dieser Einrichtung eine Regel, daß die Patienten keine Sexualität untereinander praktizieren dürfen. Als Begründung für diese Regel wurde jeweils das Problem der "Suchtverlagerung" angeführt. Wenn PatientInnen diese Regel übertraten, wurden jeweils empfindliche Sanktionen ausgesprochen. Diese Regel war als grundlegendes Paradigma nun schon lange nicht mehr diskutiert worden, obwohl sich die Hinweise häuften, daß sie laufend durchbrochen wurde.

Vor der besagten Sitzung war nun ein gravierender "Störfall" eingetreten. Eine Patientin klagte über Bauchschmerzen, wollte aber nicht zur Ärztin, bagatellisierte laufend ihre Beschwerden, bis sie wegen einer Bauchhöhlenschwangerschaft buchstäblich im letzten Moment in eine Klinik gebracht werden mußte, wo sie auch sofort operiert wurde.

Alle Mitarbeiter waren sehr betroffen. Die Ärztin hatte ihnen schwere Vorwürfe gemacht, daß sie nicht benachrichtigt worden war, worauf sie zunächst eher trotzig verbissen reagierten. Jetzt entbrannte eine heftige Diskussion, bei der die Mitarbeiter anfangs Tendenzen zeigten, alle Schuld auf die Patientin zu schieben. Der Leiter erläuterte noch einmal die therapeutische Bedeutung der bisherigen Sexualregeln. Auf Hinweis der Beraterin, daß anläßlich dieser Krise wohl eine "heilige Kuh", also ein wichtiges Paradigma der Einrichtung infragestehe, herrschte erst eisiges Schweigen, bis sich einige, dann immer mehr dafür aussprachen, "diese Sache" noch mal neu zu überdenken. "Die machen doch sowieso, was sie wollen, hinten im Garten, die Nachtdienste erzählen doch auch immer alles mögliche", brachten nun einige vor, aus anderen brach es geradezu heraus: "Ich komme mir sowieso so blöd vor, immer auf diese Sexgeschichten aufpassen zu müssen", "das ist doch absurd, unsere Leute sind doch durch ihre Vergangenheit viel zu gerissen, als daß wir so was auf Dauer durchsetzen könnten" usw.

Der Leiter, als "Konzeptstifter" des hausinternen Ansatzes, der mit seinem komplexen therapeutischen Begründungszusammenhang immer sehr engagiert für Einhaltung der Abstinenzregel eingetreten war, sprach in diesem Stadium kein Wort mehr, sondern sah nur versteinert vor sich hin. In ihm schien ein heftiger Kampf zu toben, den er aber aktuell wohl nicht artikulieren konnte. Die Diskussion im Team ebbte ab, bis bald völlige Stille eintrat.

Im inneren Rollentausch mit dem Team und vor allem mit dem Leiter spürte die Beraterin eine depressive Leere. Alle bisherigen "Glaubensgrundsätze" wirkten plötzlich sinnlos. Dann, aus einer exzentrischen Position, merkte sie, daß sich in dieser Regel zentrale "kulturelle Muster" bündelten, die schon für die vorher beschriebene Spaltung des Teams maßgeblich waren: nämlich eine normative Strenge des Mitarbeitersystems gegenüber der einfachen Befriedigung von Bedürfnissen. Sie sagte, "ich glaube, daß Euch lange Zeit sehr an dieser Regel gelegen war und daß sie wahrscheinlich früher auch leichter durchsetzbar war. Ihr habt bis heute viel Kraft auf ihre Einhaltung verwendet. Jetzt aber, durch den Vorfall mit der Klientin, wird vielleicht nur deutlich, daß die Regel in ihrer jetzigen Form für die heutige Klientel nicht mehr greift."

Nun kam wieder Bewegung ins Team. Die Mitarbeiter beschrieben ausführlich, wie die männlichen und die weiblichen Klienten hochsexualisiert in der Einrichtung ankommen, wie umfassend gerade ihre sexuellen Deformationen im Sinne von Prostitution, Leibfeindlichkeit seien usw. Jetzt schaltete sich auch wieder der Leiter ein und meinte: "Im Prinzip müßten wir unseren Behandlungsfokus viel mehr auf diese Themen lenken."

"Natürlich," meinten andere, "wenn wir nur Verbotsregeln für die Sexualität haben, rücken die doch nicht raus, das steuert sich doch dann alles nur aufs Verbotene ein."

In den nun wieder verflüssigten Dialogen konnten sie unterschiedliche Möglichkeiten neuer Regelungen in Erwägung ziehen. Der Leiter wandte nur ein: "Ich will aber nicht, daß die hier ewig apathisch-knutschend rumliegen." Die Beraterin fragte nun: "Was soll denn mit der Verhütung werden?" "Ja, stimmt, wir müssen uns überhaupt mehr Gedanken machen," war das Fazit aller, "wir müssen jetzt wirklich neue Aufgaben in den Blick bekommen, wir müssen mit ihnen über Verhütung reden usw., gerade im Zeitalter von Aids geht es wirklich nicht so weiter".

Zum Abschluß der Sitzung waren sich alle Teammitglieder einig, daß sie mit neuen Regelsystemen experimentieren wollen. Sie stellten aber folgende Prämissen auf: Sexualität soll von den Klienten nach wie vor nicht wahllos, im Sinne von Suchtverlagerung usw., praktiziert werden, sie soll in einem ritualisierten Rahmen möglich sein, unter der Bedingung, daß sie im Behandlungsprozeß thematisiert wird. Als Ziel der Thematisierung nannten sie "einen verantwortlichen und selbstverantwortlichen Umgang mit der eigenen Sexualität, wozu auch angemessene Formen von Verhütung gehören."

In den folgenden Wochen handhabte das Team die Sexualregel flexibler, wodurch sich dann erst vielfältige Möglichkeiten der therapeutischen Bearbeitung ergaben. Patienten wie Patientinnen wendeten sich nun vertrauensvoll an ihre Bezugstherapeuten. Im Patienten-Subsystem zeigte sich deutlich eine Abnahme undifferenzierter Sexualisierung.

6.3. Kommentar

Zum Abschluß sollen nun die beiden Beispiele in diagnostischer wie methodischer Hinsicht kommentiert werden. Hierbei sind Gemeinsamkeiten, aber auch Unterschiede deutlich zu machen.

6.3.1. Diagnostische Aspekte

In beiden Einrichtungen war seitens der Rentenversicherungen eine strukturelle Formalisierung erzwungen worden. Sie hatte in beiden Systemen zur Folge, daß neue Mitarbeiter, Ärzte und Krankenpfleger in die Systeme integriert werden mußten.

In der Fachklinik für Alkoholkranke war dadurch ein Führungswechsel mit starken inneren Reibungsverlusten eingeleitet worden. Hier erhielt allerdings ein Psychologe die formale Leitung, während die ärztliche Stelle in der zweiten hierarchischen Ebene angesiedelt wurde. In der Drogeneinrichtung dagegen blieb die alte Struktur faktisch erhalten, obwohl formal gesehen, eine ärztliche Leitung, allerdings als Halbtags-Stelle eingerichtet worden war. Die ursprünglich formale Situation war damit als informelle "festgeklopft" worden.

Die Kultur beider Einrichtungen läßt sich als "humanistisch-psychologisch" bezeichen. Dabei wies aber die der Alkoholikerklinik "weichere", d.h. emotionalere Züge auf. Das lag zum einen an der Klientel, zum anderen am Zeitpunkt der Beratung. Die erste Einrichtung befand sich gerade in einem Stadium innerer Konsolidierung, in dem die hausspezifischen Konzepte in aller Ruhe ausdifferenziert werden konnten. Das erzeugte ein generell wärmeres und emotional dichteres Klima. Die Drogeneinrichtung dagegen befand sich gerade in einer turbulenten Umstruktierungs-Epoche. Sie war zum einen durch Anforderungen der Rentenversicherungsträger veranlaßt, zum anderen durch einen erweiternden Neubau, der indirekt auch wegen der Leistungsträger veranlaßt wurde. So stand hier "klimatisch" die Auseinandersetzung mit "strategischer Planung" im Vordergrund, d.h. personelle und konzeptionelle Umstrukturierungsvorhaben überlagerten alle internen Prozesse.

Trat die erste Einrichtung gerade aus der Pionierphase in eine Differenzierungsphase ein, war die zweite damit beschäftigt, eine neuerliche Pionierphase vorzubereiten und zu realisieren.

Dementsprechend richteten sich die kollektiven Lernprozesse bei der ersten Einrichtung auf Ausdifferenzierungen ihres bereits bestehenden, konzeptionellen Ansatzes, bei der zweiten war die Lernbereitschaft viel umfassender gefordert: hier mußten grundlegend neue Paradigmen für die Arbeit mit den Klienten, aber auch die Verständigung im Mitarbeitersystem etabliert werden.

6.3.2. Methodische Aspekte

Methodisch bleibt der Akzent in beiden Beispielen auf der systemischen Ebene, obwohl in beiden Einrichtungen auch mehr oder weniger offen individuelle oder interaktionale Problemformulierungen angeboten wurden.

Entsprechend dem aktuellen Entwicklungsstand und der jeweiligen Kultur war die Beratungsmethodik aber unterschiedlich. Ging es bei der Alkoholikerklinik um emotional begründete Verdichtungen und Fortentwicklungen des Behandlungskonzeptes, stand in der Drogeneinrichtung vorrangig eine rationale Neuorientierung von Regelsystemen an. Anlaß war zwar ein emotional bedrängendes Ereignis, im aktuellen Entwicklungsstadium wurde es aber primär als konzeptionell unerwünschter "Störfall" gewertet.

Entsprechend diesen atmosphärischen Unterschieden blieben die methodischen Maßnahmen der Beraterin in der Drogeneinrichtung auf rationale Systeminterventionen beschränkt, während in der Alkoholikereinrichtung auch emotional vertiefende Arbeit mit erlebnisaktivierenden Arbeitsformen angezeigt war.

Der Beratungs-Effekt läßt sich in beiden Einrichtungen als Förderung kollektiver Lernprozesse bezeichnen, d.h. in beiden ergab sich eine Verflüssigung konzeptioneller Festschreibungen. Die erste Einrichtung differenzierte ihre etwas verengten Vorstellungen von "Authentizität", die zweite lockerte ein aktuell zu rigides Regelsystem.

Literatur

ALLISON, G.T., Drei Modelle zur Analyse politischer Prozesse, in: Badura, B. (Hrsg.), Seminar: Angewandte Sozialforschung, Frankfurt/M. 1976, S. 466 - 502

AMMON, G., AMMON, G., MARSEN, B., Die Rolle der Arbeit in der Psychoanalyse und in der dynamischen Psychiatrie, in: Petzold, H., Heinl, H. (Hrsg.), Psychotherapie und Arbeitswelt, Paderborn 1985

ARGELANDER, H., Gruppenprozesse, Hamburg 1972

ARGYRIS, CH., SCHÖN, D.A., Organizational Learning, Reading Mass., Mass. 1978

BALINT, M., Der Arzt, sein Patient und die Krankheit, Stuttgart 1957

BARTÖLKE, K., Organisationsentwicklung, in: Grochla, E. (Hrsg.), Handwörterbuch der Organisation, 2. Aufl., Stuttgart 1980

BATTEGAY, R., TRENKEL, H (Hrsg.), Die therapeutische Beziehung unter dem Aspekt verschiedener psychotherapeutischer Schulen, Bern, Stuttgart, Wien 1978

BEER, M., WALTON, A.E., Organization change and development, in: Annual Review of Psychologiy 38/1987, p. 339 - 367

BELARDI, N., Supervision - Von der Praxisberatung zur Organisationsentwicklung, Paderborn 1992

BETTELHEIM, B., So können sie nicht leben, Stuttgart 1973 (Orig. 1955)

BÖHME, G., Anthropologie in pragmatischer Hinsicht, Frankfurt/Main 1985

BUCHHOLTZ, F. (Hrsg.), Die Utopie des Ikaros - Stationäre Gestalt-Therapie mit Abhängigen, Dortmund 1991

BÜHLER, CH./ALLEN, M., Einführung in die humanistische Psychologie, Stuttgart 1974

CONRAD, G., PÜHL, H., Teamsupervision, Gruppen-Konflikte erkennen und lösen, Berlin 1983

DÜLFER, E. (Hrsg.), Organisationskultur, 2. Aufl., Stuttgart 1991

EHRENSPERGER, H., Organisationsgestaltung als politischer Prozeß, Spardorf 1985

FRESE, E., Grundlagen der Organisation, Wiesbaden 1980, S. 1

FÜRSTENAU, P., Zur Theorie psychoanalytischer Praxis, Stuttgart 1979

GAERTNER, A., Teamsupervision, in: Supervision 2/1982, S. 59 - 69

GAERTNER, A./WITTENBERGER, G., Supervision und der institutionelle Diskurs, in: Supervision im Spannungsfeld zwischen Person und Institution, Akademie für Jugendfragen (Hrsg.), Münster 1979, S. 22 - 49

GOERKE, W., Organisationsentwicklung als ganzheitliche Innovationsstrategie, Berlin, New York 1981

GOTTHARDT-LORENZ, A., Organisationsberatung, Hilfe und Last für Sozialarbeit, Freiburg 1989

GRAUMANN, C.F., Psychologie - humanistisch oder human? Psychologie Heute 4/1977, S. 40 - 45

HABERMAS, J., Theorie des kommunikativen Handelns, Frankfurt/M. 1981

HALEY, J., Problem-Solving Therapy 1976, dt.: Direktive Familientherapie-Strategien für die Lösung von Problemen, 2. Aufl., München 1977

HÄMMERLING-BALZERT, CH., Grundlagen, Probleme und Ergebnisse der psychoanalytischen Therapie, in: Hdb. d. Psych. klin. Psychol., 2. Halbbd., Göttingen 1978

HEINL, H., PETZOLD, H., FALLENSTEIN, A., Das Arbeitspanorama, in: Petzold, H., Heinl, H. (Hrsg.), Psychotherapie und Arbeitswelt, Paderborn 1985

HERZOG, W., Modell und Theorie in der Psychologie, Göttingen, Toronto, Zürich 1984

HÖHN, R., BÖHME, G., Stellenbeschreibung und Führungsanweisung: Die organisatorische Aufgabe moderner Unternehmensführung, Bad Harburg 1979

JAEGGI, E., Die Privatheit von Erfahrungen: Auseinandersetzung mit dem erlebniszentrierten Element in der humanistischen Psychotherapie, in: Völker, U. (Hrsg.), Humanistische Psychologie, Weinheim und Basel 1980

JOSCHKE, H.K., Darstellungstechniken, in: Grochla, E. (Hrsg.), Handwörterbuch der Organisation, Stuttgart 1980

KERSTING, J. H., KRAPOHL, L., LEUSCHNER, G. (Hrsg.), Diagnose und Intervention in Supervisionsprozessen, Aachen 1988

KERNBERG, O.F., Innere Welt und äußere Realität, München-Wien, 1988

KIESER, A., KRÜGER, M., RÖBER, M., Organisationsentwicklung: Ziele und Techniken, in: WIST-Wirtschaftswissenschaftliches Studium 8/1979, S. 149 - 155

KRÄMER, K., Organisationskultur und Supervisionsfokus, in: Supervision 7/1985. S. 75 - 94

KRAPPMANN, L., Soziologische Dimensionen der Identität, Stuttgart 1969

KUTTER, P., Psychoanalytische, methodische und systemtheoretische Anmerkungen zur Supervision, in: Supervision 6/1984, S. 37 - 47

LEWIN, K., Subjective and objective elements in the social field: Three steps procedure, Human Relations 1/1947, p. 5 - 41

LIEVEGOED, R., Organisationen im Wandel, Bern, Stuttgart 1974

LIKERT, R., New patterns of management, New York 1961

LIKERT, R., Die integrierte Führungs- und Organisationsstruktur, Frankfurt/M. 1975 (Orig. 1967)

LUHMANN, N., Funktionen und Folgen formaler Organisationen, Berlin 1964

LUHMANN, N., Soziale Systeme. Grundriß einer allgemeinen Theorie, Frankfurt/M. 1984

MASSARIK, K.F., "Mentale Systeme": Ein praktischer Ansatz einer Phänomenologie von Systemen, Gruppendynamik 4/1983, S. 369 - 376

MASLOW, A., Psychologie des Seins, München 1973

MAYNTZ, R., Soziologie der Organisation, Hamburg 1963

MAYNTZ, R., Bürokratie, in: Grochla, E., Wittmann, W. (Hrsg.), Handwörterbuch der Betriebswirtschaft, Bd. I, Stuttgart 1974

MENTZOS, ST., Interpersonale und institutionalisierte Abwehr, Frankfurt/M. 1976

MENUCHIN, S., ROSMAN, L.B., BAKER, L., Psychosomatische Krankheiten in der Familie, 2. Aufl., Stuttgart 1983 (Orig. 1978)

MILLER, D.C./FORM, W.H., Unternehmung, Betrieb und Umwelt, Köln (Opladen) 1957

NIJSMANS, M., Professional culture and organizational morality: an ethnographic account of a therapeutic organization, in: British Journal of Soziology, Vol 42 (1991). No. 1, p. 1 - 19

NYSTRÖM, P.C., STARBUCK, W.A., Umdenken? Umlernen! Über die Kunst Krisen zu vermeiden, in: GDI-Impulse 4/1984, S. 36 - 46

PERLS, F.S., Gestalttherapie in Aktion, Stuttgart 1974 (Orig. 1969)

PETERS, T.J./WATERMAN, R.H., Auf der Suche nach Spitzenleistungen, Landsberg/Lech 1983

PETTIGREW, A., The awakening a giant: continuity and change in ICI, Oxford/New York 1985

PETZOLD, H., Psychodrama-Therapie, Beiheft zur Integrativen Therapie 3, Paderborn 1979

PETZOLD, H./SCHNEEWIND, U., Konzepte zur Gruppe und Formen der Gruppenarbeit in der Integrativen Therapie und Gestalttherapie, in: Petzold, H., Frühmann, R. (Hrsg.), Modelle der Gruppe in Psychotherapie und psychosozialer Arbeit, Bd. 1, Paderborn 1986

PÜHL, H., Der Kollektivmythos als Chef, in: Supervision, Heft 15, 5/1989, S. 15 - 27

QUINN, R.E./CAMERON, K., Organizational life cycles and shifting criteria of effectiveness: some preliminarey evidence, in: Management Science, Vol. 29, 1/1983, p. 33 - 51

RAPPE-GIESECKE, K., Theorie und Praxis der Gruppen- und Teamsupervision, Berlin, Heidelberg usw. 1990

RICHTER, H.-E., Patient Familie, Hamburg 1970

ROETHLISBERGER,F., DICKSON, W., Management and the worker, Mass. 1939

ROSENGREEN, W.R., Communication, organization an conduct in the "Therapeutiv Mileu", in: Administrative Science Quarterly 1964, Vol. 9, p. 70 - 90

ROSIN, U., An welchen Konzepten orientiere ich mich, wenn ich als Leiter einer Balint-Gruppe interveniere? in: Giesecke, M., Rappe-Giesecke, K. (Hrsg.), Kommunikation in Balint-Gruppen, Stuttgart, New York 1983

ROST, W.-D., Psychoanalyse des Alkoholismus, Stuttgart 1987

ROTH, G., Autopoiese und Kognition: Die Theorie H.R. Maturanas und die Notwendigkeit ihrer Weiterentwicklung, in: Schiepek, G. (Hrsg.), Systeme erkennen Systeme, München-Weinheim 1987

SACKMANN, S., Organisationskultur: die unsichtbare Einflußgröße, Gruppendynamik 4/1983, S. 393 - 406

SCHEIN, E.H., Coming to a new awareness of organizational culture, in: Sloane Management Review, 25. jahrg., 2/1984, p. 4 - 10

SCHIEPEK, G., Das Konzept der systemischen Diagnostik, in: Schiepek, G. (Hrsg.), Systeme erkennen Systeme, München-Weinheim 1987

SCHREYÖGG, A., Supervision therapeutischer Arbeit in Organisationen, in: Integrative Therapie 3 - 4/1989, S. 1 - 24

SCHREYÖGG, A., Organisationsanalytische Perspektiven in der Supervision von Suchtkliniken, in: Suchtgefahren 36, 4/1990, S. 107 - 122

SCHREYÖGG, A., Supervision - ein integratives Modell, Lehrbuch zu Theorie und Praxis, Paderborn 1991 a

SCHREYÖGG, A., Die Suchtkrankenklinik - Gefangene ihrer eigenen Struktur? in: Sucht 37/1991 b, S. 383-394

SCHREYÖGG, A., Teamsupervision am Beispiel Weihersmühle, in: Buchholtz, F. (Hrsg.), Die Utopie des Ikaros, Dortmund 1991 c

SCHREYÖGG, G., Zu den problematischen Konsequenzen starker Unternehmenskulturen, in: Zfbf 2/1989, S. 94 - 113

SCHREYÖGG, G., Organisatorischer Wandel, Studienhefte der Fern-Universität, Gesamthochschule Hagen 1990

SCHÜTZ, A., Der sinnhafte Aufbau der sozialen Welt, Frankfurt/M. 1981 (Orig. 1932)

SCOBEL, W.A., Was ist Supervision, Göttingen 1988

SELVINI-PALAZZOLI, M., BOSCOLO, L., CECCHIN, G., PRATA, G., Paradoxon und Gegenparadoxon, 4. Aufl., Stuttgart 1985

SELVINI-PALAZZOLI, M.S, ANOLLI, L., BLASIO, P. D., u.a., Hinter den Kulissen der Organisation, Stuttgart 1988 (Orig. 1981)

SIEVERS, B., Theorien und Methoden der Organisationsentwicklung in den USA, in: Gruppendynamik 1/9175, S. 25 - 49

STAEHLE, W.H., Organisatorischer Konservatismus in der Unternehmensberatung, in: Gruppendynamik, 22. Jahrg., 1/1991, S. 19 - 32

STAEMMLER, F.-M./BOCK, W., Neuentwurf der Gestalttherapie, München 1987

STIERLIN, H., Von der Psychoanalyse zur Familientherapie, Stuttgart 1980

TREBESCH, K. (Hrsg.), Organisationsentwicklung in Europa, Bd. 1 A., Konzeptionen, Bern/Stuttgart 1980

TÜRK, K., Neuere Entwicklungen in der Organisationsforschung - Ein Trend-Report, Stuttgart 1989

VORMANN, G., Therapeutische Gemeinschaft und Milieutherapie, in: Bastine u.a. (Hrsg.), Grundbegriffe der Psychotherapie, Weinheim 1982

WATSON, G., "Resistance to Change", concepts for social change. Cooperative Project for Educational Developement, Vol. I, Washington D.C. 1966

WATZLAWIK, P., BEAVIN, J.H., JACKSON, D.D., Menschliche Kommunikation, Bern, Stuttgart, Wien 1969 (Orig. 1967)

WEBER, M., Wirtschaft und Gesellschaft, Grundriss der verstehenden Soziologie, 2. Halbbd., J.C.B. Mohr (Paul Siebeck), Tübingen 1976 (Orig. 1921)

WEIGAND, W., Supervision für eine institutionelle Alternative, in: Supervision, 2/1982, S. 38 - 55

WEIGAND, W., Sozialarbeit - das Ursprungsland der Supervision, in: Integrative Therapie 3 - 4/1989, S. 248 - 259

WEIß, R., Bühne frei für eine politische Supervision, München 1985

WILLKE, H., Strategien der Intervention in autonome Systeme, in: Baecker, D., Markowitz, J., Stichweg, R., Tyrell, H., Willke, H. (Hrsg.), Theorie als Passion - Niklas Luhmann zum 60. Geburtstag, Frankfurt/M. 1987 a

WILLKE, H., Systembeobachtung, Systemdiagnose, Systemintervention, in: Schiepek, G. (Hrsg.), Systeme erkennen Systeme, München 1987 b

WILLKE, H., Systemtheorie entwickelter Gesellschaften, Weinheim, München 1989

WILLKE, H., Supervision als Revisionsinstanz des therapeutischen Prozesses, in: Gestalt und Integration 1/91, S. 38 - 48

Kapitel 7

Wenn die Lösung zum Problem wird:[1] Überlegungen zum Sinn und Unsinn fortlaufender Supervision in Teams

Claus Epe & Maren Fischer-Epe

Situation

Supervision ist in sozialen Einrichtungen oft der wichtigste, manchmal der einzige Ort, wo die Arbeit am Klienten und die Zusammenarbeit im Team mit externer Hilfe systematisch reflektiert werden.

Es hat sich dabei weitgehend ein Setting und Rollenverständnis erhalten, das der traditionellen Fallsupervision entstammt und einem ganzheitlichen Herangehen an Kooperationsprozesse in Institutionen nicht immer gerecht wird. Supervision wird dann in manchen Fällen zu einem Instrument, das Entwicklungen eher behindert.

Unsere Kritik bezieht sich zum einen auf die Gepflogenheit, Supervision als *unhinterfragt* fortlaufenden Prozeß in einem fortwährend gleichen Setting zu gestalten. Im ersten Abschnitt werden wir die Problematik eines solchen Vorgehens erläutern.

Der zweite Aspekt, zu dem wir kritisch Stellung nehmen wollen, betrifft die häufig stillschweigende Übereinkunft zwischen Leitern, Supervisoren und Teams, daß die Verantwortung für die im Rahmen von Supervision stattfindenden Veränderungsprozesse nicht bei der Leitung, sondern bei den Supervisoren liegt.

Im dritten Teil wenden wir uns mit einigen Praxis-Tips an Leiterinnen und Leiter sozialer Einrichtungen. Diese Anregungen sollen helfen, Supervision als externe Beratungsleistung effektiver nutzen zu können.

Zur Problematik dauerhafter Supervision in Teams

Im ersten Telefonat teilt die Mitarbeiterin einer Suchtberatungsstelle mit, man suche einen neuen Supervisor. Das Team sei zwar sehr zufrieden mit dem alten Supervisor gewesen, man suche jedoch jetzt jemanden aus der Gestalt-Richtung. Im Supervisionsetat sei eine 3-stündige Sitzung pro Monat drin, was denn mein Preis sei? Das Team bestehe aus 14 Personen. An der Supervision würden alle teilnehmen, auch der Leiter, der Zivi und die Sekretärinnen, nur die Putzfrau nicht. Einen speziellen Anlaß oder besondere Themen für Supervision gäbe es nicht. Es werde jemand gesucht für Fallsupervision, Teamsupervision und Institutionssupervision, je nachdem, was gerade anliege. Gut wäre, wenn der Supervisor von letzterem auch etwas verstünde. Man wolle nun einen Termin abmachen, wo man sich 'mal kennenlernen' könne.

Diese relativ typische Voranfrage bringt uns bereits in Konflikt mit unserem Beratungsverständnis:

- Die Supervision soll sich hier prozeßorientiert mit allen Themen beschäftigen, die 'gerade anfallen'. Alle Beteiligten können dann inhaltlich etwas anderes mit Supervision verbinden, ohne daß eine Auseinandersetzung darüber stattfinden muß, worum es sinnvollerweise gehen soll: Rollenklärungen, Konfliktklärungen, methodische Hilfestellungen, fachliche Fortbildung, konzeptionelle Fragen, institutionspolitische Fragen, strategische Überlegungen, Visionsarbeit, Fallbesprechungen etc.

- Supervisoren müßten dann „Allround-Berater" sein, die all diese potentiellen Themen adäquat aus der Situation heraus moderieren können. Das setzt eine Kompetenzbreite voraus, die vermutlich nur selten vorhanden ist.

- Supervision hat sich in vielen Teams zu einer selbstverständlichen Maßnahme fortlaufender 'Betriebshygiene' entwickelt, die ohne konkreten Anlaß dauerhaft in Anspruch genommen werden kann. Oft mußte die Finanzierung von Supervision schwer erkämpft werden und stellt mittlerweile einen Besitzstand dar. Das Supervisionssetting richtet sich dann nicht nach der Situation des Teams, nach dem jeweiligen Klärungsbedarf oder der Zielsetzung, sondern nach einem Supervisions-Etat, der eine bestimmte Menge Sitzungen pro Jahr ermöglicht.

- Teamsupervision, die nicht zielorientiert auf die Lösung von konkreten Aufgaben und Fragestellungen gerichtet ist, und die damit auch zeitlich begrenzt ist, wird u.E. über kurz oder lang ineffektiv. Wenn Supervision dazu beiträgt, daß Teams über sich selbst glauben, dauerhaft auf externe Hilfe angewiesen zu sein, wird *'die Lösung zum Problem'*. Sie leistet dann keine Hilfe zur Selbsthilfe, sondern verhindert, daß Teams ihre eigenen Ressourcen kennenlernen und ausschöpfen. Es ist u.E. ein Mythos, Supervision gehöre als Dauermaßnahme zur schweren sozialen Arbeit. [2]

- Ein festgefügtes, turnusmäßiges Supervisionssetting berücksichtigt nicht, daß manche Themen in einem anderen (kleineren, größeren, anders zusammengesetzten) Teilnehmerkreis sinnvoller und effektiver zu bearbeiten wären. Es gibt auch Situationen, in denen ein anderer Rahmen, z.B. eine außerhäusige Klausur, sinnvoller wäre als die turnusmäßige Sitzung. Ein eingeschränkter Zeitrahmen (meistens zwischen 2 und 4 Stunden pro Sitzung), bewirkt, daß grundlegende Themen kaum adäquat bearbeitet werden können. An wichtigen Punkten bricht die Diskussion aus Zeitmangel ab und wird aufs nächste mal vertagt.

- Wenn es Gepflogenheit ist, daß die Supervisions-themen in jeder Sitzung von neuem vereinbart werden, wird das Anknüpfen an die Ergebnisse der letzten Sitzung schwer. Oft rückt ein neues Thema aus dem Tagesgeschäft an die oberste Stelle der Tagesordnung. Ohne eine konsequente Zielorientierung geht Kontinuität verloren. Das Setting verführt dazu, daß das jeweils Dringliche Vorrang vor dem Wichtigen bekommt. Es vermischen sich fast zwangsläufig Auseinandersetzungen über das Tagesgeschäft mit der Bearbeitung von Grundsatzfragen. Im Extremfall bearbeitet der Supervisor nur noch unsystematisch die Symptome, die gerade an der Oberfläche liegen.

- Wenn Themen nicht vorbesprochen sind, ist die Wahl der Arbeitsmethodik nicht planbar und kann nur spontan an das jeweilige Thema angepaßt werden. Inhaltliche Vorbereitungen auf das Thema sind dann weder für den Supervisor noch für Team und Leiter möglich.

Zum Selbstverständnis der Leitung in Supervisionsprozessen

In dem beschriebenen telefonischen Vorkontakt bleibt das Selbstverständnis des Leiters zunächst unklar: Hat er die Suche nach einem Supervisor bewußt delegiert oder nimmt er seine Aufgabe nicht wahr?

Am Selbstverständnis des Leiters im Supervisionsprozeß scheiden sich die Geister. Bei keinem Aspekt von Supervision gibt es gegensätzlichere Standpunkte (sowohl unter Supervisoren als auch innerhalb der Teams). Einige aus unserer Sicht problematische Aspekte seien genannt:

- Supervision wird manchmal verstanden als ein quasi heiliger Raum, in den sich Leitung, Geschäftsführung und Vorstände nicht einmischen dürfen. Entweder hat sich der Leiter in die Supervision einzureihen (manch-mal unterzuordnen), oder es wird vertreten, daß er nicht teilnehmen solle, weil es ihn auch 'gar nichts angehe', was hier besprochen werde.

- Nahrung bekommt dies Argument (Nicht-teilnahme des Leiters) aus einem Ansatz von Fallsupervision in Pflege, Pädagogik, Beratung und Therapie, bei dem Eigenanteile und Übertragungen der Mitarbeiter im Team aufgedeckt und bearbeitet werden. Wenn der Leiter dabei sei, könne man sich nicht 'wirklich öffnen', da das Eingeständnis von Grenzen und Schwächen jederzeit aus der Führungsrolle auch gegen die Mitarbeiter verwandt werden könne (Beurteilung, Personalentscheidungen etc.). Das stimmt zwar, beleuchtet aber nur eine Seite des grundsätzlichen Dilemmas von Zusammenarbeit in Institutionen: nicht nur Führungskräfte können intime Informationen 'ausnutzen', sondern auch Kollegen, ja, manchmal auch befreundete Kollegen. Die Konsequenz sollte daher u.E. nicht sein, den Leiter, zumal, wenn er fachlich Wichtiges beitragen kann, auszugrenzen. Statt dessen scheint es uns sinnvoller, eine Form der Fallsupervision zu wählen, die stärker den Klienten/Patienten und den Problemkontext in den Vordergrund rückt. 'Eigene Anteile' sollten statt dessen eher in Supervisionsgruppen und Fortbildungszusammenhängen außerhalb der Institution bearbeitet werden.

- Im Wunsch, der Leiter solle sich 'raushalten' oder unterordnen, wird gleichzeitig ein gespaltenes Verhältnis zum Leitungs- und Machtthema deutlich, das sowohl von Führungskräften als auch von Supervisoren gerne vermieden wird. Supervision ist eine Dienstleistung für die Institution. Im Rahmen seines jeweiligen Auftrags hilft der Supervisor, das Team in fachlicher, methodischer und strategischer Hinsicht, sowie bei der Rollen- und Beziehungsgestaltung (auch zwischen Team und Leitung) zu entwickeln. Alle Tätigkeiten des Supervisors sind prinzipiell Aufgaben, die die Leitung wahrnehmen müßte, wenn sie damit nicht einen Supervisor beauftragt hätte. Die Arbeit des Supervisors kann von diesem Verständnis her nicht ohne Abstimmung mit der Leitung geschehen. Unabhängig davon, ob die Leitung an der Supervision selbst teilnimmt, sollte in regelmäßigen Abständen eine Abstimmung über die nächsten Ziele und das weitere Vorgehen stattfinden.

- Es ist oft unverständlich, wie leichtfertig manche Leiter sozialer Einrichtungen die Planung und Zielformulierung sowie den Verlauf von Supervision, die ja in wesentliche Geschehnisse der Institution eingreift, aus der Hand geben. Manche Leiter wissen, außer daß das Team sich bei dem Supervisor 'wohl fühlt', nicht, was in der Supervision läuft. In den wenigsten Einrichtungen informiert sich die Führungsspitze gründlich über Menschenbild, Methodik und fachlichen Background des Supervisors. ('Der wird schon wissen, wie es geht.')

- Supervisoren, die sich nicht als Dienstleister der Institution verstehen und für eine explizite Rollen- und Auftragsklärung sorgen, schaffen in der Supervision einen scheinbar hierarchiefreien Raum. Hier entsteht leicht eine Verführung, die Ersatz-Leitung zu übernehmen. Bewußt oder unbewußt wird der Leiter dann depotenziert, besonders wenn der Supervisor mit dem Leiter konkurriert.

- Wird Supervision in diesem Verständnis zu einer systemkonformen Maßnahme? In gewisser Weise ja. Supervision kann ein System gegen den Willen der jeweiligen Machthaber kaum grundlegend beeinflussen. Ein Supervisor, der den Haupt-entwicklungsbedarf nicht beim Team, sondern eigentlich bei der Leitung sieht, kann nur versuchen, dies im Rahmen einer Einzelberatung anzugehen oder, falls die Schwierigkeiten in grundlegenden Fragen der Organisation liegen, eine Organisationsentwicklungsmaßnahme zu initiieren. Wenn es nicht gelingt, den Leiter für eine gemeinsame kritische Sichtweise zu gewinnen, gibt es sicher eine Verführung, sich mit dem (netten) Team gegen die (uneinsichtige) Leitung zu verbünden. Dies fördert Spaltungsprozesse und bringt mittel- und langfristig keine wirkliche Lösung. Der Supervisor sollte u.E. in solchen Fällen seine Arbeit lieber offen und gegebenenfalls demonstrativ beenden. Auch dadurch können Veränderungen initiiert werden.

Wie könnte es besser gehen? Einige Tips und Anregungen für die Zusammenarbeit zwischen Führungskräften und externen Supervisoren.

Der Kern einer Lösung für die oben beschriebenen Probleme besteht in einem gemeinsam definierten Rollen- und Aufgabenverständnis beider Seiten sowie in der Definition von Zielen und

Erfolgskriterien für die Supervision. Sicherlich gibt es Situationen, in denen eine kontinuierliche, langfristige Supervision für die Teamentwicklung sinnvoll und nötig ist. Dies sollte aber zwischen Team, Leiter und Supervisor benannt und inhaltlich begründet sein (im Unterschied zum unhinterfragten 'Dauerauftrag', wie er in der oben beschriebenen Supervisionsanfrage deutlich wird). Haben sich Team und Leiter erst einmal an die 'Dauereinrichtung Supervision' gewöhnt, ist es oft gar nicht so einfach, aus dem liebgewonnenen Ritual auszusteigen. Zur Illustration hier ein Beispiel aus der Perspektive eines Leiters, der diesen Prozeß inklusive auftretender Klippen und Widerstände erfolgreich durchlaufen hat:

Herr x, Leiter einer psychiatrischen Übergangseinrichtung mit 15 Mitarbeitern berichtet in einer Fortbildung für Führungskräfte, er erlebe seit längerer Zeit die fortlaufende Supervision als wenig effektiv, obwohl er den Supervisor in seiner psychiatrischen Fachkompetenz und als Person sehr schätze. Durch einen Umzug dieses Supervisors ergebe sich nun die Gelegenheit für einen neuen Start, die er nutzen möchte. Bei genauerer Analyse ergibt sich folgendes Bild: Herr x leitet die Einrichtung seit 15 Jahren, die KollegInnen sind sehr qualifiziert und erfahren. Die regelmäßigen Supervisionen werden nach seiner Einschätzung eher ritualhaft genutzt, um kleine Störungen und Konflikte im Arbeitsalltag zu thematisieren. Herr x ist letztlich überzeugt, daß das auch ohne externe Supervision möglich wäre, entsprechende Andeutungen seinem Team gegenüber seien aber auf heftigen Widerstand gestoßen. Das Team bestehe darauf, einen neuen Supervisor zu suchen.

Interessant an dem Beispiel ist, daß Herr x, ansonsten nicht gerade ängstlich, erst den zufälligen Ausstieg des Supervisors abwartet, bevor er aktiv wird. Eigentlich wäre doch verständlich und erwartbar, daß er sein Unbehagen über den Supervisionsverlauf mit Supervisor und Team frühzeitig bespricht und auf eine Klärung der Ziele und Erfolgskriterien der Supervision besteht, bzw. wenn hierbei Widerstand aufkommt, den dahinterliegenden Konflikt bearbeitet. Nach diesem Aspekt befragt, antwortet er: „Ich wußte ja, daß das ein heikler Gedanke ist (Supervision in Frage zu stellen) und war überzeugt, daß das Team und der Supervisor das auch finden. Ich dachte, ich hätte doch den kürzeren gezogen." Angeregt und ermutigt durch die Fortbildung beschließt Herr x, sein Team für eine halbjährige 'Supervisionspause' zu gewinnen und diese Pause für eine Klärung zu nutzen, welche Form von externer Begleitung die Einrichtung zukünftig in Anspruch nehmen wolle, bzw. was man intern selber lösen könne.

Nach 4 Monaten berichtet Herr x sichtlich zufrieden, das Team befinde sich nach anfänglich erheblichem Widerstand in einem regelrechten Arbeits- und Kreativitätsschub. Zunächst sei ihm bei der Auseinandersetzung mit dem Team (ob Supervision oder nicht) verständlich geworden, daß der Supervisor für die Mitarbeiter eine Art Garant gegen möglichen Machtmißbrauch des Leiters bedeutete. Obwohl seine Leitung in all den Jahren unbestritten war (er hatte die Einrichtung aufgebaut und die Mitarbeiter selber eingestellt) und es auch keine grundsätzliche Kritik an seinem Leitungsstil gab, bedeutete die Supervision jedoch für die Mitarbeiter, daß man 'im Notfall diesem Leiter nicht auf Gedeih und Verderb ausgeliefert sei.' Im Zuge dieser Auseinandersetzung sei dann vor allem von jüngeren Mitarbeitern heftige Kritik an der Grundkonzeption des Hauses laut geworden. Man habe angefangen, die Arbeit sehr viel grundsätzlicher in Frage zu stellen und befinde sich jetzt in einer intensiven Auseinandersetzung über eine Neukonzeption. Diverse dauerhafte, auf der Beziehungsebene ausgetragene Querelen seien als strukturbedingte Konflikte deutlicher und würden nun auch auf der strukturellen Ebene bearbeitbar (Ablauforganisation, Konflikte über verschiedene Ziel- und Wertvorstellungen der Arbeit, Verständnis des Auftrags, Errolgskriterien etc.).

Die weitere Funktion der Supervision - sicherzustellen, daß über Zusammenarbeit und über professionelle Behandlung der Klienten reflektiert wird - sei vom Team selbst übernommen: in einer monatlichen 'Teaminspektion' würde, jeweils abwechselnd von einem Teammitglied moderiert, über Stärken und Optimierungspunkte der Zusammenarbeit reflektiert. Die wöchentlichen Fallgespräche liefen disziplinierter und würden inzwischen ebenfalls nach einem festgelegten Schema von den 5 erfahrensten Kollegen moderiert. Man habe inzwischen beschlossen, die freiwerdenden Supervisionsgelder für die Moderation von zwei Klausuren zur Entwicklung der Gesamtkonzeption einzusetzen und danach neu zu entscheiden, wie es mit Supervision weitergehen solle.

In diesem Beispiel wird deutlich, wie ein erfahrenes Team durch die ritualisierte, nicht mehr in Frage gestellte Form der Supervision längere Zeit unterhalb der eigenen Möglichkeiten arbeitet. Ein kompetenter Leiter traut seiner eigenen Kompetenz nicht weit genug, um einen Konflikt mit Supervisor und Team zu riskieren. Erst der Weggang des Supervisors und die Reflexion mit anderen Führungskräften verhilft ihm zu diesem Schritt. Es ist sicherlich nicht immer notwendig, sich vom Supervisor zu trennen, um zu neuen Entwicklungen zu kommen. Wichtig scheint aber zu sein, einen Freiraum zu schaffen, um wirklich neu über Sinn und Zweck, Ziele und Erfolgskriterien von externer Unterstützung nachdenken zu können.

Der Bericht von Herrn x war im Rahmen des nächsten Fortbildungsseminars Anlaß für eine intensive Diskussion der Teilnehmer - Führungskräfte sozialer Einrichtungen - zur Frage: was müssen wir aus der Leitungsperspektive berücksichtigen, wenn die Zusammenarbeit mit externen Supervisoren/Beratern erfolgreich und effektiv im Sinne des Gesamtsystems sein soll? Die folgenden 'Tips' basieren auf den Ergebnissen dieser Diskussion und sind für Führungskräfte geschrieben, lassen sich aber ebenso von interessierten Supervisoren verwenden, die bereit sind, sich die Hinweise zu übersetzen:

1. *Vorklärungen*:

- Klären Sie zunächst im Dialog mit den betreffenden Mitarbeitern Ziele, Erwartungen und Erfolgskriterien für eine externe Unterstützung. Worum soll es gehen, z.B.:
  - Klärungshilfe in einem konkreten Konflikt, den Sie als LeiterIn nicht regeln können, da Sie selbst zu stark involviert sind,
  - Systematische Unterstützung bei der Teamentwicklung in einem neuen Team oder in einem Team, das sich grundlegenden Veränderungen stellen muß,
  - Regelmäßige Bilanz/Inspektion zur Zusammenarbeit,
  - Systematische Analyse einer Krisensituation und Entwicklung von Vorgehensweisen zur Krisenbewältigung,
  - Fachliche und methodische Qualifizierung der Mitarbeiter in Themenbereichen, die von Ihnen oder Teammitgliedern nicht ausreichend besetzt sind,
  - Durchführung von Fallbesprechungen zur Reflexion und Optimierung der Arbeit mit Klienten/Kunden sowie Hilfestellung, die vorhandenen Kompetenzen im Team besser nutzen zu können,
  - Unterstützung bei der Konzeptentwicklung,
  - Erarbeitung von Zielen und Strategien, wie Sie sich gemeinsam auf zukünftige Entwicklungen einstellen wollen
  - etc., etc.
- Klären Sie für sich persönlich: Stimmt Ihre Zielvorstellung mit der des Teams überein oder gibt es hier bereits einen Hinweis auf einen Konflikt, den Sie mit Ihrem Team austragen müßten? Welche Möglichkeiten haben Sie als LeiterIn, die Sache selbst, ohne externe Unterstützung in die Hand zu nehmen? Was würde passieren, wenn Sie nichts tun? Wo sind Ihre rollen-, situations- oder erfahrungsbedingten Grenzen, und wo wird deshalb der Einsatz externer Unterstützung sinnvoll?

2. *Auswahl des Supervisors*:

- Je genauer Ihre Vorüberlegungen, desto größer die Chance für Sie und den Supervisor, erfolgreich zu sein. Ungeklärte Konflikte können leicht über die Auswahl von Supervisoren agiert werden. Dann werden gerne verschiedene Supervisoren in Vorgesprächen angeschaut, das Team kann sich nicht einigen. Man sucht die Lösung im richtigen Supervisor, statt den Konflikt zu klären. Diese Prozesse kosten Zeit, Geld und Nerven (auf beiden Seiten)!
- Stellen Sie sicher, daß der Supervisor für das, was Sie genau wollen, kompetent ist (niemand kann alles, auch wenn dies gerne behauptet wird)! Es ist zwar grundsätzlich gut, wenn jemand seine Befähigung zur Supervision durch eine Ausbildung legitimieren kann, es gibt in diesem Bereich aber so viele Titel, Trends und verschiedene Erfahrungsfelder, daß es nicht unbedingt sinnvoll ist, nur anhand von Ausbildungen zu entscheiden. Orientieren Sie sich an Empfehlungen und an der Art und Weise, wie der Supervisor Ihre Situation aufnimmt, nachfragt, Ihnen hilft, Ihre Überlegungen zu strukturieren. Ebenso wichtig: ist er bereit, auch eigene Grenzen offenzulegen? (Nicht jeder, der Fallgespräche oder Konfliktklärungen gut moderieren kann, ist auch ein guter Moderator für Klausuren zur Strategie- oder Konzeptentwicklung - und umgekehrt.)
- Interessiert sich der Supervisor für Kernzweck und Auftrag der Institution, für politisch-strategische Rahmenbedingungen, für die ökonomische Situation ebenso wie für die Organisation von Arbeitsabläufen, die Gruppendynamik und die konkreten Menschen?
- Paßt sein Rollen- und Beratungsverständnis zu Ihrem Anliegen?
- Besitzt der Supervisor die nötige Flexibilität in der Organisation seiner eigenen Arbeit, um das Setting auch wechselnden Anforderungen anpassen zu können?
- Bringt der Supervisor genügend Feldkompetenz mit, um von Ihnen und Ihren Mitarbeitern akzeptiert zu werden und gewährleistet er gleichzeitig auch genügend Erfahrung in anderen Feldern, um Sie anregen und gedanklich bereichern zu können (Feldergänzung)?
- Und vielleicht die wichtigste Frage: Können Sie sich eine vertrauensvolle Zusammenarbeit vorstellen, in der es bei Bedarf auch möglich ist, Konflikte konstruktiv miteinander zu regeln? Kann das Team sich diese Zusammenarbeit ebenso vorstellen? Es hat wenig Sinn, hier einseitig zu entscheiden: es ist weder sinnvoll, ein Team alleine entscheiden zu lassen (auch wenn der Leiter nicht an der Supervision teilnehmen will), noch ist es sinnvoll, einen Supervisor gegen den Willen eines Teams durchzusetzen.

3. *Kontrakte*

- Einigen Sie sich explizit mit dem Supervisor über Auftrag und Zielsetzung sowie über Rollen- und Beratungsverständnis.
- Wenn Sie als Leiterin oder Leiter nicht teilnehmen: *wer* soll *wen wie*, *worüber*, in *welchen Abständen* informieren? Welche Informationen gelten als diskret und vertraulich und werden nicht weitergegeben? Wer erfährt sonst noch von der Supervision bzw. *wer* sollte darüber *was* erfahren (z.B. Leiter anderer Teams, nicht teilnehmende Berufsgruppen, Geschäftsführung etc.).
- Welche Form der Dokumentation ist sinnvoll (Stichwort- und Ergebnisprotokolle durch Mitarbeiter, Protokollnotiz durch den Supervisor, Fotoprotokolle o.a. gar kein Protokoll)?
- Treffen Sie klare Absprachen über Setting, Honorar und Ausfallmodalitäten.
- Schließen Sie zeitlich befristete Kontrakte und sichern Sie Zeitpunkte für Zwischenbilanzen (dann ggf. Neuformulierung des Kontrakts).
- Machen Sie alle Absprachen über Auftrag und Rolle des Supervisors für das Team transparent bzw. treffen Sie sie bei 'reiferen' Teams mit den Mitarbeitern gemeinsam.

4. *Investitionen in den Anfang*

- Investieren Sie Zeit (und Geld) in den Anfang der gemeinsamen Arbeit, indem Sie und/oder Mitarbeiter dem Supervisor die Gesamtsituation der Institution und des Teams ausführlich und mehrperspektivisch darstellen. Falls es hierfür keine Routine und keine geeigneten Schaubilder und Unterlagen gibt, ist dies eine gute Gelegenheit, etwas für Selbstverständnis und Präsentation des Teams bzw. der Institution zu tun.
- Geben Sie vor allem bei verfahrenen Konflikten und Dauerkrisen dem Supervisor die Möglichkeit, sich durch Einzel- oder Gruppeninterviews eine differenzierte Situationsanalyse zu verschaffen, bevor Sie gemeinsam über weitere Vorgehensweisen entscheiden.

5. *Vernetzung ins Gesamtsystem*

- Nutzen Sie in größeren Institutionen mit mehreren Teams die Zwischenbilanzen mit externen Supervisoren dazu, Informationen und Anregungen zur Optimierung und Entwicklung des Gesamtsystems zu bekommen.

  Stellen Sie ggf. sicher, daß verschiedene Supervisoren/externe Berater, die in verschiedenen Bereichen ihrer Institution arbeiten, inhaltlich und in den vermittelten Werten 'zusammenpassen'.

- Sichern Sie eine systemübergreifende Auswertung in Ihrem Führungs- oder Steuerteam. Achten Sie besonders darauf, ob sich einzelne Bereiche/Teams (mit oder ohne Supervisor) besonders gut entwickeln. Ist dies der Fall, versuchen Sie umgehend sicherzustellen, daß andere Bereiche mitziehen können, da Sie sonst Neid, Rivalität und evtl. Spaltungsprozesse fördern (oft werden Verbesserungen in einem Bereich auf Kosten eines anderen erreicht, wenn nicht systemübergreifend gearbeitet wird).
  Wenn Sie in größere und umfassendere Projekte zur Veränderung Ihrer Organisation mit externer Unterstützung einsteigen, stellen Sie eine interne und eine externe Projektleitung sicher, bei der die Fäden der verschiedenen Teilprozesse zusammenlaufen.

6. *In Gang bleiben*

- Glauben Sie nicht an einfache, endgültige Rezepte, auch nicht an diese hier! Tips sind nützlich, vor allem, wenn sie weiterentwickelt und immer wieder kritisch reflektiert werden: Tragen Sie dazu bei, daß der Dialog darüber in Gang bleibt.

---

[1] Die Titelformulierung ist angeregt durch einen Vortrag von Paul Watzlawick, in dem er u.a. provozierend den 'Glauben an die Notwendigkeit von Einsicht in die Ursachen von Problemen' und eine daraus resultierende 'unbegrenzte Tiefen- und Wahrheitssuche' in Langzeittherapien kritisiert hat („Einsicht erzeugt Blindheit: Wenn die Lösung zum Problem wird". Vortrag auf dem Kongreß 'Evolution of Psychotherapy', Hamburg 1994). Obwohl wir Watzlawick's z.T. recht polemische Kritik in bezug auf klinische Therapien nur bedingt teilen, halten wir sie für Problemlösungen im nicht-klinischen Bereich für um so nützlicher.

[2] Entsprechende Überlegungen zur Supervision finden sich am prägnantesten bei Vertretern systemisch-orientierter Kurzzeittherapie/Familientherapie/Supervision. Zwei Beispiele seien exemplarisch genannt:
Simon, Fritz: Chronifizierung von Problemmustern in Supervisionen. In: Brandau, H. (Hrsg.): Supervision aus systemischer Sicht. Salzburg 1991.
Schweitzer-Rothers, Jochen: Supervision - Opium für das Volk. Vortrag auf einem Forum für systemische Supervision, Heidelberg 1994.

Teil II

Coaching

Kapitel 8

Coaching - Reflexionen und empirische Daten zu einem neuen Personalentwicklungsinstrument

Wolfgang L. Roth, Marietta Brüning & Joachim Edler

Einleitung

Coaching blickt auf eine sehr kurze Geschichte zurück. Der Begriff wurde in den siebziger Jahren durch Singer (1974) im angelsächsischen Raum geprägt und zu Beginn der achtziger Jahre in Deutschland aufgegriffen. Inzwischen scheint sich Coaching fest etabliert zu haben. Das Böning-Team stellte bereits 1989 bei einer Telefon-Umfrage unter 107 Firmen mit mehr als 100 Mitarbeitern fest, daß rund 50% der Befragten den Begriff schon einmal gehört hatten. Etwa 19% gaben sogar an, daß Coaching in ihrer Firma durchgeführt werde (Böning, 1989).

Coaching ist eine *neue und durch komplexe Strategien gekennzeichnete Maßnahme zur Unterstützung und Weiterbildung von Mitarbeitern in Organisationen.* Es dient primär der Förderung bzw. Wiederherstellung beruflicher Handlungskompetenz. Wir sehen Coaching als eine Form von Supervision im Bereich des Managements. Die treffendere Bezeichnung „Management-Supervision" ist jedoch im Kontext von Management und Unternehmung nicht anschlußfähig, da die Herkunft aus den helfenden Berufen Assoziationen fördert, die „zu weit entfernt von der Welt des Managements sind" (Looss, 1991, S. 42). Coaching ist nach unserer Auffassung als eine Ergänzung zu anderen Personalentwicklungsmaßnahmen wie Trainings und Seminaren zu betrachten. Diese erleben in den letzten Jahren einen ungebrochenen Boom (vgl. z.B. von Rosenstiel, Regnet & Domsch, 1993; Roth & Edler, 1995; Sonntag, 1992; Voß, 1995). Dem Erwerb von „Schlüsselqualifikationen" (Kommunikationskompetenzen, Führungsfähigkeiten, Teamfähigkeit, Kreativität, visionäres und vernetztes Denken, Motivation zu lebenslangem Lernen usw.) wird dabei besondere Beachtung geschenkt. Ursächlich hierfür sind vor allem folgende gesamtgesellschaftliche Entwicklungen der letzten 30 Jahre:

1. Die *Berufswelt* ist einem *immer schnelleren Wandel* unterworfen. Ein einmal gelernter Beruf ist nicht länger eine ausreichende Basis für ein ganzes Berufs*leben*. Insbesondere die raschen technologischen Veränderungen und die Vermehrung internationaler Verflechtungen machen ein lebenslanges Lernen für jeden nach Erfolg trachtenden Mitarbeiter unabdingbar (vgl. Bundesministerium für Bildung und Wissenschaft, 1993).
2. Berufserfolg wird nicht mehr allein an einem Aufstieg in der Hierarchie und verbessertem Einkommen gemessen. Befriedigung in der Arbeit, individuelle Herausforderungen, Fortbildungschancen und Selbstverwirklichungsmöglichkeiten sind zu mindestens gleichwertigen Einflußfaktoren geworden. Diese Tendenz wurde als sogenannter *Wertewandel* (vgl. Lück & Miller, 1990; Widmaier, 1991; Wunderer, 1993) von den Sozialwissenschaften eingehend untersucht und diskutiert.
3. Eigene Mitarbeiter zu fördern, weiterzubilden und zu entwickeln bestimmt die *Herausbildung einer organisationalen Identität* (corporate identity) in wesentlichem Maße mit. Die Unternehmung gewinnt an Glaubwürdigkeit, wenn „sie nicht nur behauptet, die Mitarbeiter/innen als wesentliches Potential anzusehen, sondern auch so handelt" (Nork, 1989, S. 15).

Personalentwicklungsmaßnahmen „passen" demnach in unseren derzeitigen gesellschaftlichen Kontext. Dabei ist ein *zunehmendes Interesse an individualspezifischen Merkmalen* der Mitglieder einer Organisation zu erkennen. Coaching nimmt für sich in Anspruch, gerade hierfür die adäquate Maßnahme zu sein. In dieser Arbeit wird Coaching aus theoretischer wie praktischer Sicht näher beleuchtet. Zu diesem Zweck wird erstens die vorliegende Literatur zum Thema in den wesentlichsten Punkten analysiert, und zweitens werden die Ergebnisse einer Explorationsstudie unter praktisch tätigen Coaches zu ihrem Selbst- und Berufsverständnis berichtet.

Coaching als Personalentwicklungsinstrument

Coaching hat sich in kurzer Zeit einen Platz neben den etablierten Personalentwicklungsinstrumenten erkämpft. Diese Position wird mit hoher Wahrscheinlichkeit verteidigt werden können, denn Coaching profitiert u.a. von der weiterhin *unzureichend gelösten Transferproblematik bei herkömmlichen Trainings und Seminaren* (vgl. Conradi, 1983; Roth & Edler, 1995). In diesen Gruppenveranstaltungen können die Lerninhalte und -methoden oft nur ungenügend auf jeden einzelnen Teilnehmer abgestimmt werden. Vermittelte Theorie wird schnell vergessen, Übungen und Rollenspiele bleiben anregende „Sandkastenspiele", Transfer von der Lernsituation auf den Arbeitsalltag findet kaum oder gar nicht statt. Das Lernfeld ist oftmals zu klar strukturiert, zu eindimensional und fast steril, um die komplexe, vernetzte und konfliktträchtige Realität des täglichen Arbeitslebens erfolgreich simulieren zu können.

Führungskräfte von heute arbeiten in einer zunehmend komplexen und differenzierten Berufswelt. Eine für sie besonders wichtige Kompetenz ist die *Fähigkeit zur Integration und flexiblen, vielseitigen Koordination* der sie umgebenden Informationen und Anforderungen. Sie müssen komplexe Probleme lösen, indem sie alternative Gesichtspunkte, Methoden oder Urteile miteinander vergleichen und gegeneinander abwägen. Daraus leiten die Vertreter der *Theorie der kognitiven Komplexität* für die Erwachsenenbildung die Forderung nach *abgestufter Anleitung zur selbständigen Exploration umfassender Informationen und Problemlösemöglichkeiten* ab (vgl. Mandl & Huber, 1978). Diese Forderung trifft einen der Kerninhalte des Coachings und qualifiziert es als bedeutende Personalentwicklungsmaßnahme.

Sinnfragen, Wertreflexionen, Vereinbarung von Beruf und Privatleben, Verarbeitung von Erfolg und Mißerfolg sowie Berufs- und Lebensplanung sind Themen, die Führungskräfte in verstärktem Ausmaß beschäftigen und auch beeinträchtigen können. Die klassischen Trainings und Seminare lassen solchen Fragen kaum Raum. Personalentwicklung dagegen, die sich als langfristige Investition und *Persönlichkeits*entwicklung begreift, nutzt Coaching als passenden Rahmen für eine Auseinandersetzung mit diesen individuellen und eher im Verborgenen liegenden Problemen. Es beugt damit Phänomenen wie z.B. dem psychischen Zustand der inneren Kündigung vor.

Coaching wird in dieser Arbeit als eine Form der Zweierbeziehung verstanden, die eine teilnehmende Hilfestellung bei der Lösung vorwiegend das Arbeitsleben betreffender bzw. sich darin oder dadurch manifestierender Probleme bietet. Dabei zeichnet es sich durch ein Vorgehen aus, in dem der Manager prozeßhaft die für ihn anstehenden persönlichen Konfliktfelder bearbeitet und mit Hilfe seines Coaches zu *selbstbestimmten Lösungen* kommt. Ein wichtiges Ziel ist, den Manager auch nach Abschluß des Coaching-Prozesses in die Lage zu versetzen, zukünftige Probleme und Krisen nach einem für ihn entwickelten *individuellen Lösungsmuster* zu erkennen und nach Möglichkeit zu lösen. Es geht des weiteren um die *Entwicklung langfristiger Perspektiven, Strategien und Leitbilder* (vgl. Rückle, 1992).

Idealerweise sieht die *Zielgruppenbestimmung* für Coaching folgendermaßen aus: Gecoacht werden „alle, die ihre Aufgaben wirksamer, streßfreier, kurz, besser erledigen wollen" (Rückle, 1992, S. 59). Grundlegende Kriterien zur Teilnahme an einem Coaching-Prozeß sind der Wunsch nach Veränderung und die Freiwilligkeit, diese Veränderungen anzugehen. Coaching kann nicht verordnet werden und macht nur dort Sinn, wo die Bereitschaft zur Aufnahme neuer Ideen vorhanden ist. In der Praxis wird Coaching allerdings nur von Managern der mittleren und oberen Führungsetage sowie von sogenannten „High-Potentials" (besonders herausragende Nachwuchsführungskräfte) genutzt. Im letzteren Fall ist Coaching eine vorbereitende Betreuung auf die Verantwortung und die Herausforderungen von morgen. Die faktische Beschränkung auf diese Zielgruppen hat mehrere Gründe:

- Coaching ist eine sehr kostenintensive Maßnahme. Einen Coach aus eigener Kasse zu bezahlen, setzt ein entsprechendes Einkommen voraus, das in aller Regel mit einer relativ hohen Hierarchieposition einhergeht. Finanziert die Organisation das Coaching, so wird sie Kosten und Nutzen der Maßnahme einschätzen. Dabei scheint sich der Einsatz von Coaching nur bei den Verantwortungsträgern und Multiplikatoren zu rechnen.
- Je weiter eine Führungskraft in der Hierarchie aufgestiegen ist, desto stärker empfindet sie den Leistungsdruck. Oftmals wird versucht, diesen Druck durch Mehrarbeit zu kompensieren. Der allgemeine Lebenswandel ist geprägt von Hektik, ungesunden Eß- und Genußgewohnheiten und führt nicht selten zu einem wie auch immer gearteten Zusammenbruch.
- Das Aufsteigen in der Hierarchie einer Organisation geht häufig auch mit einer zunehmenden sozialen Isolation einher. Der Kommunikationsfluß in den Managementetagen ist empfindlich gestört und führt zu Vereinsamungssymptomen. Viele Manager verlieren den Kontakt zur Basis, werden blind gegenüber Veränderungen und leben im Extremfall sogar in geradezu narzißtischen Omnipotenzgedanken (vgl. Erdheim, 1982). Der wichtigste Faktor des Kontaktverlustes sind die äußerst seltenen Gelegenheiten, Feedback über die Wirkungen der eigenen Verhaltensweisen und -eigentümlichkeiten zu erhalten. Untergebene fürchten negative Konsequenzen bei offener Kritik und Vorgesetzte interessiert meist mehr die Arbeitsleistung als der Weg dorthin. Kontakte auf horizontaler Ebene sind geprägt von Rivalität und Verlustangst (vgl. Böckler, 1984; Hofstetter, 1984).

Erscheinungsformen des Coachings

Aus der Vielfalt der Erscheinungsformen lassen sich zwei Hauptrichtungen herauskristallisieren. In der Literatur finden sich am häufigsten Hinweise auf die Anwendung von Einzelcoaching, das sich wiederum in drei verschiedenen Varianten manifestiert. An erster Stelle steht das Einzelcoaching durch einen firmenexternen Coach, welches vorwiegend im deutschsprachigen Raum beschrieben wird. Erfahrungen mit firmeninternen Coaches scheinen dagegen seltener zu sein. In der anglo-amerikanischen Literatur findet man größtenteils Formen des Coachings durch die Führungskraft, die eine erweiterte Form des Mentorings darstellen. Daneben existiert als zweite Hauptströmung das Systemcoaching, das sich stark an Teamentwicklungsprozesse anlehnt (s. Abb. 1).

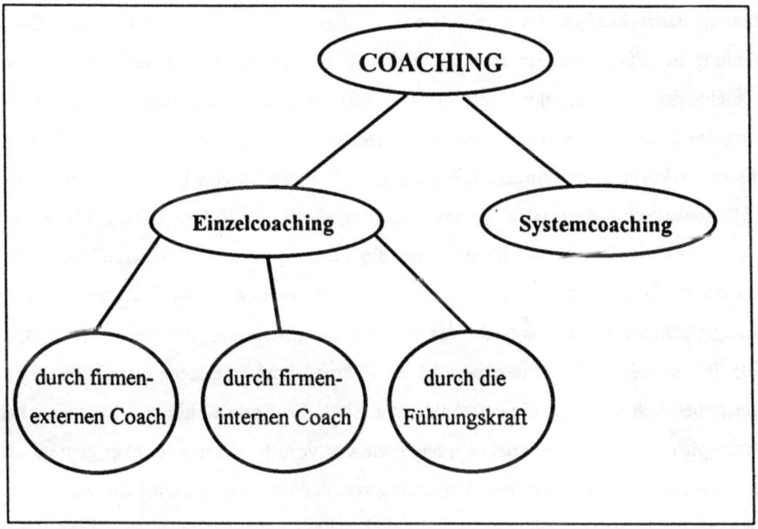

Abbildung 1: Erscheinungsformen des Coachings

Beim *Einzelcoaching* geht es im persönlichen Gespräch darum, Veränderungs- und Selbsterkenntnisprozesse zu ermöglichen, durch Erweiterung der Selbstwahrnehmung das eigene Verhalten durchschaubar zu machen. Geboten wird eine Atmosphäre der Diskretion und Verschwiegenheit, die es möglich macht, offen zu reden, ohne um Ansehen und Position bangen zu müssen. Dies trifft natürlich in besonderem Maße für *Einzelcoaching durch einen externen Coach* zu. Er dient in seiner neutralen und distanzierten Funktion als Klärungshelfer für innere Verstrickungen, als sozialer Spiegel für die „einsamen Manager an der Spitze“, als

Diskussionspartner für Sinn- und Wertfragen und nicht zuletzt als Sparringspartner bei der Erprobung neu gelernter Verhaltensweisen. Die außerhalb der Organisation angesiedelte Position des externen Coaches wird sowohl als Vorteil als auch als Nachteil bewertet: oft wird angeführt, dem externen Coach fehle der notwendige Einblick in die internen Charakteristika der Organisation des Klienten. Coaching ist aber ein Prozeß, der in der Wahrnehmung des Klienten seinen (entscheidenden) Ausgangspunkt hat. Durch Nachfragen und Beleuchten aus unterschiedlichen Perspektiven soll eine Balance zwischen sogenannter Realität (denn eine einzige „wahre" Interpretation der äußeren Umstände existiert nicht) und eigener Deutung hergestellt werden. Außerdem hat der externe Coach eher die Möglichkeit, Disharmonien und Fehlfunktionen des Systems zu erfassen, da er neutraler und unabhängig von eigenen Vor- oder Nachteilen analysieren kann.

Firmeninterne Coaches stellen für Unternehmen eine kostengünstigere Lösung dar. Dadurch werden sie auch häufiger vom mittleren bis unteren Management konsultiert. Die enge Verbindung zu Personalleitern und die Nähe zu den Personalakten sind eine Quelle des Mißtrauens der Klienten, der nach Looss (1991) mit einer unabhängigen hierarchischen Stellung des Coaches begegnet werden kann. Der interne Coach muß absolute Integrität und Diskretion verkörpern, um Ängste bezüglich einer Weitergabe von Informationen abzubauen. Dies gilt selbstverständlich auch für das *Coaching durch die Führungskraft*. Diese Variante birgt eine gewisse Unverträglichkeit: wenn die Führungskraft die Grenzen der vertrauten strukturierten Gesprächsführung überschreitet und sich auf ein mitarbeiterorientiertes Beratungsgeschehen einläßt, entsteht das Problem der „Beziehungskonfusion" (Looss, 1991, S. 150). In den Augen des Mitarbeiters ist die Führungskraft in erster Linie diejenige Person, von der er beurteilt wird und die entscheidenden Einfluß auf sein weiteres Arbeitsleben hat. Da die Atmosphäre in vielen Unternehmen nach wie vor vom Konkurrenzprinzip geprägt ist und Fehler und Schwächen sofort mit Verlustängsten einhergehen, scheint die vertrauensvolle Öffnung bei persönlichen Problemen sehr fraglich. Möglicherweise lassen sich diese Bedenken reduzieren, wenn der Coach nicht ein Vorgesetzter, sondern ein erfahrener Kollege ist. Stoffer (1989) berichtet positive Erfahrungen mit dieser Form des Coachings im Sinne einer „Patenschaft" für neue Mitarbeiter im Bereich der Führungskräfteentwicklung.

Weniger bekannt und praktiziert (vgl. Böning, 1990), in der Literatur aber immer wieder diskutiert, ist das *Systemcoaching*. Die Klientel besteht aus einer Gruppe von Managern, die von einem oder mehreren Coaches geleitet wird. Looss (1989) vertritt die Meinung, daß gruppenbezogenes Coaching eine Aktivität sei, „in der ähnliche Dinge getan werden wie in einem Gruppentraining oder einer Teamentwicklung" (S. 159).

Eck (1990) beschreibt mit dem „Rollencoaching“ eine interessante Verbindung von Einzel- und Systemcoaching.
Die weiteren Ausführungen beziehen sich auf *Einzelcoaching durch einen externen Coach*, da dieses die häufigste und unseres Erachtens auch vielversprechendste Variante darstellt.

Phasen im Coaching-Prozeß

Der Coaching-Prozeß läßt sich idealtypisch in acht formell aufeinanderfolgende Phasen einteilen, die zwar aufeinander aufbauen, sich aber nicht immer scharf voneinander abgrenzen lassen. In der praktischen Arbeit dürfte von diesem Ablaufmodell häufig abgewichen werden, geht es doch gerade um das flexible Eingehen auf die individuellen Belange der Klienten.

1. Persönliche Diagnose: brauche ich einen Coach?
Führungskräfte, die in einer problematischen Situation stecken, aus der sie sich aus eigener Kraft nicht mehr lösen können, haben im betrieblichen Alltag im allgemeinen gelernt, diese für sie unangenehme Situation möglichst zu verstecken und zwar sowohl vor ihren Mitarbeitern als auch im verdrängenden Sinne vor sich selbst. Es ist von entscheidender Bedeutung für die Erfolgsaussichten des Coachings, daß ein Manager freiwillig und ehrlich vor sich selbst zu dem Schluß kommt, die Hilfe eines Außenstehenden für seine Weiterentwicklung suchen und annehmen zu wollen.

2. Suche nach dem Coach
Ein Coach ist nicht in den „Gelben Seiten“ unter ‘C’ zu finden, dafür ist dieser Tätigkeitsbereich zu jung und „Coach“ außerdem keine Berufsbezeichnung, sondern einfach der Titel desjenigen, der dieses Instrument anwendet. Ein guter Coach ist fast nur über die Erfahrungs-berichte „Ehemaliger“ zu finden. Insofern muß der Suchende seine Bedürftigkeit teilweise aufdecken und sich an Kollegen, Bekannte oder die Personalabteilung wenden. Dies ist gerade für Führungskräfte ein unangenehmer Schritt. Der Coach hingegen kann relativ sicher sein, daß seine Klienten eine ausreichende Motivation mitbringen, „die Irritationen und emotionalen Mühen eines Coachings auf sich zu nehmen“ (Looss, 1991, S. 88).

3. Der formale Kontrakt

Der formale Kontrakt im Coaching ist als Beratungsvertrag ein *Dienstleistungsvertrag*, der die Modalitäten von Leistungserbringung, Honorar, Dauer und Ort der Treffen, Risikoverteilung und Haftung regelt. Er dient sowohl als Konfliktregelung als auch als Beziehungsbeschreibung, um so anhand von Formalien nochmals klarzustellen, daß hier professionelle Beratungsarbeit geleistet wird, die weit entfernt ist von einem persönlichen Austausch unter Freunden. Da ein Coach nicht per Gesetz verpflichtet ist, die Schweigepflicht einzuhalten, sollte diese expliziter Bestandteil des formalen Kontraktes sein.

4. Der psychologische Vertrag

Analog dem Aufbau der therapeutischen Beziehung, dem Arbeitsbündnis, wird auch im Coaching zu Beginn der Zusammenkünfte und darauf aufbauend im weiteren Verlauf modifizierend ein psychologischer Vertrag geschlossen. Anders als der formale Kontrakt, der vor Beginn der eigentlichen Sitzungen schriftlich fixiert wird, wird der psychologische Vertrag während der ersten Arbeitsphase gebildet und nur selten in einer kurzen Notiz festgehalten. Es geht darum, die spezielle, individuelle Arbeitsbeziehung zu klären, die Art und Weise des Vorgehens abzustimmen und transparent zu machen und Spielregeln und Grenzen festzulegen. Besonders wichtig ist ferner die Zielsetzung und -formulierung. Was soll nach Abschluß des Coachings anders sein als bisher und woran sind diese Änderungen erkennbar? Sich an gleich zu Beginn operationalisierte erwünschte Endzustände gebunden zu fühlen, widerspricht der prozeßhaften Orientierung des Coachings, wird aber von Rückle (1992) im Sinne eines konzeptionellen Zugeständnisses an die Denkgewohnheiten der Manager-Klientel akzeptiert. Looss (1991) spricht von einem „Tribut an die Zielgruppe" (S. 100).

5. Situationsanalyse

In der Situationsanalyse wird im Sinne einer Statusdiagnostik (vgl. Pawlik, 1982) der Ist-Zustand festgestellt. Sie bezieht sich aber nicht nur auf die realen Fakten und Gegebenheiten im Umfeld des Klienten. Der Coach regt seinen Klienten darüber hinaus dazu an, seine persönliche und berufliche Situation so darzulegen, daß die *aktualisierten Einstellungen* deutlich hervortreten. Dadurch erlangt er ein Gefühl für das Ausmaß des „ego involvement", der Anteilnahme und der Bewußtheit der tatsächlichen Gegebenheiten und Einstellungen des Klienten. Das Tempo bei dieser Arbeit wird vom Klienten vorgegeben und erst, wenn die Beziehung zum Coach sicher und tragfähig geworden ist, durch den Coach durch Hinterfragen gelenkt. Wenn der Klient das Gefühl hat, seine Situation vollständig beschrieben zu haben, und der Coach ein erstes Bild erworben hat, ist die Situationsanalyse abgeschlossen.

6. Interventionen

Es lassen sich sieben für Coaching typische Interventionsmethoden identifizieren, die jeweils mit einer der großen therapeutischen Schulen bzw. Beratungsformen assoziiert sind.

- Entlasten

  Je nach Auslöser des Coaching-Wunsches kommt es vor, daß ein Klient sich im Zustand hoher emotionaler Betroffenheit befindet. Ein bestimmter äußerer oder innerer Anlaß, sei es z.B. eine Kündigung oder die krisenhafte Zuspitzung einer sich bisher schleichend fortentwickelnden Problemlage, ruft den Verlust des seelischen Gleichgewichtes hervor. Nach Looss (1991) ist es zum Zeitpunkt der Krise, die z.B. auch durch die vorangegangene Problembeschreibung hervorgerufen werden konnte, Aufgabe des Coaches, „dafür zu sorgen, daß der Klient zunächst diese Betroffenheit und auch seine Emotionen sanktionsfrei äußern kann“ (S. 110). Der Coach hört empathisch zu und ermutigt den Klienten, seine Gefühle offen auszudrücken. Durch das Aussprechen von Angst- und Wutgefühlen wird analog den Zielen der Krisenintervention eine Entlastung vom emotionalen Druck angestrebt (vgl. Sonneck, 1982).

- Beraten

  Die Tätigkeit „Beraten“ kann in mehr oder minder direktiven Varianten ausgeführt werden. Eine Funktion von „Beraten“ ist das *„Auskunft erteilen“* im Sinne einer neutralen Informationsvermittlung. Neben dieser informativen, nondirektiven Variante gibt es auch das vorschlagende Beraten im Sinne von *„Rat erteilen“*. Weiterhin kann Beraten *zur Reflexion oder Aktion anregen* wollen, indem psychologische Perspektiven in das Thema eingebracht werden (vgl. Heil & Scheller, 1984; Scheller & Heil, 1986; Weisbach, 1990).

- Feedback geben

  Insbesondere Führungskräften fehlt oft eine korrigierende Rückmeldung, da die hierarchischen Strukturen Kritik (wie auch Lob) von unten verbieten. Ausgeprägtes Konkurrenzdenken verhindert ein Klima, in dem konstruktives Feedback gedeihen könnte. Aufgabe des Coaches ist es u.a., diesen verzerrten sozialen Spiegel geradezurücken und ehrliches Feedback zu liefern.

- Training

  Eines der Globalziele des Coachings ist es, die soziale Kompetenz des Klienten zu steigern. Trainiert werden folglich soziale Fertigkeiten, um bestimmte Verhaltensdefizite oder

-auffälligkeiten zu beseitigen, die sich im interpersonalen Bereich zeigen. Hierfür entwirft der Coach Übungsreihen mit steigendem Schwierigkeitsgrad oder zunehmender Komplexität, leitet den Klienten an, korrigiert wenn nötig und bietet sich als Modell an. Es geht um eine *systematische Erweiterung des individuellen Verhaltensrepertoires.*

- Aufdecken

  Die aufdeckende Arbeit betrifft im Coaching vor allem die Bereiche Angst vor und Abwehr von Veränderung. Die damit verbundenen Emotionen und Motive bewußt zu machen, die unbewußten Determinanten der aktuellen Konflikte samt ihres strukturellen Hintergrundes zu erkennen, führt zu einer Öffnung von Blockaden und einer *breiteren, persönlichkeits- und realitätsnahen Wahrnehmung* (vgl. Kuhlmann, 1989). Aus dieser eher tiefenpsychologischen Perspektive wird sich der Coach in der Interaktion mit seinem Klienten vor allem den Motiven und Gefühlen zuwenden, „an die der Betreffende entweder nicht mehr denken möchte oder kann oder auch nicht mehr erinnert werden möchte" (Hofmann, 1993, S. 31).

- Entwickeln

  Coaching soll über Selbsterfahrung und Erweiterung der Wahrnehmungsmöglichkeiten die Eigenverantwortung und Kreativität fördern und entwickeln, damit der Klient „seine gesamten Fähigkeiten und Möglichkeiten entfalten kann" (Kuhlmann, 1989, S. 597). Dies entspricht dem Ideal der „fully functioning person", das Carl Rogers zum Ziel der Gesprächspsychotherapie erklärt hat.

- Verknüpfen

  Unter Verknüpfen werden all diejenigen Interventionen verstanden, die darauf hinzielen, dem Klienten deutlich zu machen, daß er mit seinen Handlungen und Einstellungen in ein Umfeld aus anderen agierenden und wertenden Personen und Abläufen eingebettet ist. Es geht also um nichts anderes, als den Klienten mit systemtheoretischen Überlegungen vertraut zu machen und diese auf seine eigene Situation anzuwenden. Eine wichtige Strategie dafür ist, die Bedingungen am Arbeitsplatz und das umgebende Gefüge genau wahrzunehmen. Hierfür kann auch eine Begleitung an den Arbeitsplatz hilfreich sein.

7. Abschluß

Die Entscheidung über die Beendigung des Coachings treffen Coach und Klient gemeinsam. In einer abschließenden Sitzung sollte ein ehrliches Resümee über den Verlauf und das Ergebnis gezogen werden. Oft stellt sich heraus, daß sich der Erwartungshorizont des Klienten deutlich geändert hat, sich Notwendigkeiten und Verpflichtungen eher in Wünsche und Interessen an

persönlicher und beruflicher Weiterentwicklung gewandelt haben. Für Rückerl (1990) steht weniger die Vergegenwärtigung des erlebten Prozesses im Vordergrund, denn ein (Phantasie-)Blick in die Zukunft im Hinblick auf eine kontinuierliche positive Weiterentwicklung des einmal Erreichten. Mit Hilfe der Erstellung eines sogenannten Future Pace (einer Technik des NLP) soll gleichzeitig der Abschluß des Coaching-Verhältnisses deutlich und der Beginn der Transferphase erleichtert werden.

Weiterhin vereinbaren viele Coaches mit ihren Klienten, auch nach dem Coaching-Ende im Bedarfsfall wieder zur Verfügung zu stehen.

8. Transfer

Schon während des Coaching-Prozesses leistet der Klient Transferarbeit. Hierin ist ein gewichtiger Vorteil gegenüber klassischen Blockseminaren und Trainings zu sehen. Der Klient kann (und soll) neue Verhaltensweisen zwischen den Sitzungen im beruflichen oder auch privaten Alltag ausprobieren. Auftretende Unsicherheiten können im Rahmen des nächsten Treffens besprochen werden.

Der Coach

Extrahiert man aus der Literatur eine Liste mit Eigenschaften, die einen guten Coach ausmachen sollen, entsteht das Bild einer *gottgleichen Person mit universalen Fähigkeiten* (verständnisvoll, warm, sensibel, angstfrei, loyal etc. etc.). Es lassen sich aber auch einige harte Kriterien festmachen. Es besteht weitgehend Konsens darüber, daß ein Coach sowohl fundierte betriebswirtschaftliche als auch intensive psychologische Kenntnisse besitzen sollte (vgl. Hauser, 1991; Huber, 1993; Looss, 1991). Ein Coach sollte vorzugsweise ein Psychologie-Studium absolviert haben sowie eine Zusatzausbildung zum Psychotherapeuten besitzen. Sein betriebswirtschaftliches Wissen hat er oder sie in der praktischen Arbeit, möglichst als Angestellter mit Personalverantwortung, vertieft. Gerade bei der Arbeit mit Führungskräften ist es wichtig, die gleiche Sprache zu sprechen, den Kontext aus Macht und Einsamkeit zu verstehen und um die allgemeinen Arbeitsbedingungen in einem Unternehmen zu wissen.

Entscheidend für die Güte eines Coachings ist, daß der Coach differenzierend seinem jeweiligen Klienten genau die Unterstützung geben kann, die dieser braucht. Wie Plessen und Wilk (1991) formulieren, braucht er dafür „eine überdurchschnittliche Fähigkeit, den beruflichen und persönlichen Bezugsrahmen des Coaching-Klienten zu erfassen und zu

verstehen" (S. 332) und sollte darüber hinaus über ein hohes Maß an menschlicher Wertschätzung und Akzeptanz gegenüber dem Klienten verfügen.
Außerdem muß von einem Coach absolute *Verschwiegenheit* erwartet werden. Eine möglichst tiefe *Selbsterfahrung* fordert Looss (1991). Seine Coaching-Tätigkeit sollte durch *Supervision* begleitet werden. Diese im psychosozialen Bereich selbstverständliche Form der freiwilligen Auseinandersetzung mit dem eigenen Können durch den Spiegel eines professionellen Helfers ist in (Personal-)Beraterkreisen noch nicht sehr oft anzutreffen. Da Coaching aber deutlich über eine einfache Beratung hinausgeht, sollte der Coach zu seinem und des Klienten Wohl die Möglichkeit nutzen, einzelne Vorgehensweisen zu reflektieren und emotionale Belastungen mit einer neutralen Person zu verarbeiten.

Bezug zur Psychotherapie und zur Supervision

Sievers (1991) vertritt die Auffassung, Coaching sei „der Versuch, die in vielen Unternehmen anzutreffende Stigmatisierung von Therapie zu umgehen bzw. zu unterlaufen" (S. 272). Coaching ist aber keine Therapie mit veränderter Bezeichnung, wenngleich therapienah gearbeitet wird. Coaching erreicht eine geringere Tiefe und setzt den Fokus mehr auf die Entwicklung von Kompetenzen, während Therapie auf die Korrektur von Fehlentwicklungen abzielt, die sich in gestörtem Erleben und Verhalten manifestieren. In der Therapie soll die Struktur des Erlebens bzw. deren Abbildung in innerpsychischen Ordnungen verändert werden (vgl. Boesch, 1981). Beim Coaching hingegen steht primär erst einmal die inhaltsbezogene Arbeit an berufsbedingten Problemen im Vordergrund. Damit sind sowohl die Themenbereiche, die Verarbeitungstiefe als auch die Zielgruppe gegenüber der Psychotherapie eingeschränkt.
Weiterhin ist die Teilnahme an einer Psychotherapie zwar wie beim Coaching an Freiwilligkeit geknüpft, jedoch eher durch Defizite in der erlebten Persönlichkeitsstruktur motiviert, während im Hintergrund des Coachings die Leistungsmotivation steht. Coaching ist somit auch „primär auf die Berufspersönlichkeit orientiert und damit auf Rollenhandeln gerichtet" (Felderer, 1990, S. 34).
Wie bereits erwähnt, könnte Coaching auch treffend als „Management-Supervision" bezeichnet werden. In der Supervision soll die systematisierte Reflexion des beruflichens Handelns ermöglicht werden und zwar in bezug auf solche Praxissituationen, die für den Supervisanden mit Konflikten, Problemen und Zielunsicherheiten verbunden sind und die er zur Erweiterung

beruflicher Fertigkeiten und Kenntnisse nutzen will. Damit ergeben sich enge Verbindungen zur Idee des Coachings, da beide Konzepte die Wahrnehmung für ein Problem erweitern, das Verständnis der vorhandenen Problematik fördern und - im Sinne der Hilfe zur Selbsthilfe - Voraussetzungen für eine Veränderung schaffen möchten. Während der Supervision im psychotherapeutisch-sozialen Sektor aber meist viel Zeit zur Verfügung gestellt wird (vgl. Belardi, 1992; Fatzer & Eck, 1990), verlangen „Entscheider in der Wirtschaft oft schnell vorzeigbare Ergebnisse" (Hartge, 1993, S. 47). Neben diesem Unterschied in der zeitlichen Erstreckung ist Coaching durch eine explizitere Zielorientierung geprägt und fühlt sich in erster Linie der Leistungsoptimierung des Klienten verpflichtet. Supervision soll dem Supervisanden eher zu Einsichten und Erkenntnissen über sich selbst verhelfen. Coaching steuert auf eine bestimmte Problemlösung zu, Supervision gleicht mehr „einer längeren, gemeinsamen Suchbewegung" (Hartge, 1993, S. 46).

Zum Berufsverständnis von Coaches - eine empirische Analyse

Unsere 1994 durchgeführte Untersuchung hatte zum Ziel, Coaching aus der Sicht der Praktiker näher zu beleuchten. Zuerst sollte herausgefunden werden, wie die Befragten zu ihrer Coaching-Tätigkeit gekommen sind, was allgemein unter dem Begriff Coaching verstanden wird und worin die Praktiker den neuen und besonderen Wert dieser Methode sehen. Die Frage nach den Anlässen für einen Coaching-Prozeß bildete einen weiteren Schwerpunkt der Untersuchung. Dabei sollten auch die verschiedenen Arten der Kontaktaufnahme eruiert werden. Ein nächster Fragenkomplex bezog sich auf den konkreten Ablauf der Coaching-Prozesse. Hierbei wurde geprüft, ob sich immer wiederkehrende für Coaching typische Elemente und Methoden beschreiben lassen und ob es eine bestimmte Struktur im Ablauf des Coaching-Prozesses gibt. Ein weiterer Themenbereich betraf die Person des Coaches, Eigenschaften und Attribute, die ihn zu einem kompetenten Partner im Prozeß machen, sowie die vorhandenen oder erwünschten Aus- und Weiterbildungen, die er durchlaufen haben sollte.

Als Form der Datenerhebung boten sich Fragebogen und Explorationen an. Da das Praxisfeld „Coaching" jedoch noch weitgehend unerforscht ist, haben wir uns gegen eine strukturierte Erhebung mit vorgefertigten Fragebogen entschieden. Wir halten einen qualitativen Untersuchungsansatz für dem Forschungsstand und dem Untersuchungsgegenstand am angemessensten (vgl. z.B. Flick, von Kardorff, Keupp, von Rosenstiel & Wolff, 1991).

Exploriert wurden 18 berufserfahrene Coaches, sechs Frauen und zwölf Männer, im Alter zwischen 35 und 60 Jahren. Die einzelnen Explorationen[1] dauerten etwa eine Stunde. Sie wurden als „fokussierte Interviews" durchgeführt. Durch die vorausgegangene Literaturanalyse wurden die zu fokussierenden Inhalte festgelegt, gleichzeitig bestand jederzeit die Möglichkeit, durch Nachfragen „auch nicht-antizipierte Gesichtspunkte zur Geltung zu bringen" (Hopf, 1991, S. 179).

Die Auswertung der Explorationen erfolgte nach den Empfehlungen von Mayring (1983) für strukturierende qualitative Inhaltsanalysen. Weitergehende Angaben zur Planung, Durchführung und Auswertung der Studie sind bei Brüning (1994) zu finden.

Bei der folgenden Darstellung der Explorationsergebnisse werden vor allem prägnante und häufig wiederkehrende Aussagen hervorgehoben. Die Zahlen in Klammern kennzeichnen die Anzahl der Nennungen.

Der Weg zur Coaching-Tätigkeit

Als Ausbildung gaben die Befragten an: Dipl.-Psychologe (4), Dipl.-Psychologe und Psychotherapeut (5), Psychologe, Kaufmann und Psychotherapeut (1), Betriebswirt und Therapeut (2), Dipl.-Pädagoge (1), Dipl.-Pädagoge und Betriebswirt (1), Dipl.-Pädagoge/Sozialarbeiter und Psychotherapeut (2), Kommunikationswissenschaftler (1) und Kommunikationsfachwirt (1). Dabei wurden folgende Therapieausbildungen genannt: Psychoanalyse (1), Verhaltenstherapie (2), Gesprächspsychotherapie (1), systemische Familientherapie (2), Gestalttherapie (1), Transaktionsanalyse (1), Psychodrama (1) und NLP (1). Die Berufsbezeichnung lautete in den meisten Fällen Unternehmens- oder Personalberater im weitesten Sinne, zwei Probanden führen den Titel „Psychotherapeut und Coach".

Die Hauptmotivation der Befragten, als Coach tätig zu werden, liegt eindeutig in der Unzufriedenheit mit den klassischen Personalentwicklungsmaßnahmen. Zwölf Personen beklagten sich z.B. darüber, daß „Seminare zu kurz greifen". Auf Erfahrungen als Trainer/Seminarleiter kann die Mehrzahl (10) zurückblicken. Sechs Personen verfügen über Erfahrungen in Personalentwicklungsabteilungen. Die erlebten Mängel waren Auslöser dafür, „über die Seele im Menschen" nachzudenken und statt „Konfektionsware" maßgeschneiderte Einzelberatungen anzubieten, individualistischer vorzugehen. Drei der Probanden hatten, bevor sie mit Coaching begannen, als Therapeut und Berater gearbeitet und gaben an, mittels Coaching mehr „betriebliche Realität" zu erfahren und nicht mehr ausschließlich „im

[1] Die Explorationen wurden im Rahmen ihrer Diplomarbeit von der Coautorin Marietta Brüning durchgeführt.

Elfenbeinturm der therapeutischen Praxis“ zu arbeiten. Eine Probandin wies auf den Aspekt der Überforderung durch das therapeutische Arbeiten hin. Keiner der Interviewpartner ist ausschließlich mit Coaching beschäftigt, die 16 Probanden mit Erfahrungen in Personalentwicklungsabteilungen bzw. als Trainer/Seminarleiter arbeiten auch weiterhin als - externe - Personalentwickler, Unternehmensberater und/oder Trainer und Seminarleiter. Bei den Probanden mit therapeutischer Zusatzausbildung kommt es vor, daß der Kontrakt mit dem Klienten geändert wird und der Coach in die Rolle des Therapeuten überwechselt.

Der Begriff Coaching

Die größte Einigkeit herrschte darüber, das Coaching als einen „Prozeß“ (11) zu bezeichnen. In diesem Sinne ist Coaching als ein Hergang zu verstehen, der einen Stein ins Rollen bringt, das Rollen beobachtet, kommentiert und/oder lenkt und der an einem vorher definierten Zielpunkt beendet wird. Im Verständnis der Untersuchungsteilnehmer hat Coaching weniger übenden oder trainierenden Charakter, sondern ist eher mit der *Veränderung kognitiver Prozesse* assoziiert. Das kommt auch in der Bezeichnung „Beratungsprozeß“ (4) zum Ausdruck. Der Begriff „Selbsterfahrungsprozeß“ (3) zeigt die Richtung der intendierten Veränderung an: keine bloße Wissensvermittlung, sondern eine intensive Auseinandersetzung mit den eigenen Bedingungen und Reaktionen.

Für 13 Interviewpartner ist Coaching eine neue Idee, nur vier schließen sich dem Schlagwort „alter Wein in neuen Schläuchen“ (vgl. Strutz, 1992) an. Damit ist gemeint, daß es „auch schon vor zehn Jahren Einzelberatung für Manager gab, die findige Psychologen angeboten haben“. Dem Klienten wird eine „hohe Eigenverantwortung“ (5) im „partnerschaftlichen Verhältnis“ (5) der Coaching-Beziehung zugeschrieben. Er „setzt Grenzen“ (10), die vom Coach akzeptiert werden und hat damit einen „souveränen“ (2) Stand im Geschehen. Daneben wird ihm auch eine „hohe Entscheidungsfreiheit“ (5) zugestanden. Dies betrifft sowohl die Möglichkeit zum Abbruch des Prozesses als auch die Entscheidung über bestimmte Inhalte. Die freiwillige Teilnahme wird von allen Befragten gefordert, die Methode setze aber gleichzeitig eine „hohe Veränderungsbereitschaft“ (4) voraus. Freiwilligkeit und Veränderungsbereitschaft fallen aber nicht immer zusammen. Einige Interviewpartner nannten als Abbruchkriterium ihrerseits das „Gefühl, der kommt nur mal so und will gar nicht richtig“ oder „er will nur hören, daß er alles richtig macht“.

Der Transparenz des Coaching-Prozesses wird hohe Bedeutung eingeräumt. Wichtigstes Kriterium für Transparenz ist die „Orientierung des Verlaufs am Ziel“ (15). Es wird zu Beginn des Prozesses klar festgelegt, wohin der Prozeß führen soll und an welcher Stelle er beendet werden kann. Beide Partner müssen sich zu jeder Zeit darüber klar sein, welchem Zweck diese oder jene Intervention dient und warum ein bestimmtes Gesprächsthema einen großen Raum einnimmt. Darüber hinaus erklären zwei Befragte vorab explizit den Coaching-Ablauf und fünf ihre Rolle als Coach, um damit Spekulationen und Unsicherheiten vorzugreifen.

Zielgruppe

Den größten Teil an der Zielgruppe für Coaching machen tatsächlich Führungskräfte und Manager des oberen Drittels der Hierarchieverteilung in Organisationen aus. 16 der 18 interviewten Personen gaben an, mit „Führungskräften" zu arbeiten. Zitat: „Je höher Gesprächspartner in Organisationen angesiedelt sind, um so einsamer sind diese Menschen und um so mehr werden sie abgeschottet". Führungskräften fehlen die persönlichen und diskreten Austauschpartner am meisten, sie erhalten im Betrieb „keine ehrliche Rückmeldung". Je weiter eine Person in der Hierarchie eines Unternehmens vorgerückt ist, desto prädestinierter ist sie für Coaching. Vier Interviewte gaben auch Nachwuchsführungskräfte als ihre Klientel an. Bei diesen „High Potentials" werden allgemeinere Ziele verfolgt, z.B. „sicheres Auftreten und den Mut aufbringen, im richtigen Augenblick das Richtige zu sagen".

Kontaktaufnahme

15 Coaches geben an, ihre Klienten durch Seminar-/Projekttätigkeiten kennengelernt zu haben. Während des Seminars hat der Klient genügend Zeit, sich mit der Person des Coaches in spe auseinanderzusetzen und zumindest eine Sympathiewahl zu treffen. Manchen Teilnehmern würde im Seminar deutlich, „daß sie nicht nur was an sich tun wollen, sondern es auch konkret in Angriff nehmen möchten" und „wenn man gut angekommen ist, dann fragen sie nach meiner Karte" oder „nach weiteren Möglichkeiten". Der Coach bietet sich also nicht direkt als solcher an, sondern wird seitens des Klienten ausgewählt. Seminare können wohl auch eine Art „warming-up"-Funktion ausüben: „Manche Manager brauchen ein paar Tage, um für solche Sachen, die die Persönlichkeit betreffen, offen zu werden".

Ein weiterer Weg, mit Klienten in Kontakt zu kommen, sind „Empfehlungen" (7) z.B. durch Kollegen, die selbst kein Coaching betreiben. Zwei Probanden sind von einzelnen Klienten über das Telefonbuch kontaktiert worden. Diese hätten die Anbieter aus der Sparte Personal- und Unternehmensberatung ausgewählt und dann gezielt nach Coaching gefragt. Zwei weitere Interviewpartner sind Teil eines „Coach-Pools in manchen Firmen". Der Klient könne dort aus verschiedenen „Angeboten" „nach Nase auswählen" und sich mit dem Coach persönlich in Verbindung setzen.

Anlässe für Coaching

Der häufigste Anlaß für Coaching ist die *Überlastung am Arbeitsplatz*. Dieses nur schwer zu konkretisierende Phänomen drückt sich in Begrifflichkeiten wie z.B. „unter Druck stehen" aus. Das Bemühen, in einer sich schnell wandelnden Arbeitswelt ständig zum richtigen Zeitpunkt die richtige Antwort parat zu haben, sich immer flexibel zu zeigen und gleichzeitig ein eigenes Profil zu gewinnen und zu erhalten, kostet Energie und führt zu Belastungen. Die Annahme, Streß würde von Führungskräften als sozial erwünscht oder gar bedeutungssteigernd definiert, kann wohl nur bis zu einem bestimmten Punkt gehalten werden. Denn wenn sie einen „allgemeinen Leidensdruck" (6) erleben und ausdrücken, dann funktioniert die „wichtigste Hochglanzemulsion" für die „strahlende Fassade von Überlegenheit und Selbstbeherrschung", das „Wegdrücken von Gefühlen" (Weber, 1988, S. 81), nicht mehr, und der Negativstreß überwiegt.

Eine zweite wichtige Gruppe von Anlässen kann unter der Bezeichnung *Karrierefragen* zusammengefaßt werden. Acht Interviewte gaben an, die „Entscheidung für eine Position" sei der Anlaß ihrer Klienten gewesen, sich nach einem geeigneten Coach umzusehen. Gerade in einem Arbeitsmarkt, der von einem Überangebot an Arbeitskräften geprägt ist, beinhaltet die Frage „Stellenwechsel oder nicht" einige Unsicherheiten und mögliche Konsequenzen, denen sich manche Führungskräfte nicht gewachsen sehen. Auch wenn die Entscheidung getroffen worden ist und die neue Stelle bereits in Sicht oder schon angetreten ist, tauchen Probleme im Umgang mit dem „Karrieresprung" (9) auf. „Sich in einer neuen Umgebung zurechtzufinden" und sich einem „ganz anderen Betriebsklima anzupassen" sind Gründe für diese Schwierigkeiten. Ein weiterer Coaching-Anlaß ist der Umgang mit dem „Stellenkampf" (3), der in der derzeit schlechten wirtschaftlichen Lage manchmal „mit harten Bandagen" ausgetragen wird. Die berühmte „Ellenbogenmentalität" steht im krassen Widerspruch zur gleichfalls geforderten hohen sozialen Kompetenz der Führungskräfte.

Ein weiteres großes Feld, in dem Führungskräfte Probleme sehen, die sie nicht immer alleine lösen können, ist der *Umgang mit Mitarbeitern*. Hierunter fallen die Motivation (1) und die Bewertung von Mitarbeitern (3), der schwierige Umgang mit dem eigenen Vorgesetzten (4) sowie zwischenmenschliche Konflikte (7) bis hin zum Mobbing (3).

Viele Manager formulieren den „Wunsch nach Feedback" (11) durch den Coach. Sie wissen häufig offensichtlich nur unzureichend, wie sie auf andere Personen wirken, und brauchen mehr Rückmeldung.

Einige Klienten kommen mit dem expliziten Wunsch ihre „Problemlösefähigkeiten zu erweitern und zu verbessern“ (3) zum Coach. Es finden sich auch Hinweise auf Klientenwünsche wie mehr „Souveränität“ (3) zu erlangen oder für „spezielle Führungsaspekte“ (3) besser gerüstet zu sein. Mit der Begründung „besser werden zu wollen“ (3) zielen einige Klienten direkt auf einen Aspekt des Coachings ab, der es von den allermeisten Beratungs- und Betreuungsformen des psychosozialen Bereichs abhebt. Coaching will (auch) die Leistungsmöglichkeiten seiner Klienten steigern.

Ablauf des Coachings

Im schriftlichen Kontrakt wird v.a. der zeitliche Rahmen (12) des Coachings festgelegt. Daneben wird häufig explizit die gegenseitige Kündbarkeit (12) aufgenommen. Weiterhin legen elf Probanden im Vertrag mehr oder weniger klar formuliert die Zielsetzungen des Coachings schriftlich fest. Es wird auch bestimmt, wer die Kosten des Coachings trägt. Entgegen den Angaben in der Literatur ist dies deutlich eher der Klient (11) als die ihn beschäftigende Unternehmung (5). Der geplante Zeitraum für das gesamte Coaching, die Frequenz, Dauer und der Ort der Treffen werden von allen Befragten sehr flexibel gehandhabt. Das „typische“ Coaching erstreckt sich über etwa ein halbes Jahr mit monatlichen Treffen. Da es den Interviewpartnern wichtig war zu betonen, daß sie in ihren Klienten keinerlei Abhängigkeitsgefühle aufkommen lassen wollten, soll der zeitliche Abstand zwischen den Treffen und die relativ geringe Anzahl von Treffen wohl auch dazu dienen, Unabhängigkeit zu bewahren: „Nie mehr als diese Stundenzahl, da kommt sonst nämlich Abhängigkeit auf.“ Die Dauer der einzelnen Treffen schwankt zwischen 50 Minuten und einem vollem Tag, die Anzahl der Sitzungen zwischen drei und 20. Ganz offensichtlich gehört diese unterschiedliche Handhabung zum typischen Charakter von Coaching, das sich damit auf die Bedürfnisse und Möglichkeiten der Klienten einstellt und ihnen innerhalb eines groben Rahmens Mitspracherecht und große Eigenverantwortlichkeit in der Gestaltung einräumt. Auch bei der Ortswahl drückt sich die Anpassungsfähigkeit des Coachings aus. Bis auf zwei Ausnahmen wechseln die interviewten Coaches die Umgebung für das Treffen „je nach den Umständen“ von ihren eigenen Arbeitsräumen (5) über Spaziergänge (5) oder Treffen in einem Hotel (3) bis hin zu Firmenräumen des Klienten (5). In einigen Fällen wird auch beim Coach zu Hause (3) oder in den Privaträumen des Klienten (1) gecoacht.

Es ließen sich insgesamt nur wenig wiederkehrende Elemente des Coachings eruieren. Eines davon betrifft den Bereich Diagnostik. Acht Probanden gaben an, in „Probe- und

Erstinterviews“ den Klienten soweit zu befragen, daß sie entscheiden können, ob die vorliegende Thematik durch ein Coaching hinreichend bearbeitet werden kann oder „eine Störung vorliegt, die zum Therapeuten gehört“. Anhand der Interviews läßt sich kein typisches methodisches Coaching-Inventar präsentieren. Die Befragten taten sich schwer, neben „Gesprächen“ noch andere Elemente zu benennen, die sie im Coaching anwenden. Vereinzelt erwähnt wurden: Rollenspiele (5), „Hausaufgaben“ (3), die Methode des heißen Stuhls aus der Gestalttherapie (1), visualisieren (2), malen (2), Metaplantechnik (1) und Bücher (2).

Die Gespräche im Coaching erfüllen mehrere auch in der Literatur angeführte Funktionen. Am wichtigsten ist den befragten Coaches, den Klienten „Unterstützung zu gewähren“ (15). Diese Unterstützung bezieht sich genauso auf Problemlagen, die in Situationen außerhalb des Coachings entstanden sind, wie auf solche, die während der Arbeit des Klienten mit dem Coach aufkommen. Der Coach verhält sich ermunternd, bestätigend, bekräftigend und haltgebend. Sehr beliebt ist es, durch „Nachfragen“ (11) Interesse zu signalisieren und den Klienten zum Weiterreden zu animieren. Damit verbunden ist natürlich das „Zuhören“ (9). Der Coach öffnet sich den Meinungen, Gefühlen, Urteilen und Wünschen des Klienten und hält sich mit eigenen Bewertungen vorerst zurück. Durch Nachfragen und Zuhören wird dem Klienten die Gelegenheit, Anleitung und Ermutigung gegeben, die oft nüchterne und technische Sprache auf emotionale Ausdrucksmöglichkeiten zu erweitern und expressive Verhaltensanteile wiederzuerlernen.
Außerdem konfrontieren (7) einige Coaches ihre Klienten mit angstbesetzten Inhalten. Dieses Vorgehen setzt selbstverständlich eine etablierte tragfähige Beziehung voraus. Eine weitere Verhaltensform im Gespräch ist das „Erklären und Information geben“ (6). Dazu gehört „Blöcke mit theoretischem Wissen einschieben“ ebenso wie „ich gebe ganz konkrete Tips und Vorschläge“. Auch Bücher werden als Informationsquelle angeboten. Kein Coaching wird oder sollte ganz ohne Erklärungen auskommen; es besteht aber auch die Gefahr, in eine gegenstandsbezogene Diskussion abzugleiten, eine Kommunikationsspielart, die Führungskräfte in der Regel nur zu gut beherrschen. Der Coach möchte lediglich Anstöße geben und „etwas in Gang bringen“.

Der Coach

Als wünschenswerte Grundlage für die Ausübung einer Coaching-Tätigkeit sehen die Befragten mehrheitlich „Psychologiestudium plus Psychotherapieausbildung“ (5) oder „Betriebswirtschaftslehre und Psychologie“ (4) an. Drei Probanden meinen, es sei hauptsächlich wichtig, eine Therapieausbildung zu besitzen, gleichgültig welches Studium dem vorausging. Ein Interviewpartner hält eine „Supervisionsausbildung" für den geeignetsten Weg, ein guter Coach zu werden. Für einen Coach ist die Ausbildung unwichtig, er sieht die besten Möglichkeiten im „learning-by-doing".

Weiterhin werden „wirtschaftliche" (7) und „psychologische Kenntnisse" (5) oder allgemeiner „Arbeit mit Menschen und deren Problemen" (8) als Berufserfahrung gefordert. Vier Befragte betonen, daß gerade Erfahrungen in jenem Arbeitsumfeld, in dem der Klient zu Hause ist, wichtig seien. Die eigene permanente „Supervision" (8) ist für viele Coaches bedeutsam.

Eine Liste geforderter allgemeiner Fähigkeiten und Eigenschaften entspricht dem Bild, das die Literatur zeichnet. Die häufigsten Nennungen sind: „Flexibilität", „zwischenmenschliche Wertschätzung", „Zuhören können", „Allgemeinwissen", „Manager-Sprache beherrschen" (jeweils 8). Es folgen „Einfühlungsvermögen" (7) und „Empathie" (7), „Vertrauenswürdigkeit" (6), „Echtheit" (6) und „Aktivität" (6). Jeweils fünf Befragte legen Wert auf „Offenheit", „Toleranz" und eine „positive Grundhaltung".

Es ist sehr schwer, ein „objektiv" gültiges Anforderungsprofil für einen Coach zu entwerfen. Er sollte wohl ein „Allrounder" sein, der über ein hohes Maß an allgemeinen, „sozial erwünschten" Eigenschaften und Fähigkeiten verfügt und auf einer professionell ausgebildeten Basis in einem partnerschaftlichen Prozeß seinem Klienten zu einem breiteren Spektrum an Problemlösemöglichkeiten verhilft.

Zusammenfassende Bewertung

Für Coaching ist nur typisch, daß nichts typisch ist. Durch eine Literaturanalyse und mittels einer Befragung unter Praktikern wurde versucht, das Charakteristische an Coaching zu extrahieren. Für die Literatur kann man noch von einer gewissen Einigkeit über bestimmte Kriterien wie z.B. den Ablauf und die Zielsetzungen von Coaching sprechen. In der Praxis hingegen dominieren offensichtlich Flexibilität und Intuition. Wenn man so will, ist es genau das, was das Charakteristische und Einzigartige dieser Form von Hilfestellung ausmacht. Hierin mögen viele einen großen Vorteil sehen. Es ist aber auch zu bedenken, daß das Fehlen einer einheitlichen Konzeption und einer vorgeschriebenen Ausbildung Scharlatanen Tür und Tor öffnet. Nach unserer Auffassung liefert ein abgeschlossenes Psychologie-Studium mit anschließender Therapieausbildung eine erfolgversprechende Basis für die verantwortungsvolle Tätigkeit als Coach.

Die Auseinandersetzung mit dem Thema findet zur Zeit vorwiegend außerhalb der Universitäten statt. Durch vermehrte Forschung und eine verstärkte Zusammenarbeit von Wissenschaftlern und Praktikern sollte es jedoch gelingen, das für unsere Gesellschaft notwendige Tätigkeitsfeld „Coaching" als akzeptierte *Ergänzung zu anderen Personalentwicklungsmaßnahmen* auf gesicherte Füße zu stellen und zu etablieren. Die vorliegende Arbeit ist dabei nur einer der allerersten Schritte. In der Zukunft muß im Fokus der wissenschaftlichen Bemühungen stehen, die *Modellbildung* für Coaching, vielleicht analog zu dem integrativen Supervisionsmodell von Schreyögg (1992), voranzutreiben. Auf dieser Basis könnten *Evaluationsstudien* das Wissen über Wirkungsweise und Wirkfaktoren erweitern und damit Coaching die Aufnahme in die Reihe der anerkannten psychologischen Interventionsmethoden erleichtern.

Literatur

BELARDI, N. (1992). Supervision: *Von der Praxisberatung zur Organisationsentwicklung.* Paderborn: Junfermann.

BÖCKLER, M. (1984). Oben, aber allein. *Management Wissen, 6*, 33-37.

BOESCH, E.E. (1981). Möglichkeiten und Grenzen psychotherapeutischen Handelns. In W.R. Minsel & R. Scheller (Hrsg.), *Brennpunkte der Klinischen Psychologie (Band 1): Psychotherapie* (S. 11-38). München: Kösel.

BÖNING, U. (1989). Coaching: Zur Rezeption eines neuen Führungsinstrumentes in der Praxis. *Personalführung, 12*, 1149-1151.

BÖNING, U. (1990). System-Coaching contra Einzel-Coaching: Hilfe zur Selbsthilfe. *Gablers Magazin, 4*, 22-25.

BRÜNING, M. (1994). *Coaching - Möglichkeiten und Grenzen eines individualistischen Personalentwicklungsinstrumentes.* Unveröff. Dipl.Arbeit, Universität Trier, Trier.

BUNDESMINISTERIUM FÜR BILDUNG UND WISSENSCHAFT (1993). *Berufsbildungsbericht.* Bad Honnef: Bock.

CONRADI, W. (1983). *Personalentwicklung.* Stuttgart: Enke.

ECK, C.D. (1990). Rollencoaching als Supervision - Arbeit an und mit Rollen in Organisationen. In G. Fatzer & C.D. Eck (Hrsg.), *Supervision und Beratung. Ein Handbuch* (S. 209-247). Köln: Edition Humanistische Psychologie.

ERDHEIM, M. (1982). Das Elend der Mächtigen. *Psychologie heute, 5*, 20-26.

FATZER, G. & ECK, C.D. (Hrsg.). (1990). *Supervision und Beratung. Ein Handbuch.* Köln: Edition Humanistische Psychologie.

FELDERER, C. (1990). Meeting der Hofnarren. *Gablers Magazin, 4*, 34-35.

FLICK, U., KARDORFF, E. VON, KEUPP, H., ROSENSTIEL, L. VON & WOLFF, S. (Hrsg.). (1991). *Handbuch qualitative Sozialforschung.* München: Psychologie Verlags Union.

HARTGE, T. (1993). Coaching, Moderation, Supervision. *Wirtschaft und Weiterbildung, 6*, 42-47.

HAUSER, E. (1991). Coaching: Führung für Geist und Seele. In W.E. Feix (Hrsg.), *Personal 2000* (S. 207-236). Wiesbaden: Gabler.

HEIL, F.E. & SCHELLER, R. (1984). Psychologische Beratung. In L.R. Schmidt (Hrsg.), *Lehrbuch der klinischen Psychologie* (2. neu bearbeitete und erweiterte Aufl.) (S. 390-411). Stuttgart: Enke.

HOFMANN, M. (1993). Tiefenpsychologische Perspektiven der Führung von Mitarbeitern. In L. von Rosenstiel, E. Regnet & M. Domsch (Hrsg.), *Führung von Mitarbeitern: Handbuch für erfolgreiches Personalmanagement* (2. überarbeitete und erweiterte Aufl.) (S. 27-37). Stuttgart: Schäffer-Poeschel.

HOFSTETTER, H. (1984). Krankheitsherd Einsamkeit. *Management Wissen, 6*, 38-40.

HOPF, C. (1991). Qualitative Interviews in der Sozialforschung. In U. Flick, E. von Kardorff, H. Keupp, L. von Rosenstiel & S. Wolff (Hrsg.), *Handbuch qualitative Sozialforschung* (S. 177-182). München: Psychologie Verlags Union.

HUBER, H.-G. (1993). Entwicklungshilfe für Führungskräfte? *Manager Seminare, 10*, 58-60.

KUHLMANN, T. (1989). Coaching. Persönliche Beratung bei strukturellen Veränderungen und Führungskräfteförderung. *Personalführung, 6*, 592-597.

LOOSS, W. (1989). Es geht mir schlechter, also bin ich auf dem richtigen Weg: Der Umgang mit Coaches. *Gablers Magazin, 4*, 34-35.

LOOSS, W. (1991). *Coaching für Manager: Problembewältigung unter vier Augen*. Landsberg/Lech: Verlag Moderne Industrie.

LÜCK, H.E. & MILLER, R. (1990). Führung und Wertewandel. In G. Wiendieck & G. Wiswede (Hrsg.), *Führung im Wandel* (S. 181-196). Stuttgart: Enke.

MANDL, H. & HUBER, G.L. (Hrsg.). (1978). *Kognitive Komplexität - Bedeutung, Weiterentwicklung, Anwendung*. Göttingen: Hogrefe.

MAYRING, P. (1983). *Qualitative Inhaltsanalyse: Grundlagen und Techniken*. Weinheim: Beltz.

NORK, M.E. (1989). *Management-Training: Evaluation - Probleme - Lösungsansätze*. München: Hampp.

PAWLIK, K. (1982). Modell- und Praxisdimensionen psychologischer Diagnostik. In K. Pawlik (Hrsg.), *Diagnose der Diagnostik: Beiträge zur Diskussion der psychologischen Diagnostik in der Verhaltensmodifiktion* (2. unveränderte Aufl.) (S. 13-43). Stuttgart: Klett-Cotta.

PLESSEN, U. & WILK, W.W. (1991). Coaching. In o. Hrsg., *Management heute: Ein Lesebuch* (S. 327-333). Wiesbaden: Gabler.

ROSENSTIEL, L. VON, REGNET, E. & DOMSCH, M. (Hrsg.). (1993). *Führung von Mitarbeitern: Handbuch für erfolgreiches Personalmanagement* (2. überarbeitete und erweiterte Aufl.). Stuttgart: Schäffer-Poeschel.

ROTH, W.L & EDLER, J. (1995). Zur Praxis von Führungsverhaltenstrainings: Konzepte, Methoden und Modalitäten, *Report Psychologie, 20* (7), 16-31.

RÜCKERL, T. (1990). Auch als Mensch gefordert. *Gablers Magazin, 4*, 10-14.

RÜCKLE, H. (1992). *Coaching*. Düsseldorf: Econ.

SCHELLER, R. & HEIL, F.E. (1986). Beratung. In W. Sarges & R. Fricke (Hrsg.), *Psychologie für die Erwachsenenbildung/Weiterbildung* (S. 94-98). Göttingen: Hogrefe.

SCHREYÖGG, A. (1992). *Supervision - ein integratives Modell: Lehrbuch zu Theorie und Praxis*. Paderborn: Junfermann.

SIEVERS, B. (1991). Mitarbeiter sind keine Olympioniken. *Personalführung, 4*, 272-274.

SINGER, E.J. (1974). *Effective management coaching*. London: Green.

SONNECK, G. (1982). Krisenintervention. In R. Bastine, P. Fiedler, K. Grawe, S. Schmidtchen & G. Sommer (Hrsg.), *Grundbegriffe der Psychotherapie* (S. 228-231). Weinheim: edition psychologie.

SONNTAG, K. (Hrsg.). (1992). *Personalentwicklung in Organisationen. Psychologische Grundlagen, Methoden und Strategien*. Göttingen: Hogrefe.

STOFFER, U. (1989). Führungskräfteentwicklung. In H. Strunz (Hrsg.), *Handbuch Personalmarketing* (S. 606-628). Wiesbaden: Gabler.

STRUTZ, H. (1992). Personalmarketing: Alter Wein in neuen Schläuchen? In H. Strutz (Hrsg.), *Strategien des Personalmarketing* (S. 1-13). Wiesbaden: Gabler.

VOß, B. (Hrsg.). (1995). *Kommunikations- und Verhaltenstrainings*. Göttingen: Verlag für Angewandte Psychologie.

WEBER, D. (1988). Wenn die Probleme über den Kopf wachsen. *Management Wissen, 2*, 81-90.

WEISBACH, C.-R. (1990). Beratung kann man lernen - ist empathische Kompetenz trainierbar? In E.J. Brunner & W. Schönig (Hrsg.), *Theorie und Praxis von Beratung. Pädagogische und psychologische Konzepte* (S. 62-76). Freiburg: Lambertus.

WIDMAIER, S. (1991). *Wertewandel bei Führungskräften und Führungsnachwuchs: Zur Entwicklung einer wertorientierten Unternehmensgestaltung*. Konstanz: Hartung-Gorre.

WUNDERER, R. (1993). *Führung und Zusammenarbeit: Beiträge zu einer Führungslehre*. Stuttgart: Schäffer-Poeschel.

Kapitel 9

Coaching - wer braucht das?

Astrid Schreyögg

1. Einführung

Bei "Coaching" handelt es sich um eine individuelle Form der Beratung. Sie entstand im Bereich des Sports, wo Menschen, etwa als Tennisstars, oft völlig unverankert, laufend ein hohes Maß an psychischer und physischer Belastung verarbeiten müssen und trotzdem Hochleistungen erbringen wollen. Der Coach fungiert dann nicht nur als fachlicher Berater, sondern, wie schon die ursprüngliche Bedeutung des Wortes "Kutsche" assoziativ nahelegt, als "wärmender Zufluchtsort", an den man alles herantragen kann, was einen bekümmert. Der Coach ist hier also Trainer und psychotherapie-ähnlicher Solidarpartner.

Seit den 80-er Jahren taucht der Begriff in der Managementliteratur (z.B. NEUBEISER 1990, LOOSS 1991 u.a.) als "exklusive Form der Personalentwicklung" auf. Im "Sozialmanagement" finden wir Formen von Coaching, unter dem Begriff "Einzelsupervision", seit nunmehr 40 Jahren. Wo aber Supervisionskonzepte im allgemeinen auf emotionales Lernen zentriert blieben, signalisiert der Begriff "Coaching" den "trainigsorientierten" Einbezug fachlicher und problemorientierter Auseinandersetzungen.

So bezeichnet "Coaching" heute einerseits eine individuelle Form der Personalentwicklung, vorrangig für Führungskräfte in unterschiedlichen Arbeitsfeldern. Es intendiert dabei emotionale und fachliche Entwicklungen. Es dient andererseits als "Psychotherapie für Berufstätige", d.h. Coaching ist ein Ort, an dem Menschen "Freud und Leid im Beruf" verhandeln können. Hierbei geht es nicht nur um Krisenbewältigung, sondern auch um Förderung von "Selbstmanagement", d.h. der Selbstgestaltung im Hinblick auf Mobilisierung von mehr Effizienz, aber auch mehr Humanität.

Anlässe für Coaching sind, wie bei jeder Form der Beratung, vielfältig. Der häufigste und naheliegendste Anlaß ist eine Krise, die als "akute" oder "schleichende" Krise die Freude an beruflichen Aktivitäten mindert, Gefühle von "Überrolltsein" erzeugt oder sogar mehr oder weniger gravierende psychische und/oder somatische Beschwerden verursacht. In vielen anderen Fällen taucht der Wunsch nach Coaching in "Ruhestadien" auf, wo Menschen ihre beruflichen Aktivitäten intensivieren und erweitern, also umfassender ausgestalten wollen. Wo also manche durch Coaching ihre Möglichkeiten beruflicher Selbstgestaltung wiedergewinnen wollen, suchen andere diese noch umfassender auszubauen als bisher.

Im vorliegenden Aufsatz sollen derartige Anlässe systematisiert und anhand einer Vielzahl von Fallbeispielen verdeutlicht werden. Dabei will ich zunächst "Berufliche Krisen" als Anlaß von Coaching beschreiben, sodann Gelegenheiten, wo Menschen nach einem Mehr an beruflicher Selbstgestaltung suchen.

2. Berufliche Krisen als Anlaß von Coaching

Bei "Krisen" handelt es sich um "eine Bedrohung, eine Herausforderung, eine Belastung für die Aufmerksamkeit, eine Aufforderung zu neuen Handlungen, die den Keim einer neuen Organisation in sich tragen könnte" (ULICH 1987, S.6). Es geht also zunächst um generalisierte Bedrohungen menschlicher Identität.

Die meisten Autoren, wie auch an obiger Definition deutlich wird (vgl. VINEY 1976, KILLILEA 1982, HOBBS 1984 u.a.), unterstellen aber krisenhaften Erscheinungen andererseits eine Katalysatorfunktion für persönliche und soziale Entwicklungen. Eingeschliffene Muster unterliegen einer Destruktion von innen oder von außen, dadurch entsteht der Zwang, neue Handlungen zu mobilisieren und damit neue Entwicklungen anzubahnen. Krisen lassen sich somit als Organisationsprinzip bezeichnen, das neue Entwicklungen geradezu provoziert. Damit erscheint "Krise als Chance" (BAURIEDL 1985) zu evolutionären Entwicklungen (RIEGEL 1981). Und für solche Anlässe ist Coaching wie geschaffen.

Nun wäre es allerdings ein Irrtum anzunehmen, Krisen würden nur durch einmalige Ereignisse, etwa durch Verlust des Arbeitsplatzes, Katastrophen usw. ausgelöst. Wie insbesonders die neuere Stressforschung (LAUX 1983, NITSCH 1981, KAPLAN 1983 u.a.) zeigt, können sich Krisen auch langsam anbahnen und durch längerfristige Erscheinungen verursacht sein. Stress erscheint damit im Gegensatz zu einmaligen Krisen lediglich als weniger schwerwiegende Belastung. Er dient aber oft als "schleichende" Vorbereitung auf Krisen; denn ein minimales Ereignis kann unter Stress als Krise erlebt werden (ULICH 1987) und sich sogar zu

Burnout-Phänomenen auswachsen (FENGLER 1992). Dabei bleibt allerdings zu fragen, auf welcher Basis sich schleichende Krisen, wie Stress und Burnout überhaupt bilden. Hier spielen oft schon im Vorfeld berufliche Deformationen eine Rolle, die als berufliche Sozialisation von den Betreffenden wie selbstverständlich erfahren, meist lange nicht bemerkt und erst langsam ihre pathogene Wirkung entfalten. Auch solche Erscheinungen können Anlaß für Coaching sein.

So lassen sich auch Krisen am Arbeitsplatz, deretwegen oft Coaching beansprucht wird, nach zwei groben Kategorien beschreiben: als akute oder als chronische, bzw. "schleichende" Krisen.

2.1. Akute Krisen

In der Literatur "tobt" derzeit ein Kampf, ob Krisen im Job, egal welcher Art, eher durch psychologische, durch situative Faktoren oder durch ihre Verbindung verursacht sind (LAZARUS 1991, BRIEF 1991 et al. u.a.). Die Erfahrung lehrt, daß Krisen mit allen diesen Ursachen schmerzlich sind und einen Anlaß zur Inanspruchnahme von Coaching bilden können. Deshalb sollen hier auch unterschiedliche Ursachenkomplexe als Anlaß von Coaching behandelt sein.

(1) Arbeitsplatzkrisen aufgrund persönlicher Faktoren

Im Prinzip läßt sich behaupten, daß jedes persönliche Krisenereignis auch Konsequenzen für den Arbeitsplatz mit sich bringt. Der überraschende Tod eines Familienangehörigen, Verlassenwerden durch Partner usw. stellen Ereignisse dar, die nicht selten das gesamte Weltverständnis eines Menschen erschüttern. Dann erhalten auch berufliche Zusammenhänge oft eine völlig neue Bedeutung. Nicht selten ergibt sich eine Verlagerung der gesamten persönlichen Wertescala, d.h. eine Neugewichtung von "Säulen der Identität" eines Menschen (PETZOLD 1993). "Strategiespiele" in der Vorstandsetage, die noch einige Tage vorher "erfrischend und belebend" wirkten, entlarven sich für die Betreffenden vielleicht plötzlich als "alberne Schönheitskonkurrenz" unter Männern und lösen Unmut bis Abscheu aus.

Ein Manager berichtete mir, daß er nach dem Tod eines seiner Kinder beim wöchentlichen Jour-fix in der Firma plötzlich nur noch angewidert war von all dem "seichten Gerede" seiner Mitarbeiter. "Was wollen die untereinander und vor allem von mir als Vorgesetztem?" Er entwickelte daraufhin das dringende Bedürfnis mehr "Ehrlichkeit" und "Wahrhaftigkeit" in der Firma zu etablieren. Durch seine tiefe Trauer zeigte er schon von sich aus eine derartige

Haltung. Das aber wiederum führte zur Irritation seiner, zumeist noch jungen Mitarbeiter, die aufgrund ihrer Lebensentwicklung noch kaum Verluste erlitten hatten, als "Junggesellen" nur zum Teil echtes Mitgefühl empfinden konnten und ihm eher mit peinlicher Hemmung auf seinen veränderten Zustand begegneten. Gleichzeitig merkte auch der Manager, daß er seinen Mitarbeitern nicht gerecht wurde und immer gereizter auf sie reagierte. Als die Situation für ihn immer unerträglicher wurde, suchte er fremde Hilfe auf.

Nun könnte man einwenden, daß hier vielleicht auch Psychotherapie indiziert gewesen wäre. Aufgrund der im Prinzip gesunden Trauer, die der Klient in angemessener Weise verarbeiten konnte, hatte er psychotherapeutische Maßnahmen gar nicht in Betracht gezogen. Für ihn stand sein eigener Wertewandel durch den Tod seines Kindes im Vordergrund des Erlebens. Dieser eröffnete ihm nun völlig neue Perspektiven auf sein berufliches Umfeld. Und genau daran wollte er arbeiten und genau dafür in der Firma eintreten.

In anderen Fällen, in denen sich etwa durch einen Unfall die persönliche Lage im Beruf völlig verändert, wird "Arbeit an der Person" notwendig. So suchte mich der Inhaber einer größeren Firma auf, weil er durch einen Reitunfall und eine dadurch verursachte Gehirnschädigung bei allen möglichen, auch den anscheinend banalsten Vorfällen in Tränen ausbrach. Da er vor seinem Unfall im allgemeinen den "hartgesottenen" Burschen spielte, erzeugten diese, so offensichtlichen Gefühlsausbrüche bei seinen Mitarbeitern geradezu Konfusion, zumal er nach dem traumatischen Ereignis physisch und intellektuell wieder gut hergestellt war. Seine eigene Berührbarkeit, die er selbst als "Sentimentalität" stark denunzierte, beunruhigte ihn so sehr, daß er fremde Hilfe in Anspruch nahm. Hier ging es zunächst darum, ihn zu unterstützen, daß er die aufgrund der Gehirnschädigung erworbene, neue Gefühlsverfassung bei sich selbst besser anzunehmen lernte. Im weiteren Verlauf waren Versuche erfolgreich, seine emotionalen Bewegungen gezielter zu kanalisieren.

So kann es bei persönlichen Krisen in manchen Fällen darum gehen, eine persönliche Veränderung im Vollzug der Arbeit einzuleiten, in anderen dagegen, das berufliche Ambiente modifizieren zu helfen.

(2) Arbeitsplatzkrisen aufgrund situativer Faktoren

Krisen aufgrund situativer Faktoren sind wahrscheinlich der häufigste Anlaß, Coaching in Anspruch zu nehmen. Das ist auch nur zu verständlich, denn situative Faktoren sind vielfältig und dementsprechend auch die durch sie verursachten Krisen. Wie wir im weiteren noch sehen werden, lassen sich situative Faktoren auf einem gestaffelten Figur-Hintergrund sortieren. Sie können durch Bedingungen am speziellen Arbeitsplatz, durch Bedingungen in einem organisatorischen System, durch Besonderheiten von Suprasystemen oder durch nationale und internationale Entwicklungen verursacht sein. Alle diese Faktoren sind dementsprechend potentielle Krisenherde.

So erzeugen häufig internationale Entwicklungen Krisen, die bis in einzelne Arbeitsplätze reichen. Wenn wir uns z.B. vergegenwärtigen, daß durch Öffnung der Grenzen zum östlichen Europa, die westeuropäischen Märkte heute zunehmend mit preiswertem Stahl überschwemmt werden, ist es nur zu verständlich, daß in der Stahlindustrie Deutschlands Arbeitsplätze aller Hierarchie-Ebenen und mit unterschiedlichen Funktionen in eine Krise geraten. Dann wird sogleich verständlich, daß Betriebssozialarbeiter derartiger Großunternehmen, die sich bislang mit Suchtprophylaxe-Programmen beschäftigt haben, in dieser Funktion heute seltener beansprucht werden. Sie müssen jetzt vorrangig Maßnahmen zur humanen Abwicklung von Sozialverträgen kreieren. Eine Sozialarbeiterin in dieser Funktion fragte um Coaching an, weil sie angesichts dieser Funktionsverlagerung, auf die sie sich bislang noch nicht in der gleichen intensiven Weise vorbereiten konnte, eine Krise erlebte. Sie hatte sich mit innerbetrieblichen Programmen für Suchtprophylaxe bislang einen Namen gemacht, so daß jetzt ihre gesamte berufliche Identität bedroht schien. Außerdem suchte sie Unterstützung, ihre Position für die neuen Aufgabenstellungen möglichst sinnvoll neu auszugestalten.

Häufig erzeugen auch veränderte Anforderungen von Suprasystemen Arbeitsplatzkrisen, die für den einzelnen schwer zu bewältigen sind. So bat der Leiter einer stationären Einrichtung für Drogenabhängige um Coaching. Insbesondere aufgrund neuer, stärker effizienz-orientierter Vorstellungen von Leistungsträgern, mußte die Einrichtung größenmäßig verdoppelt werden. Nachdem eine ganze Reihe neuer Mitarbeiter eingestellt war, erwies sich die Weise, wie er bislang seine Leitungsposition ausgefüllt hatte, zunehmend als erschöpfend. In der Beratung ging es dann darum, wie er seine Ressourcen auf die neue, nun umfassendere Führungsaufgabe des Systems sinnvoller verteilen könnte als bisher, d.h. keine Einzeltherapien mehr durchzuführen, sondern vermehrt Sitzungen mit einzelnen Mitarbeitersegmenten abzuhalten usw.

In vielen Fällen erzeugen aber auch strukturelle Korrekturen in organisatorischen Systemen krisenhafte Erscheinungen. So erlebte der Personalleiter einer Firma, die Teil eines multinationalen Konzerns war, eine schwere Krise, als von der Zentrale eine neue Hierarchie-Ebene über ihm etabliert wurde. Seine bis dato üblichen, oft eher improvisatorischen Handlungsweisen wurden nun automatisch stark eingeschränkt. Er hatte jetzt bei allen seinen Transaktionen erst den neuen Vorgesetzten zu konsultieren. Diese veränderte Situation erzeugte bei ihm innerhalb weniger Wochen starke Gefühle von Insuffizienz und Ohnmacht.

Der Eintritt in eine neue Organisation, d.h. ein Arbeitsplatzwechsel führt regelmäßig zu mehr oder weniger starken Krisenerscheinungen (NELSON/QUICK/JOPLIN 1991). Die anfängliche, geradezu automatisch bestehende soziale Isolation, die Notwendigkeit in einem neuen System sozial Fuß zu fassen, neue Beziehungen anzubahnen, die spezifischen Regeln und Normen eines Systems kennenzulernen usw., zwingen Menschen immer zur Mobilisierung aller ihrer Kräfte. Coaching kann dann eine wichtige Support-Funktion haben, insbesondere dann, wenn das neue Berufsfeld hochkomplex ist. So suchte mich eine Pädagogin auf, die ein großes Behindertenwerk zur Leitung übernommen hatte. Dieses Werk war zwei verschiedenen Trägern mit je unterschiedlichen kulturellen Traditionen zugeordnet. Das eine System mit einem "mittelstands-orientierten" Selbsthilfeansatz forderte von ihr maximale fachliche Kompetenz mit einer offenen menschlichen Haltung, das andere, politisch-orientierte, forderte von ihr vorrangig raffiniert-strategisches Handeln, während ihre Fachlichkeit weniger bedeutsam schien. Und obwohl sie bereits über langjährige Führungserfahrung in anderen Einrichtungen verfügte, sah sie sich einem "Dickicht" divergierendster Ansprüche ausgesetzt, die sie allein kaum zu sortieren vermochte.

(3) Arbeitsplatzkrisen aufgrund kombinierter Faktoren

Arbeitzplatzkrisen lassen sich natürlich generell leichter bewältigen, wenn sich Menschen in einer guten physischen, wie psychischen Verfassung befinden. Als besonders schwierig erweist sich ihre Bewältigung, wenn sie in irgendeiner Weise schon vorher "angeschlagen" sind (RYLAND/GREENFIELD 1991). So kann sich der Eintritt in ein neues organisatorisches System nach dem Verlust des Partners zur kaum bewältigbaren Krise auswachsen. Ein Psychologe, der bislang in therapeutischen Einrichtungen tätig war, wechselte in ein Verwaltungssystem. In genau diesem Zeitraum verließ ihn aber, für ihn völlig überraschend seine Frau und "kidnappte" sogar noch die von ihm besonders geliebten Kinder. Durch dieses Ereignis war seine Adaptationsfähigkeit an neue Bedingungen schon bis zum äußersten angespannt. Eine Integration in das für ihn völlig neue Verwaltungssystem konnte er aber kaum mehr leisten. In dieser Situation suchte er fremde Unterstützung.

Krisen am Arbeitsplatz können aber auch alte, bislang gut kompensierte Traumatisierungen "aufreißen". So erlebte eine Theologin, die vielfältige Erfahrungen von Vereinsamung in ihrer Kindheit gemacht hatte, in einer Einzelpfarrstelle genau die Gefühle, die sie in früheren Jahren leidlich kompensieren konnte. Oder ein Manager, der seinen Vater als wenig förderlich erlebt hatte, erlebte bei einem neuen Vorgesetzten übermäßige Enttäuschungsreaktionen, obwohl ihm dieser zwar nicht gerade herzlich, aber durchaus korrekt begegnete. In diesen Fällen konnte die Symptomatik durch Coaching jeweils stark gemildert werden.

Auch übermäßige Kränkbarkeit von Berufstätigen, die sie "normalerweise" relativ gut bewältigen, kann durch Korrekturen externer Bedingungen zur Quelle krisenhafter Erfahrungen werden. So wurde in einer Behörde ein neues Leistungsbeurteilungsystem etabliert. Jeder Vorgesetzte hatte seine unterstellten Mitarbeiter, aber auch diese den Vorgesetzten nach verschiedenen Kategorien zu beurteilen. Ein Verwaltungsjurist, der sich im Vergleich zu seinen Kollegen auf gleicher Hierarchie-Ebene immer "viel Mühe" mit seinen Mitarbeitern gegeben hatte, sah sich nun durch die "ritualisierte Schelte" unversehens in seiner menschlichen Kompetenz empfindlich herabgesetzt. Als er immer häufiger unter Schlafstörungen und auch tagsüber unter ständiger Unruhe litt, was zunehmend sein Familienleben in Mitleidenschaft zog, empfahl ihm schließlich seine Frau, Coaching in Anspruch zu nehmen.

2.2. "Schleichende" Krisen

In die Kategorie "schleichende Krisen" gehören berufliche Belastungsphänomene, die sich für die Betreffenden viel weniger deutlich bemerkbar machen, die oft erst bei eklatanten Fehlleistungen in der Arbeit, beim Auftreten massiver Symptome, oder gar beim Zusammenbruch spürbar werden. Aus diesem Grund besteht bei solchen Krisenformen auch seltener "Krankheitseinsicht" und damit seltener die Chance, sie frühzeitig zu lindern oder gar zu beseitigen. Hier ist nämlich prinzipiell zu beachten, daß schleichende Krisen, im Sinne von Stress oder beruflicher Deformation nur schwer oder gar nicht objektivierbar sind (CAPLAN et al. 1965). Die Betreffenden nehmen sie eher im Sinne einer "impliziten Theorie" als solche wahr oder eben nicht (WESTMAN/EDEN 1991). Wie etwa BHAGAT et al. (1991) ermittelten, variiert z.B. das subjektive Erleben von Stress mit der Arbeitszufriedenheit versus Arbeitsunzufriedenheit, mit Erfahrungen von Erfolg versus Mißerfolg usw.

Aus diesem Grund wird Coaching auch meist erst in Anspruch genommen, wenn "das Faß überläuft", d.h. sich die schleichende Krise zu einer akuten gewandelt hat.

Als heute oft diskutierte, schleichende Krisenphänomene lassen sich hier vorrangig nennen: berufliche Deformationen, Stress und Burnout.

(1) Berufliche Deformationen

So konstruktiv die "tertiäre", bzw. berufliche Sozialisation für viele Menschen verlaufen mag, birgt sie für viele andere vielfältige Gefahren der Deformation. Hier ist nicht nur an den "ewig jovialen Geschäftsmann" oder den "knallharten Manager" zu denken, hier sind auch Deformationen von Menschen in Sozialberufen relevant. Dabei geht es immer um einseitige Ausformungen im Denken und Handeln, also der gesamten Persönlichkeit (FENGLER 1992). Wenn solche Ausformungen von den Betreffenden oder ihrem Umfeld als Belastung erlebt werden, kann es zu Krisen kommen, die professionelle Unterstützung sinnvoll erscheinen lassen.

Gründe für derartige Deformationen können in berufsgruppenspezifischen Orientierungsmustern, in organisationskulturellen Phänomenen, in der Spezifität der beruflichen Interaktionspartner, in selbstauferlegten, konzeptionellen Verengungen und anderen Faktoren liegen.

Eine sattsam bekannte Deformation bei Ärzten und Krankenpflegepersonal (ANDERSON 1991, SCHREYÖGG 1994 b) ist das Bestehen auf subjektiver Handlungssicherheit. Jede Verunsicherung unterliegt der Verdrängung, weil dadurch allzu leicht die gesamte berufliche Identität bedroht scheint. In Fällen, wo aufgrund äußerer Umstände die Abwehrmechanismen zusammenzubrechen drohen, entsteht Stress, der bis zur Entwicklung massiver Symptome führen kann. Der Pflegedienstleiter einer Universitätsklinik, der in allen seinen bisherigen Tätigkeitsfeldern als erstklassig galt, suchte mich wegen massiver Schlafstörungen auf. Nach einer genauen Analyse seiner Arbeit stellte sich heraus, daß vor einem Jahr ein "widerlicher Macher" in der Klinik aufgetaucht war. Es handelte sich dabei um einen Arzt, der nicht aus wissenschaftlichem Ehrgeiz ("der kann sowieso nichts mehr werden, nur all die anderen eitlen Affen"), sondern aus einer Vaterübertragung zum Chefarzt heraus, immer nach den "kompliziertesten Patienten" fahndete und mit ihnen "als Experimentierfutter" die gesamte Intensivstation "vollstopfte." Die dadurch erzeugte, chronische Überforderung der Pflege-Mitarbeiter dieser Abteilung wurde natürlich laufend in Form von Klagen usw. an den Pflegedienstleiter herangetragen. Er versuchte daraufhin, zuerst "den Macher" um Veränderung zu bitten, als dies nichts half, den Chefarzt zu bewegen, auf den "Macher" Einfluß zu nehmen. Auch dies erwies sich als völlig ineffektiv, so daß er zuletzt "in ein entsetzliches Ohnmachtschaos" geriet, das seine Abwehr völlig überforderte. Erst als er sich seine aktuellen Ohnmachtsgefühle gelassener zugestehen konnte, gelang es ihm durch sachliche Interventionen in einem übergeordneten Kuratorium, den Ansprüchen seiner Mitarbeiter angemessen Geltung zu verschaffen.

Oft erweisen sich auch organisationskulturelle Phänomene als Belastungsfaktoren. Die Mitarbeiterin einer Europabehörde für Agrarwissenschaft, selbst Expertin in diesem Gebiet, hatte fast übermenschliche Anstrengungen unternommen, um eine Anstellung in dem System zu erhalten. Nun, da sie bereits drei Jahre in diesem Institut in einer südeuropäischen Stadt verbracht hatte, merkte sie, wie ihr zunehmend jede Initiative versackte. Nach einer eingehenden Auseinandersetzung mit ihrem Arbeitsplatz zeigte sich, daß von Vorgesetzten und Kollegen jede neue Anregung zwar freundlich interessiert aufgenommen wurde, daß aber alle

Papiere, in denen sie neue Projekte umriß, monatelang auf den Schreibtischen liegen blieben, nicht weitergeleitet wurden, obwohl sie oft unter Hinweis auf Zeitdruck von ihr angefordert wurden. "Es geht nie etwas weiter," meinte sie, "es ist alles so nett da, so interessant die Schulungen, die wir in Afrika usw. machen, aber es bleibt seicht." Ihr fiel zunehmend auf, daß aufgrund der vielfältigen politischen Verflechtungen jedes landwirtschaftliche Entwicklungsprojekt bis zu seiner Realisierung von so vielen Instanzen so umfassend modifiziert wurde, daß niemand je die Früchte seiner Arbeit erleben konnte. Das erzeugte bei den Mitarbeitern Gefühle von Entfremdung, die aber nicht eingestanden wurden, weil die Behörde als überdurchschnittlich attraktiv galt, d.h. sehr hohe Gehälter zahlte, viele Vergünstigungen einräumte usw. "Da ist es mir zu oberflächlich, ich komme richtig in einen Trance-Sog, ich fürchte doch, ich muß da weg," meinte sie resigniert.

Gravierende Belastungsfaktoren können natürlich auch berufliche Interaktionspartner darstellen. Eine Psychologin, die in einer stationären Einrichtung für Drogenabhängige tätig war, hatte sich schon während ihres Studiums und auch später, in ihrer Therapieausbildung usw. mit den besonderen Lebensbedingungen drogenabhängiger Frauen beschäftigt. Nun in einer therapeutischen Einrichtung "angekommen", versuchte sie in Form von Einzel-und Gruppentherapie ganz besonders die traumatischen Erfahrungen der Frauen zu bearbeiten. Nach einem halben Jahr erlebte sie ihre Arbeit zunehmend als belastend. "All diese Mißbrauchs- und Prostitutionsgeschichten ... es ist ein Wahnsinn. Mir rutschen so langsam alle meine Normen weg, vor allem, meine eigene Sexualität kommt völlig in Unordnung." Es bedurfte einer Reihe von Arbeitssequenzen, bis die Psychologin wieder eine angemessene Distanz zu ihrer Klientel erwarb, aber auch ihre Arbeit thematisch etwas umzustrukturieren bereit war.

In diesem Beispiel handelte es sich vorrangig um Belastungen, die aus einer selbstauferlegten Aufgabe resultierten. Oft begegnen uns aber auch Bedrängnisse, die aus selbstgewählten konzeptionellen Verengungen resultieren. Auch diese begegnen uns vielfach in "Helfermilieus" (FENGLER 1992). Hier leiten etwa oft Therapeuten aus psychoanalytischen Entwicklungskonzepten so hohe Anforderungen an sich ab, daß sie für ihre Patienten im Sinne von "Nachbeelterung" potentiell rund um die Uhr zur Verfügung stehen wollen. Eine so verstandene Rollendefinition führt vielfach zu umfassenden Gefühlen von Insuffizienz. Die Aufgabe von Coaching besteht dann vorrangig im "Zurechtrücken" überzogener konzeptioneller Ansprüche.

(2) Stress

Stress wird in der aktuellen Literatur unterschiedlich definiert. Als allgemeine Bestimmung läßt sich sagen, daß er in "Druck" besteht, d.h. in Belastungs-, Anforderungs-, Zeitdruck und, daß er Gefühle von Überforderung, Mißmut, Sich-gehetzt-Fühlen und Erfahrungen von Inkompetenz oder Ohnmacht auslöst (LAZARUS 1991). Symptomatisch stehen meistens tätigkeitsspezifische Phänomene im Vordergrund, weshalb in der Literatur auch immer wieder dem "Jobstress" (PERREWÉ 1991) besondere Beachtung gilt.

Begriffen frühe Autoren (CANNON 1936, SELYE 1936) Stress als rein biologisches Ereignis, bei dem auf schädliche Außenreize hin automatisch physiologische Alarmreaktionen mit der Konsequenz von Erschöpfung ausgelöst wurden, suchen neuere Autoren nach psychischen und/oder sozialen Erklärungen als stress-verursachende Faktoren. Bei einem Teil dieser Autoren werden im Anschluß an LAZARUS (1991) bis heute Stress-Erfahrungen primär in persönlichkeitsbedingten Aspekten verortet und entsprechende Muster zu ermitteln gesucht, die zur Bewältigung führen. Stress stellt hiernach eine subjektive, vom Menschen selbst konstruierte Belastung dar. Wie aber insbesondere die Life-Stress-Forschung zeigt (KAPLAN 1983, BRIEF 1991 u.a.), ist Stress mindestens ebenso umfassend als objektivierbares Phänomen zu begreifen, das sich aus interaktionellen, institutionellen und sogar gesellschaftlichen Kontexten ergeben kann.

Bei Menschen, die um Coaching ansuchen, begegnen wir in der Regel einem Konglomerat aus individuellen und kontextbedingten Stressoren, die aber durchaus nach der einen oder anderen Seite akzentuiert sein können.

So ist grundsätzlich davon auszugehen, daß die strukturelle, psychische Ausstattung eines Menschen ihm bei Bewältigung seiner beruflichen Aufgaben im Wege stehen kann. So erweisen sich Positionen, bei denen höhere Grade von Komplexität wie selbstverständlich "balanciert" werden müssen, für Personen, die zu ihrer psychischen "Befriedung" auf überschaubare, klar strukturierte Welten angewiesen sind, schnell als stressreich. Die Unternehmerin einer Firma für die Installation von Software suchte mich auf, weil ihr "alles über den Kopf zu wachsen drohte." Nach einem Informatikstudium hatte sie sich bald selbständig gemacht, um "in die eigene Tasche zu wirtschaften." Aufgrund ihrer sorgfältigen Arbeit, sie wollte "für jeden Betrieb immer eine maßgeschneiderte Lösung anfertigen", wurde ihre Dienstleistung gut nachgefragt, so daß sie bald Mitarbeiter einstellen mußte, zuerst eine Sekretärin, dann einen Mathematiker, eine weitere Informatikerin, bis das System 8 Personen umfaßte. "Ich habe die Dinge nicht mehr im Blick, mir entgleitet alles," stöhnte sie. Nachdem sie mit einem Mitarbeiter auch noch ein "Fiasko" erlebt hatte, weil dieser in einer Firma wegen "Schludrigkeit" aufgefallen war, erlebte sie ihre Arbeit als Firmenchefin so stressreich, daß sie aus "Selbstschutz" begann, Aufträge abzublocken. "Das geht so nicht weiter, ich komme zu schnell in Panik, die Konkurrenz läuft uns davon, ich muß mich ändern." In einem längerfristigen Prozeß lernte sie, die Anforderungen in der Firma für sich neu zu strukturieren, sorgfältig zu delegieren, aber auch die eingehenden Aufträge im Hinblick auf ihre Komplexität und ihren Schwierigkeitsgrad zu sortieren. In unserer gemeinsamen Arbeit ging es darum, einerseits die eigenen Bewältigungsstrategien zu flexibilisieren, aber auch die Komplexität der Firma personenangemessen zu reduzieren.

Am häufigsten werden aber sicher Stressphänomene berichtet, die auch für Menschen mit durchschnittlicher Stressresistenz und durchschnittlich guten Bewältigungsstrategien überfordernd wirken. Dabei stehen dann objektive Faktoren im Vordergrund, wie personelle Unterbesetzung, überdurchschnittlicher Arbeitsanfall, chronische "Rollenüberlastung" (MAYNTZ 1963), chronische "Querelen" usw., also Phänomene, die sich durch Coaching nicht beseitigen lassen. In manchen dieser Fälle ist nur zu raten, den Arbeitsplatz zu wechseln, in vielen anderen Fällen ist das wegen genereller Arbeitsmarktbedingungen gar nicht möglich und in wieder anderen Fällen stellt Überlastung sogar ein grundlegendes Bestimmungsmerkmal der Position dar.

Ein Schweizer Psychologe hatte zusammen mit zwei Pädagogen, einem Ehepaar, eine stationäre Einrichtung für drogenabhängige Aids-Kranke aufgebaut. In den ersten drei Jahren, die als Aufbauphase bei den Dreien ein hohes Maß an Solidarität mobilisierte, wurde ein anspruchsvolles Konzept erstellt, ein Neubau geschaffen, Klienten "akquiriert" usw. Bis auf wenige Unstimmigkeiten entwickelte sich ein relativ guter Kooperationszusammenhang. Als die Einrichtung etabliert war, begannen sich aber die Probleme zu häufen. Dabei ergab sich immer wieder eine spezifische Konstellation: der Psychologe wollte das bislang Erreichte durch Innovationen weiter ausbauen und sichern, der männliche Pädagoge stimmte ihm zunächst auch zu, um bei der nächsten Sitzung, gemeinsam mit seiner Frau, alle Ideen des Psychologen ad absurdum zu führen. Nachdem die Situation beinahe bis zu Handgreiflichkeiten eskalierte, suchte mich der Psychologe auf. "Sie bremsen alles weg, sie stecken immer unter einer Decke, ich hoffe immer wieder, ihn für meine Ideen zu gewinnen - und bin immer wieder enttäuscht. Er läßt sich von ihr immer wieder zum Konservieren des Bestehenden bewegen." Nach mehrmaligen Sitzungen entschied sich der Psychologe, die Einrichtung zu verlassen, obwohl er sich persönlich an das von ihm mitaufgebaute System sehr gebunden fühlte. Die Stellensituation für Psychologen in der Schweiz erlaubte diesen Schritt. "Woanders kann es nur besser werden," war sein Fazit.

Viele andere, durch den Kontext verursachte Stressphänomene lassen sich aber nicht so einfach durch Stellenwechsel lösen, sondern nur durch veränderte Formen des Umgangs mit Belastungserscheinungen. Ein junger Betriebswirt hatte bei einem Familienunternehmen eine

Geschäftsführerposition angenommen. Die gut dotierte Tätigkeit gefiel ihm ausnehmend gut, weil ihm in sein breites Aufgabengebiet "niemand reinredete". Der Firmeneigner war vorrangig mit Akquisition und der Pflege von Geschäftsbeziehungen befaßt. Eines Tages eröffnete er ihm aber, daß nun seine Tochter mit ihrem Studium fertig sei, auch einem Wirtschaftsstudium, und als Assistentin des Managers fungieren sollte, "sie erbt ja mal den Laden". Der Betriebswirt hatte die Tochter des Inhabers bislang nur flüchtig kennengelernt und durchaus sympathisch gefunden, so daß er sich eine Zusammenarbeit zunächst vorstellen konnte. Bald stellte sich aber heraus, daß sie die ihr zugewiesenen Aufgaben nur dann wahrnahm, wenn der Vater im Haus anwesend war, die meiste Zeit jedoch mit dem Vater mitreiste. Jetzt setzte für den Manager eine zermürbende Zeit ein, in der er die Tochter des Inhabers zu überzeugen suchte, daß sie vorerst besser ihre Aufgaben innerhalb des Unternehmens erledigen sollte, sie sich entzog, dann sogar der Vater intervenierte, er habe sich in "Familienangelegenheiten" nicht einzumischen usw. Im Verlauf eines Coaching-Prozesses ging es einerseits darum, dem Manager zu helfen, diese automatisch entstandene "Geschwisterrivalität" um den Vater sinnvoll zu handhaben, er mußte andererseits lernen, daß die eher fluktuierende Mitarbeit der Unternehmertochter durch ihn nicht zu ändern sei, und er lernte sein "eigenes business" zu tun, d.h. seine Geschäftsführerposition so zu verrichten, als wenn er keine Assistentin hätte.

In manchen beruflichen Zusammenhängen stellen chronische Belastungen nicht nur die Regel dar, sie bilden qua Bestimmung "von oben" sogar eine erstrebenswerte Norm. Ein eklatantes Beispiel für solchen Zusammenhang ist die Position protestantischer Gemeindepfarrer. Das Anforderungsprofil der Kirche sieht eine Rollenvielfalt vor, die kein Mensch auch nur annähernd realisieren kann. Das führt regelmäßig zu Formen von Rollenüberlastung. Diese kann aber auf dem Hintergrund protestantischer Ethik (WEBER 1921) von den betreffenden Pfarrern nicht als "unerfüllbar" eingestanden werden, weshalb sie sich "plagen und mühen", alle automatisch auftretenden "Löcher zu stopfen". Letztendlich bleiben sie aber immer "zur Unvollkommenheit verdammt", was chronifizierte Insuffizienzgefühle erzeugen muß. Kompensiert werden diese durch überhöhte Rollenzuschreibungen der Gemeindemitglieder, so daß Gemeindepfarrer nicht selten zwischen Selbstabwertung und -überhöhung unausgeglichen hin- und herpendeln. Beim Coaching von protestantischen Gemeindepfarrern geht es dann häufig nicht nur um Fragen, wie sie die verschiedenen Rollen neu gewichten und "sich erlauben" können, interessenspezifische Akzente in ihrer Arbeit zu setzen, es geht häufig auch darum, wie sie "ihre Mitte" finden, d.h. eine menschlich angemessene Selbstdefinition.

(3) Burnout

Ausbrennen, bzw. Burnout (ARONSON et al. 1983) wird heute als die "schleichende Krise" per excellence bezeichnet. Es handelt sich dabei um einen physischen und psychischen

Erschöpfungszustand, der von negativen Selbstdefinitionen und negativistischen Haltungen gegenüber der Arbeit begleitet ist (EMENER et al. 1982, GARDEN 1991 u.a.). Die Symptome bestehen in Gleichgültigkeit gegenüber der Arbeit, in Widerstand, den Arbeitsplatz überhaupt zu betreten, Schuldgefühlen, sozialem Rückzug und einer Vielzahl von somatischen Beschwerden (KASLOW/SCHULMAN 1987).

Ursachen scheinen in generalisierter Arbeitsunzufriedenheit zu bestehen, im subjektiven Gefühl von Erfolglosigkeit und vor allem im Eindruck, keine Distanz mehr zur Arbeit zu finden (FENGLER 1992). Was wir schon im Zusammenhang mit akuten Krisen und Stress verhandelt haben, stellt sich beim Burnout verschärfter dar, d.h. als Zustand, bei dem alle Abwehr zusammengebrochen ist und Gefühle von Aussichtslosigkeit dominieren.

Vom Ausbrennen sind potentiell alle Berufsgruppen betroffen (BURISCH 1989). Was aber in rein monetär orientierten Arbeitszusammenhängen für die Betreffenden und ihr Umfeld oft noch gerade akzeptabel scheint, nämlich ohne jede Bindung an die Arbeit bis zur Pensionierung oder bis zur Rente vor sich "hinzudümpeln", stellt bei allen Arbeitsplätzen, die qua Bestimmung ein normativ geleitetes Engagement erfordern, eine nur "schwer verdauliche" Paradoxie dar. Menschen in Tendenzbetrieben, wie es etwa Parteien, Gewerkschaften oder Kirchen darstellen, sind schon qua Dienstauftrag gehalten, sich für die Intentionen ihres Arbeitgebers zu engagieren. Und auch alle "Helferberufe", wie Erzieher, Therapeuten, Ärzte usw. gehen mit ihrer Berufstätigkeit automatisch die Verpflichtung eines mitmenschlichen Engagements ein. Wenn diese Gruppierungen von Burnout-Phänomenen erfaßt werden, trifft sie das voraussichtlich besonders hart, d.h. sie entwickeln stärkere Insuffizienzgefühle und insgesamt stärkere Symptome, weil ihre Arbeit dann auch tatsächlich jeden Sinn verliert.

Ein Gewerkschaftssekretär aus dem deutschsprachigen Ausland suchte mich auf, weil er seine Arbeit nur noch als "absurd, blödsinnig" usw. apostrophostrieren konnte und unter ausgeprägten Rückenschmerzen litt. Sein Boß war in Rahmen eines Bestechungsskandals "unter die Räder gekommen", d.h. er konnte überführt werden, mit einem Industrie-Kartell unangemessene Absprachen zuungunsten der Arbeitnehmer getroffen zu haben. "Was hat gerade der immer getönt, jetzt merke ich erst, alles nur Bluff. Da ist überhaupt viel zuviel vordergründiges Gerede bei uns". Ihm war im Verlauf eines Jahres seine gesamte Wertewelt zusammengebrochen. In den ersten Monaten nach dem Vorfall hatte er sich immer wieder zu trösten versucht, daß es eben "überall schwarze Schafe" gibt. "Dann habe ich aber meine Augen und Ohren überhaupt mal weiter aufgemacht als früher. Ja, da gibt es Alkoholiker und vertroddelte Idioten in Hülle und Fülle." Wo er früher vieles in der "Firma" eher idealisiert hatte, war seine neu entstandene, negativistische Haltung jetzt kaum mehr zu bremsen. Er sah überall nur noch "Wichtigtuerei, Massenverdummung" usw. Es bedurfte einiger Anstrengung, ihm zu einer realistischeren Wahrnehmung zu verhelfen.

Ganz ähnliche Phänomene lassen sich beobachten, wenn Pfarrer in Glaubens- und dazu noch in Loyalitätskrisen gegenüber ihrer Kirche geraten. Zu besonders katastrophalen Burnout-Zuständen können sie sich auswachsen, wenn auch die Privatwelt beeinträchtigt ist. Das finden wir nicht selten bei homosexuellen Theologen, denen seitens der meisten Landeskirchen nicht erlaubt ist, mit ihrem Partner im Pfarrhaus zusammenzuleben. Coaching stellt in solchen Fällen eine besonders wichtige Form der Unterstützung dar. Im Vordergrund steht hier Sortieren des eigenen Sinnsystems, Austarieren der vielfältigen beruflichen Anforderungen und Entwicklung angemessener Formen von Selbstregulation in einer von außen auferlegten, privaten Einsamkeit.

Wie FENGLER (1992) anmerkt, sind ohnedies alle Personen aus Helferberufen, die keine angemessene Regulation in ihrer Privatheit erfahren, hochgradig Burnout-anfällig. Und diese Regulation ist regelmäßig beeinträchtigt, wenn Privat- und Berufswelt nicht eindeutig voneinander zu trennen sind. Das trifft nicht nur für Gemeindepfarrer zu, sondern oft auch für Leiter von Kinder- oder Altenheimen, aber auch für viele Geschäftsleute. Menschen in solchen Situationen sind einer laufenden Zerreißprobe ausgesetzt, ob sie dem Familienleben oder beruflichen Ansprüchen den Vorrang geben sollen. Sie fühlen sich nicht selten als "Gefangene" in einer permanent fordernden Lebenswelt. Angesichts von Job-Stress finden sie kein Reservat mehr zum "Ausbruch", d.h. das lebensweltliche Arrangement gestattet keinerlei Distanz zur Arbeit. In solchen Fällen wird Coaching oft der einzige, legitime Ort der Entlastung.

3. Suche nach mehr Selbstmanagement

Wie eingangs erläutert, besteht die besondere Bedeutung von Coaching in der Förderung des Selbstmanagements von Berufstätigen. Da in den letzten Jahren immer mehr Menschen die konstruktiven Wirkungen von Coaching erfahren haben, wächst auch die Zahl derer, die unabhängig von beruflichen Krisen, also in "Ruhe- oder Wachstumsstadien" um Unterstützung suchen. Sie wünschen dann ihr berufliches Dasein noch intensiver oder noch umfassender ausbauen. Solche Wünsche tauchen auf, wenn ein Karriereplateau erreicht ist und Fragen anstehen, wie sich aus dem bisherigen Arbeitsleben "noch mehr machen läßt." Menschen haben dann den Eindruck, daß sie die ihnen gestellten, beruflichen Anforderungen umfassend und flüssig erfüllen, daß aber noch mehr Gestaltungsmöglichkeiten "drin sein müßten." Es handelt sich also um Wünsche nach "beruflicher Selbstverwirklichung." Den ersten Zugang zu solcher Beratung bilden zwar auch oft krisenhafte Erfahrungen, viele suchen aber nach ihrer Überwindung weitere Begleitung im Sinne eines "reichen Berufslebens.".

Dabei geht es immer um Belebung noch nicht genutzter Potentiale im Job. Die Veränderungsintention kann dabei entweder auf die Person des Berufstätigen zentriert sein, sie richtet sich aber auch auf Entfaltung weiterer Handlungskompetenzen in einem je gegebenen, sozialen Umfeld.

Im traditionellen Sinne des Wortes "Coaching" stehen hier oft Fragen im Vordergrund, wie sich ein Mensch noch besser in seiner beruflichen Umwelt verankert oder wie er sich als der präsentiert, der er ist oder als der er gesehen werden möchte. In diese Kategorie fallen Formen von Karriereberatung, wie also Menschen ihren weiteren beruflichen Werdegang für sie "richtig" planen und wie sie sich bei maßgeblichen Instanzen als die "Richtigen" ausweisen.

Eine andere Aufgabe bei der Förderung individuellen Selbstmanagements ist der Erwerb noch flexiblerer Formen von "Coping" als bisher, d.h. die persönliche Selbstregulation bei beruflichen Anforderungen aller Art.

Die zentralste Intention von Coaching ist aber das Selbstmanagement in gegebenen sozialen Situationen, sei es in einer Organisation oder in der Freiberuflichkeit. "Selbstmanagement in Rollen" stellt zwar eine "Grundfähigkeit" dar, die jeder Berufstätige "beherrscht - unabhängig davon, ob er traditionellerweise als Manager oder Arbeiter bezeichnet wird" (AUER-HUNZINGER/SIEVERS 1991 S. 34). Manche Berufstätige fragen aber Coaching nach, um diese Qualifikation noch umfassender auszubauen.

3.1. Individuelle Formen von Selbstmanagement

Coaching, als Förderung des individuellen Selbstmanagements kann also eine generelle Karriereberatung oder, noch spezifischer, Hilfen zur Flexibilisierung der persönlichen Verarbeitungsformen beinhalten.

(1) Karriereberatung

Karriereberatung ist so vielgestaltig, wie Karrieren eben sein können. Als grundlegende Intentionen von Menschen, die einen Coach bemühen, lassen sich aber zwei Aspekte nennen: Es geht ihnen einerseits immer um realistische Auseinandersetzung mit den eigenen Interessen und Potentialen, bzw. mit dem, was bisher an Potentialen erarbeitet wurde, es geht andererseits um die Suche von und Auseinandersetzung mit Umwelten, in denen diese Potentiale plaziert und womöglich noch ausgebaut werden können.

Der Direktor der Division eines internationalen, Großunternehmens in der chemischen Industrie suchte mich wegen Karriereberatung auf. Nach zehn Jahren, während derer es ihm gelang, die Firma nicht nur im Sinne von Effizienz, sondern auch im Sinne von Humanität zu einer gewissen Blüte zu bringen, schienen ihm in seiner jetzigen Position alle Gestaltungsmöglichkeiten ausgereizt zu sein. Zwischenzeitlich war auch an der Konzernspitze ein Führungswechsel eingetreten, von dem er sich realistischerweise keine weiteren Entwicklungen für sich und die Firma versprach. Seine Fragestellung war, "wo kann ich mich sinnvoller einbringen. Soll ich nochmal eine neue Firma übernehmen und ausbauen oder soll ich lieber freiberuflich, als Unternehmensberater arbeiten." Beide Optionen schienen realistisch, denn er verfügte auch über eine qualifizierte Beraterausbildung. Anhand der Analyse seines bisherigen Engagements zeigte sich, daß er die Rolle als "vorbildlicher Vorgesetzter" und als "fachlicher Pionier" umfassend "gelebt hatte", in ihr also maximal aufgegangen war. Anhand von verschiedenen Zukunfts-Szenarien, als "Newcomer-Manager" in einer neuen Firma und als Unternehmensberater, fiel ihm auf, daß er in der Position eines Unternehmensberaters niemals einen so durchschlagenden Einfluß im Sinne seiner Intentionen, wie als Manager nehmen könnte. So entschied er sich, seine Prioritäten neu zu setzen. "Ich werde zuerst doch lieber nach einer neuen Firma suchen."

(2) Flexibilisierung des Coping

Jeder Beruf stellt eine Vielzahl von Anforderungen und Belastungen, die "beantwortet" sein wollen. "Coping" bezeichnet dann die individuelle Weise, in der Menschen diese Anforderungen und Belastungen verarbeiten (FENGLER 1992). Coping-Formen, als persönliche Bewältigungsstrategien sind situativ und individuell höchst variabel. Sie reichen von Versuchen, mehr Informationen über Situationen zu gewinnen, sich maximal vorzubereiten, über Verwendung spezifischer Entspannungsformen bis zur Verdrängung von Anforderungen (RÜGER et al. 1990). Für die individuelle Auswahl der Maßnahmen sind eine Vielzahl von Parametern relevant, wie die historischen Erfahrungen eines Menschen bei der Bewältigung von Anforderungen, Formen der Informationsverarbeitung, die Verankerung in sozialen Netzwerken usw. (HARLOVIC/KEENAN 1991).

Wenn sich auch nicht einfach von "Coping-Stilen", als immer wiederkehrenden Formen der Verarbeitung sprechen läßt (FENGLER 1992), ist doch zu beobachten, daß Menschen zu bevorzugten Mustern greifen und insgesamt über ein mehr oder weniger umfassendes Coping-Inventarium verfügen. Dieses erweist sich für neue Anforderungen als mehr oder weniger tauglich (BHAGAT et al. 1991). Dementsprechend kann ein Anlaß für Coaching auch im Wunsch nach Erweiterung dieses Inventariums bestehen.

Ein promovierter Psychologe mit profunden klinischen Erfahrungen, unter anderem in Führungspositionen, einer Vielzahl von Veröffentlichungen, einer Reihe psychotherapeutischer Zusatzausbildungen und einer Ausbildung als Supervisor suchte mich aus diesem Anlaß auf. Nach einigen Jahren Freiberuflichkeit fiel ihm immer deutlicher auf, daß er zwar in der Rolle des Psychotherapeuten für seine Klienten überzeugend schien, als Supervisor aber, insbesondere von Teams, es ihm offenbar nicht in der gleichen Weise gelang, einen ihm angemessen kompetenten Eindruck zu vermitteln. Nach Analyse und Vergleich von psychotherapeutischen und supervisorischen Situationen fiel dem Psychologen auf, daß die Mitglieder, besonders therapeutischer Teams "ihrem Supervisor" regelmäßig ein "narzißtisch" hohes Anspruchsniveau, wie er fand, entgegenbringen. Eine Untersuchung seiner Reaktionsformen erbrachte, daß er genau solchen Ansprüchen mit demonstrativem Understatement begegnete, was bei manchen Teams Enttäuschungsreaktionen mit allen Aspekten von Herabsetzung evozierte. Die weitere Arbeit erbrachte, daß ihm in seiner Kinder- und Jugendzeit fast notorisch ähnliche "narzißtische Anforderungen" seitens der Eltern entgegengebracht wurden, die er zunehmend "trotzig", auch durch demonstratives Understatement unterlaufen hatte. Im weiteren Verlauf des Coaching ging es einerseits um Förderung von Selbstakzeptanz dieser Haltung, z.B. durch Auswahl von Teams mit einem voraussichtlich weniger ausgeprägten Anspruchsniveau, es ging andererseits um die Entwicklung neuer Bewältigungsstrategien, wie er sich z.B. mit seinen umfassenden Kompetenzen besser als bisher präsentieren könne.

3.2. "Selbstmanagement in Rollen"

Coaching wird nicht nur zur Verbesserung des personalen Selbstmanagements in Anspruch genommen, sondern auch zum Ausbau des sozialen.

Förderung von "Selbstmanagement in Rollen" (AUER-HUNZINGER/ SIEVERS 1991) ist immer darauf gerichtet, wie Berufstätige umfassender und tiefer als bisher, also im Sinne von "Job-Enlargement" und "Job-Enrichment" (ARGYRIS 1975), eine bislang erworbene Position als je einmaliger Mensch ausgestalten können.

Auf dem Hintergrund soziologischer Rollentheorien (JOAS 1973) geht es dann um zweierlei:

- Der Betreffende soll zunächst seinen strukturellen, je spezifischen Ort in sozialen Kontexten, d.h. seine Position mit den für ihn relevanten Komplementärpositionen so umfassend wie möglich "ausspüren", also rational und "mit allen Sinnen erkennen" (SCHREYÖGG 1992). Im Verlauf solcher systematischen Analysen eröffnen sich meistens eine Reihe von Handlungsspielräumen, die vom Betreffenden noch nicht ausgeschöpft wurden.

- Darüber hinaus geht es bei Förderung des sozialen Selbstmanagements um kognitive und erfahrungsorientierte Auseinandersetzungen mit dem Interaktionsgeschehen, das der Betreffende mit seinen jeweiligen Rollenpartnern in dieser, seiner Position entwickelt hat (MEAD

1973). Oft erweisen sich dann die bisherigen Interaktionsmuster als zu verengt oder als in anderer Weise unbefriedigend.

Coaching besteht hier einerseits in Ermutigung und Training, alle noch nicht genutzten, positionellen Handlungsspielräume auszufüllen, es besteht andererseits in Korrektur und Neugestaltung von Interaktionen mit komplementären Rollenpartnern. Coaching strebt dabei eine Integration von strukturellen und interaktionellen Rollenaspekten an (SCHREYÖGG 1992).

Entfaltung dieser Art des Selbstmanagements kann bei Mitgliedern unterschiedlicher Organisationen, es kann aber auch bei freiberuflich Tätigen Anlaß für den Wunsch nach Coaching sein.

(1) Selbstmanagement in Organisationen

Organisatorische Systeme, in denen heute die Mehrzahl aller Berufstätigen arbeitet, konstituieren sich durch formale Binnenstrukturen (KIESER/KUBICEK 1983). Im Sinne von Arbeitsteiligkeit und Hierarchisierung bestimmt diese formale Binnenstruktur die Position eines jeden Organisationsmitgliedes planmäßig. Modifiziert wird diese planmäßige Position immer durch eine Vielzahl nicht-planmäßiger Variablen, wie informelle "Grüppchenbildungen", Interessengegensätze usw. Darüber hinaus spielen in der organisatorischen Realität auch immer Umwelteinflüsse eine mehr oder weniger gravierende Rolle. So kann, etwa bei stärker institutionalisierten Sozialsystemen, wie es etwa Kliniken, Behörden usw. darstellen, das organisatorische Geschehen hochgradig durch den Zugriff von Suprasystemen modifiziert werden. Der einzelne Positionsinhaber bildet dann den Schnittpunkt eines komplexen, formalen und informellen Gefüges. Einen Anlaß für Coaching kann dann die "Lust" bilden, sich des eigenen beruflichen Daseins in diesem Gefüge umfassend gewahr zu werden und es noch bewußter und eigenständiger zu handhaben.

Die Leiterin eines staatlichen Heimes für erwachsene Behinderte entwickelte im Verlauf eines längeren Coaching-Prozesses das Bedürfnis, ihre Rolle an ihrem Arbeitsplatz mit allen Facetten zu "verstehen" und noch umfassender als bisher auszugestalten. Mit Bausteinen verschiedener Größe, Form und Farbe legte sie zunächst ein formales Organigramm ihres Systems auf dem Boden aus. Daran anschließend baute sie die für das Heim relevanten Suprasysteme auf, d.h. die Heimaufsichtsbehörde, die Baubehörde, das System ihrer unmittelbar zuständigen Vorgesetzten-Behörde usw. Nach Darstellung dieser formalen Situation wurde sie gebeten, bestimmte Interessengruppen zuerst in der Einrichtung, dann bei den Suprasystemen mit einer gesonderten Farbe kenntlich zu machen. Jetzt stellte sich für sie heraus, daß sie selbst den Schnittpunkt mehrerer, divergierender Interessengruppen bildete. Bei den Suprasystemen ließ sich deutlich eine parteipolitische Polarisierung erkennen zwischen Sozialdemokraten und Christlich Sozialen. Innerhalb des Hauses machte sie eine klare Front zwischen "pädagogischen Innovateuren" und "pädagogischen Konservatoren" aus. Auf die informellen Bezüge zwischen den Gruppierungen innerhalb des Heimes und innerhalb der Suprasysteme befragt, stellte sie überrascht fest, daß eine verdeckte Koalition zwischen Christ-Demokraten "oben" und den Innovateuren im Haus bestand. Selbst Sozialdemokratin, war sie zunächst stark irritiert. "Das ist ja ein Ding, wenn ich das Heim in die Richtung, die mir vorschwebt, vorwärtsbringen will, muß ich mit den Schwarzen koalieren." Auf dem Hintergrund einer Analyse aller ihrer Interaktionen mit Vertretern von Suprasystemen, kam sie zu dem Ergebnis, "die sind tatsächlich immer sehr vernünftig, die fachliche Kooperation mit denen kann und will ich wirklich vertiefen."

(2) Selbstmanagement in der Freiberuflichkeit

Noch komplexer stellt sich vielfach die Rollensituation von Freiberuflern dar, weshalb hier diese Art von Selbstmanagement meist noch bedeutender ist und häufig den Anlaß für Coaching bildet.

Als festes Mitglied eines organisatorischen Systems könnte man annehmen, daß Freiberufler, wie Psychotherapeuten, Unternehmensberater usw. "freischwebende Künstler" sind, die von jedem "Selbstmanagement in Rollen" befreit sind. Dabei wird im allgemeinen übersehen, daß auch der Künstler sein soziales Netz zum ökonomischen und menschlichen Selbsterhalt benötigt, wie eben auch andere Freiberufler ihre Zugehörigkeit zu verschiedenen Bezugsgruppen, "Bezugsorganisationen" usw. "pflegen" müssen.

So suchte mich ein klinischer Soziologe zum Zwecke von Rollenberatung auf. Er hatte sich auf dem Hintergrund von Psychotherapie- und Supervisorenausbildungen ein eigenes Institut für "Klinische Organisationsberatung" aufgebaut, das gut florierte und in dem er schon eine ganze Reihe von Personen mit vergleichbarer Qualifikation auf der Basis von Honorarverträgen angestellt hatte. Darüber hinaus war er als Ausbilder für ein großes Supervisionsausbildungsinstitut tätig, arbeitete führend mit bei der Etablierung eines regionalen Therapieverbundes und wollte in einer etwas weiter entfernten Stadt promovieren. Als er mir auf einem großen Blatt Papier alle seine Rollen ausgebreitet hatte, wurde ihm selbst fast schwindlig. "Das sind zu viele Optionen." Er bemerkte nun, daß er im Verlauf der letzten Jahre soviel Freude an seinen beruflichen Aktivitäten entwickelt hatte, zumal er nach seinem Studium erst lange keine Anstellung fand, daß er aber nun im Begriff war, sich fast etwas wahllos, bzw. unsortiert zu engagieren und zu verausgaben. "Ich muß Prioritäten setzten," stellte er fest. Ich bat ihn nun, einen Lebensentwurf für sich selbst, bis zu seinem 50. Lebensjahr, zu skizzieren, der ihm lebenswert erschien. Jetzt gelang es ihm wie selbstverständlich zu wählen. "Ich will dann ein möglichst qualifizierter Berater klinischer Systeme sein, also muß ich meine Firma pflegen mit all den Mitarbeitern, die für mich einen wichtigen sozialen Background darstellen. Für mich gehört, angesichts meiner bisherigen Entwicklung, aber auch dazu, daß ich alles, was ich fachlich erarbeite, auf solide konzeptionelle Beine stelle. Das geht am besten im Rahmen einer Dissertation." Er leitete dann auch zügig und angemessen pragmatisch eine gezielte Kanalisierung seiner Ressourcen ein.

4. Nachwort

So vielfältig die Anlässe für Coaching, so "schmal" sind die bisherigen konzeptionellen Ansätze. Wenn Coaching als "exklusive" Form der Personalentwicklung eine Zukunft haben soll, bleibt hier noch manches an grundlegender Konzeptarbeit zu leisten.

Ebenso verhält es sich mit den Ausbildungen für Coaching. Bislang zeichnen sich noch kaum Ausbildungsstätten ab, die in der Lage wären, eine solche Breite an Themen abzudecken, wie ich sie hier soeben skizziert habe. Leider finden wir noch viel zuviele Berater, die sich auf einem eher zweifelhaften fachlichen Hintergrund zu solcher Beratung "selbst ermächtigen". Ein qualifizierter Coach sollte nicht nur über eine Fülle an personalen Kompetenzen, wie etwa eine menschlich "gute Ausstrahlung", umfassende berufliche Erfahrungen, einen breiten sozialwissenschaftlichen Verstehenshintergrund usw. verfügen, er sollte auch einem Handlungsmodell verpflichtet sein, das er den diesbezüglich oft anspruchsvollen Klienten gegenüber explizieren kann.

Literatur

ANDERSON, J.G., Stress and Burnout Among Nurses: A Social Network Approach, in: Perrewé, P.L. (Ed.), Handbook on Job Stress, Select Press, Madera 1991, p. 251 - 272

ARGYRIS, C., Das Individuum und die Organisation: Einige Probleme gegenseitiger Anpassung, in: Türk, K. (Hrsg.), Organisationstheorie, Hamburg 1975

ARONSON, E., PINES, A.M., KAFRY, D., Ausgebrannt. Vom Überdruß zur Selbstentfaltung, Klett-Cotta, Stuttgart 1983

AUER-HUNZINGER, V., SIEVERS, B., Organisatorische Rollenanalyse und -beratung: Ein Beitrag zur Aktionsforschung, in: Gruppendynamik, 1/1991, S. 33 - 46

BAURIEDL, TH., Psychoanalyse ohne Couch, Urban & Schwarzenberg, München 1985

BHAGAT, R.S., ALLIE, S.M., FORD, JR., D.L., Organizational Stress, Personal Life Stress and Symptoms of Life Strains: An Inquiry into the Moderating Role of Styles of Coping, in: Perrewé, P.L. (Ed.), Handbook on Job Stress, Select Press, Madera 1991, p. 163 - 184

BRIEF, A., GEORGE, J.M., Psychological Stress and the Workplace: A Brief Comment on Lazarus' Outlook, in: Perrewé, P.L. (Ed.), Handbook on Job Stress, Select Press, Madera 1991, p. 15 - 20

BURISCH, M., Das Burnout-Syndrom. Theorie der inneren Erschöpfung, Springer-Verlag, Berlin, Heidelberg 1989

CANNON, W.B., Bodily changes in pain, hunger, fear, and rage, 2. Aufl., Appleton-Century Croft, New York 1936

CAPLAN, G., MASON, E.A., KAPLAN, D.M., Four studies of crisis in parents of prematures, Community Mental Health Journal 1/1965, p. 149 - 161

EMENER, W.G., LUCK, R.S., GOHS, F.X., A theoretical investigation of the construct burnout, in: Journal of Rehabilitation Administration, 6 (4) 1982, p. 188 - 196

FENGLER, J., Helfen macht müde. Zur Analyse und Bewältigung von Burnout und beruflicher Deformation, Pfeiffer, München 1992

GARDEN, A.M., The Purpose of Burnout: A Jungian Interpretation, in: Perrewé, P.L. (Ed.), Handbook on Job Stress, Select Press, Madera 1991, p. 73 - 94

HAVLOVIC, S.J., KEENAN, J.P., Coping with Work Stress: The Influence of Individual Differences, in: Perrewé, P.L. (Ed.), Handbook on Job Stress, Select Press, Madera 1991, p. 199 - 212

HOBBS, M., Crisis intervention in theory and practice: A selective review, British Journal of Medical Psychology 57/1984, p. 23 - 34

JOAS, H., Die gegenwärtige Lage der soziologischen Rollentheorie, Frankfurt/M., 1973

KAPLAN, H.B., Psychosocial stress: Trends in theory and research, Academic Press, New York 1983

KASLOW, F.W., SCHULMAN, N., How to be sane and happy as a family therapist or the reciprocal impact of family therapy teaching and practice and therapists' personal lives and mental health, in: Journal of Psychotherapy & the Family, 3, (2), 1987, p. 79 - 96

KIESER, A., KUBICEK, H., Organisation, 2. Aufl., Berlin, New York 1983

KILLILEA, M., Interaction of crisis theory, coping strategies, and social support systems, in: Schulberg, H.C. & Killilea, M. (Hrsg.), The modern practice of community mental health, Jossey-Bass, San Francisco 1982, p. 163 - 214

LAUX, L., Psychologische Streßkonzeptionen, in: Thomae, H. (Hrsg.), Motivation und Emotion (Enzyklopädie der Psychologie, Serie IV, Bd. 1), Hogrefe, Göttingen 1983, S. 453 - 535

LAZARUS, R.S., Psychological Stress in the workplace, in: Perrewé, P.L. (Ed.), Handbook on Job Stress, Select Press, Madera 1991, p. 1 - 14

LOOSS, W., Coaching für Manager - Konfliktbewältigung unter vier Augen, Verlag moderne Industrie, Landsberg/Lech 1991

MAYNTZ, R., Soziologie der Organisation, Rowohlt, Hamburg 1963

MEAD, G.H., Geist, Identität und Gesellschaft, Frankfurt/M. 1973

NELSON, D.L., QUICK, J.C., JOPLIN, J.R., Psychological Contracting and Newcomer Socialization: An Attachment Theory Foundation, in: Perrewé, P.L. (Ed.), Handbook on Job Stress, Select Press, Madera 1991, p. 55 - 72

NEUBEISER, M.-L., Management-Coaching, Zürich-Wiesbaden 1990

NITSCH, J., Streß. Theorien, Untersuchungen, Maßnahmen, Huber, Bern 1981

PERREWÉ, P.L. (Ed.), Handbook on Job Stress, Select Press, Madera 1991

PETZOLD, H., Integrative Therapie, Junfermann, Paderborn 1993

RIEGEL, K.F., Psychologie, mon amour, Urban & Schwarzenberg, München 1981

RÜGER, U., BLOMERT, A.F., FÖRSTER, W., Coping. Theoretische Konzepte, Forschungsansätze, Meßinstrumente zur Krankheitsbewältigung, Vandenhoeck & Ruprecht, Göttingen 1990

RYLAND, E., GREENFELD, S., Work Stress and Well Being: An Investigation of Antonovsky's Sense of Coherence Model, in: Perrewé, P.L. (Ed.), Handbook on Job Stress, Select Press, Madera 1991, p. 39 - 54

SCHREYÖGG, A., Supervision - ein integratives Modell, Lehrbuch zu Theorie und Praxis, 2. Aufl., Junfermann, Paderborn 1992

SCHREYÖGG, A., Die Supervision stationärer Therapie-Systeme als moderne Form der Organisationsberatung - am Beispiel stationärer Einrichtungen der Suchtkrankentherapie, in: Wilker, F.-W. (Hrsg.), Supervision aus der Praxis - für die Praxis, Deutscher Psychologen-Verlag, 1994 a

SCHREYÖGG, A., Supervision - Didaktik und Evaluation, Junfermann, Paderborn 1994 b

SELYE, H., A syndrome produced by diverse nocuons agents. Nature 138, 1936

ULICH, D., Krise und Entwicklung. Zur Psychologie der seelischen Gesundheit, Psychologie Verlags Union, München-Weinheim 1987

VINEY, L.L., The consept of crisis: A tool for clinical psychologists. Bulletin of the British psychological Society 29/1987, p. 387 - 395

WEBER, M., Wirtschaft und Gesellschaft, Grundriß der verstehenden Soziologie, 2. Halbbd., J.C.B. Mohr (P. Siebeck), Tübingen 1976 (Orig. 1921)

WESTMAN, M., EDEN, D., Implicit Stress Theory: The Spurios Effects of Stress on Performance Ratings, in: Perrewé, P.L. (Ed.), Handbook on Job Stress, Select Press, Madera 1991, p. 127 - 140

Kapitel 10

Coaching[1]

Ein neues Arbeitsfeld für Psychologen?...!

Gunter König

1. Was ist Coaching?

1.1. Definition

Der Begriff COACHING wurde aus der Sportpsychologie entlehnt. Coaching umfaßt dabei die Betreuung und Beratung der Athleten während des Trainings und im Wettkampf: Einstellung auf die Wettkampfbedingungen, taktische Anweisungen, psychologisches Einfühlungsvermögen bei Erfolg und bei Mißerfolg, Eingehen auf die Persönlichkeit des Athleten und ähnliches.

Dr. Hans Eberspächer, Psychologe und Professor am Sportinstitut der Universität Heidelberg definiert:

[1]Überarbeitete Fassung eines Beitrags aus: Gebert/Hacker (Hrsg.): Arbeits- und Organisationspsychologie; 1991 - Dresden, DPV, 1993

„Coaching ist Betreuung im Sinne teilnehmender Hilfestellung, beim Lösen von Problemen im leistungsorientierten Sport vor, während und nach Beanspruchungen und Belastungen in Training und Wettkampf. Basis ist psychologisches Grundlagen- und Alltagswissen. Coaching impliziert Diagnostik, Beratung, Modifikation sub-optimalen Erlebens, Verhaltens und Handelns. Effizienzkriterium ist die realisierte sportliche Leistung." (Neubeiser, M-L-. 1990)

Was gut ist für Tennis-Profis, ist vielleicht auch gut für Manager?
Ein Coach zur rechten Zeit, am rechten Ort, und jeder Manager läuft zu seiner Höchstform auf!
Soll Coaching als Maßnahme der Personalentwicklung aus Mitarbeitern „Olympioniken" machen!?

Vom Sport ausgehend hat „Coaching" in das Alltagsverständnis von Führungskräften Eingang gefunden. Dabei hat der Begriff seine ursprüngliche Bedeutung erweitert und verändert.

Wofür steht **Coaching** heute?

Hinter diesem Begriff findet sich ein Wirrwarr von Beschreibungen. „Coaching" ist eine Sprachhülse und beschreibt in der Personal- und Managemententwicklung einen Beratungsservice für Führungskräfte (Supervision für Manager). Wir finden darin ein Sammelsurium von unterschiedlichen Ansätzen und Vorgehensweisen der Arbeit mit Einzelnen im Unternehmen. All diesen verschiedenen Ansätzen ist gemeinsam, daß sie der Leistungsverbesserung dienen sollen in Bezug auf Führungsfähigkeit. Ebenso vielfältig wie die Begriffe sind auch die Berufsgruppen, die sich in diesem Felde tummeln: Als Coachs fungieren Betriebswirte, Kaufleute, Lehrer und auch Psychologen.

1.2. Inhalt und Ziel

Coaching oder Supervision für Manager verstehe ich als einen Prozeß, in dem ein psychologisch geschulter Berater eine Führungskraft über einen bestimmten Zeitabschnitt unterstützt. **Ziel** ist die Leistungsoptimierung des Klienten, z.B. des Managers durch Vervollkommnen seiner eigenen **Persönlichkeit**. Dabei wird beachtet, daß dieser Klient eingebunden ist in ein System, das nach wirtschaftlichen Prinzipien funktioniert.

Der Mensch, der zum Psychologen kommt und Coaching wünscht, kann - ungeschminkt und ohne Geschäftsrisiko - über seine Arbeit reden, über Schwierigkeiten und Erfolge, über Sitzungen und deren Verlauf, über Mitarbeiter und Arbeitsbeziehungen, über Schwächen und Stärken.

Individuelles Coaching bietet Führungskräften gezielt Entlastung, Klärung und Anregung.

Drei **Säulen** bestimmen das Coaching:

Denken und Wissen **Fühlen und Verstehen** **Handeln**

Die Anlässe zum Coaching finden sich auf den drei Ebenen:

1. **Unternehmensstruktur**
2. **Verhalten und Interaktion**
3. **Persönlichkeit**

Ziel und Mittelpunkt jeder Coaching-Maßnahme ist die Optimierung, Wiederherstellung oder Weiterentwicklung der **Führungsfähigkeit** des Klienten sowie das Finden eines überzeugenden persönlichen **Führungsstils**, der geprägt ist von Sach- und Fachkompetenz, menschlicher Integrität, Intuition und Kreativität.

2. Wer will warum Coaching ?

2.1. Ein Beispiel aus der Praxis

Coaching ist ein Dienstleistungsangebot für Führungskräfte in der Wirtschaft, in kleinen und großen Betrieben, Verwaltungen und Institutionen. Coaching ist heute in Großbetrieben selbstverständlicher Service, der auch von kleineren Betrieben zunehmend gefragt wird.
Zur Illustration stelle ich ein Beispiel aus meiner eigenen Praxis vor.
Diese Geschichte könnte heißen:"**Ein Werkzeugmacher steigt auf !**"
Stellen Sie sich einen kleinen Betrieb mit 25 Mitarbeitern vor, in dem Präzisionsdrehteile hergestellt werden. Der betriebsleitende Mitgesellschafter ist ausgeschieden. Der bisherige Werkzeugmacher wird jetzt Betriebsleiter. Er war mit seinen Arbeitsergebnissen erfolgreich

und mit vielerlei Anregungen hervorgetreten. Nun steht er vor einer Aufgabe, für die er nicht ausgebildet ist.

Statt selber zuzupacken, gilt es nun, andere zum Zupacken zu bewegen. Sein Aufgabenschwerpunkt ist verändert: Bisher war er von der Sache gelenkt, Werkzeuge zu entwickeln. Nun soll er sich konzentrieren auf die Menschen, die die Teile drehen, verpacken und verschicken.

Angerufen werde ich vom Firmeninhaber. Er beklagte den seit einem Jahr stagnierenden Umsatz. Er brachte das in Zusammenhang mit der mangelnden Fähigkeit des Betriebsleiters zu planen und zu organisieren.

Kann hier eine Beratung weiterhelfen?

2.2. Führen

Wie Sie wissen, entwickeln sich Konflikte an bestimmten Nahtstellen. Diese wollen wir jetzt näher betrachten. Schauen wir uns dazu die Abbildung „Führen“ an (Abb. 1).

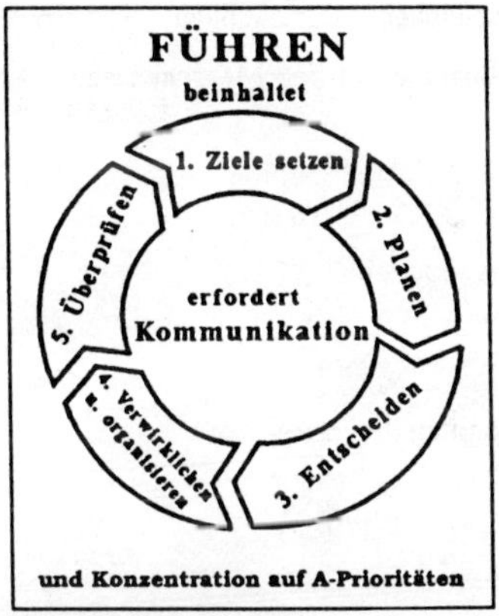

Abb. 1: Führen beinhaltet 5 Kardinalschritte. Grundvoraussetzung ist die Kommunikation und die Entscheidung zwischen wichtig (A-Priorität), nachrangig (B-Priorität) und unwichtig (C-Priorität).

Wenn Sie sich dieses Modell betrachten, erkennen Sie, daß für den gelernten Werkzeugmacher jeder Bereich neu ist. Dazu kommt noch, daß er plötzlich Vorgesetzter seiner bisherigen Kollegen geworden ist. Seine Aufgabe ist jetzt Führen.

Was ist nun eigentlich Führung?

Führung ist eine besondere Art von menschlicher Kommunikation. Es ist die **Kommunikation**, durch die wir bewußt und beabsichtigt versuchen, auf das Verhalten einer Gruppe oder Einzelner Einfluß zu nehmen.

Viele Unternehmen verfügen heute über hochentwickelte und gut funktionierende EDV-Unterstützung. Datentransparenz und Datenzugriff verbessern sich dauernd. In dem Maß, wie Führungskräfte mit Führungstechnologien, Planungssystemen, Computerprogrammen wirkungsvoller unterstützt werden, **könnte** sich Führung zunehmend im menschlichen und sozialen Bereich abspielen, wo die Zusammenarbeit mit Kollegen, Vorgesetzten und Mitarbeitern beginnt. Aber da kommen viele Führungskräfte nicht weiter. Sie haben oft Jahre in ihre fachliche Qualifikation investiert und nur sehr wenig Zeit in die Entwicklung ihrer Persönlichkeit und ihrer kommunikativen Fähigkeiten. Also: Der Schwerpunkt der Führungsfähigkeit verlagert sich.

„Persönliche und zwischenmenschliche Führungskompetenz sind gefragter denn je. Von der Führungskraft der allernächsten Zukunft wird verlangt werden, daß sie sich zum Experten in Fragen der zwischenmenschlichen Beziehungen, in Fragen der Veränderung von Organisationen durch Einflußnahme auf den Menschen entwickeln." *(Kälin K. und Müri P., 1988).*

2.3. Anlässe für Coaching

ergeben sich in den oben genannten drei Bereichen:

1. Unternehmensstruktur
2. Interaktion und Verhalten
3. Persönlichkeit.

In dem ersten Bereich - Unternehmensstruktur - finden wir zum Beispiel:
Leistung und Umsatz stagnieren.
Oder: Ein Bereichsleiter wird auf neue berufliche Aufgaben vorbereitet.
Oder: Die Krankmeldungen steigen an.

Im zweiten Bereich - Interaktion - können sich folgende Fragen für Coaching ergeben, z.B.: Wie rede ich mit Mitarbeitern? Wie motiviere ich sie? Wie bleibe ich auch im Durcheinander gelassen und leistungsbereit? Dahinter steht der Wunsch nach Streßbewältigung.

Im Bereich der Persönlichkeit finden sich Anlässe, die Coaching sinnvoll erscheinen lassen, wie: Standortbestimmung im persönlichen Bereich, die Frage: „Wie soll es weitergehen in meinem Leben?“, Reflexion der beruflichen Situation und der Karriere.

3. Wie wird gecoacht?

3.1. Der Psychologe als Coach

Für die genannten Themen sind Psychologen prädestiniert!

Obwohl Unternehmer oder leitende Mitarbeiter oft Scheu haben, mit Psychologen in Kontakt zu kommen, haben sie gleichzeitig den Wunsch nach einem kompetenten Gesprächspartner.

Vor etwa 10 Jahren haben die Trainer im Personalentwicklungsbereich das als erste gespürt. Zu der Zeit ist auch Boris Becker aufgestiegen, und mit seinem Aufstieg wurde der „Coach“ bekannt und gesellschaftsfähig.

Heute kann Coaching (Coach laut Duden Oxford Englisch-Deutsch 1990:

- eine große geschlossene Kutsche
- Staatskarosse
- Reisebus
- Privatlehrer
- Trainer)

die „Kutsche“ sein, die psychologische Dienstleistung in einen attraktiven Markt befördert. Wenn wir Psychologen diese Kutsche nutzen, dann halte ich es für wichtig, **Qualitätsstandards** und **Kriterien** zu bestimmen, nach denen Psychologen Coaching gestalten.
Wie oben gesagt, gibt es noch keine Theorie oder Systematik zum Coaching. Aus praktischen Erwägungen benutze ich das folgende Modell im ziel- und verhaltensorientierten Coaching (Abb. 2):

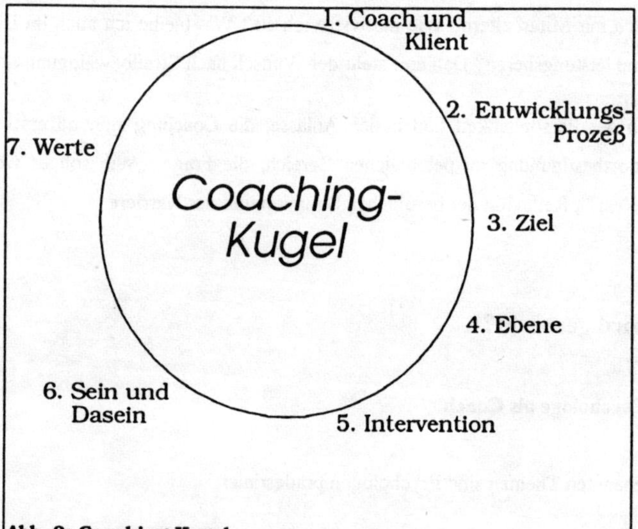

Abb. 2: Coaching-Kugel

Fragen zu Abb. 2:

1. **Wer coacht wen? Welche Menschen treffen aufeinander?**
2. **Was geschieht wie? Wie finden zwei Menschen zueinander?**
3. **Wo gehts hin? Was soll das Ergebnis sein?**
4. **Auf welcher Ebene wird angesetzt? (z.B. Verhalten, Denken, Fühlen)**
5. **Welche Methode liegt nahe, um das Ziel zu erreichen?**
6. **Wie hat der Klient gelebt? Wie lebt er jetzt? Wie will er leben? Wovon träumt er?**
7. **Welche Werte verkörpert der Coach, welche der Klient?**

3.2. Handwerkszeug

Ca. 2/3 aller Anfragen sind mit einem qualifizierten Standard-Repertoire zu lösen.

Das Standard-Repertoire umfaßt:

a) **Vermittlungswissen**

b) **Handlungswissen** über

- verschiedene Gesprächsfertigkeiten (Kommunikationstechniken)
- mentales Training
- Problemlösungsmethoden

- Selbstmanagement
- psychologische Antistreß-Techniken
- Zeitgestaltung

c) **Hintergrundwissen**

- betriebswirtschaftliche Gedankengänge und Abläufe
- Führungskonzepte
- Selbsterfahrung in einem Betrieb
- das Kennen von potentiellen Gesprächspartnern unterschiedlicher Funktion in Systemen, etwa einem Betriebsleiter, Personalchef, Gewerkschaftsfunktionär, oder einem Mann aus der Registratur
- Diagnostisches Know-how, also Wissen über Menschen, Institutionen, Kommunikation, Entwicklungsphasen und anderes mehr.

Zur Klärung von ca. 1/3 aller Anfragen braucht der Coach Lebenserfahrung, Standfestigkeit und Konfrontationsbereitschaft.
Der Rest ist mit Coaching nicht zu lösen.

3.3. Konzept

Das Konzept und **die** Methode des Coaching ist noch nicht vorhanden. Es gibt so viele Konzepte, wie es Personen gibt. Herausschälen lassen sich heute:

1. Systemisches Coaching (s. Gester 1991)
2. Rollen-orientiertes Coaching (s. Fatzer 1990)
3. N.L.P.-Coaching (s. Weiß 1990 und viele andere)
4. Mentales Training als Coaching (s. Loehr 1988)
5. Ziel- und verhaltensorientiertes Coaching (s. König 1992).

4. Ein Blick in die Praxis

Kommen zu mir potentielle Coaching-Gesprächspartner in die Praxis, dann weiß ich schon zu 90 %, mit welchem Anliegen ich zu rechnen habe. Ich habe sie aufgelistet unter der Frage

4.1. „Was brauchen die Führungskräfte?"

- **Anerkennung ihrer Selbst**
- **Entlastung**
- **Aufräumen im Kopf**
  - Kontakte und Beziehungen im Beruf
  - Unerledigte Aufgaben
  - Pläne, Wünsche, Träume
  - Gefühle (Verletzungen, Sorgen,...)
  - Denken
- **Unterstützung bei ihrer Arbeit durch Leitlinien beim**
  - Entscheiden
  - Führen (Ziele vereinbaren, Planen, Entscheiden, Organisieren und Kontrollieren, Ziele erreichen)
  - Gespräche führen (z.B.: Anerkennung und Kritik, Ablehnen einer Gehaltserhöhung)
  - Probleme lösen
  - Selbstmotivieren und Begeistern
  - Zeitgestalten
- **Sachkenntnis in Fachfragen**
  - Wie wird delegiert?
  - Wie werden Meetings, Konferenzen und Präsentationen vorbereitet?
  - Wie löse ich Probleme systematisch?
  - Wie führe ich geschickt Gespräche (Kommunikationsmodell, zuhören, empfangen,senden, verstehen) ?
  - Wie gestalte ich Besprechungen?
  - Wie nutze ich Checklisten optimal?
  - Wie kommen Menschen zu Spitzenleistungen?
  - Wie entspanne und löse ich Konflikte?
  - Wie geht's weiter ? (Lebens- und Karriereplanung)
  - Wie werden Projekte geplant?
  - Wie nutze ich die Zeit, die ich noch habe?
- **Gesprächspartner zu Themen, wie**
  - Wirken, Sein und Schein
  - Was ist Wirklichkeit?
  - Kooperation und die Schwierigkeiten, sie zu verwirklichen.
  - Vom (Un-)Sinn des Lebens
  - Wer bin ich? Darf ich auch anders sein?
  - Wie bringe ich Privat und Geschäft unter einen Hut?
  - Wie entwickle ich meine persönliche Lebensqualität?
- **Feedback**

4.2. Ein Vorstandsmitglied zieht Bilanz: ein Beispiel

Ein 50jähriger Diplom-Kaufmann ruft an. Ich kenne ihn, da ich vor Jahren mit ihm über einen Kredit zum Ausbau meiner Praxis verhandelt habe. In der Zwischenzeit gehört er zum Vorstand einer Bank. Nun möchte er Gespräche und äußert folgende Wünsche am Telefon:

1. „Ich möchte mein Gesprächsverhalten betrachten."
2. „Ich möchte das betriebliche Umfeld anschauen, das manches nicht erlaubt."
3. „Ich habe viele Kunden (vielleicht zu viele?) und möchte den Umgang mit Ihnen betrachten."
4. „Irgendwie möchte ich in mich reinhören."

Er will mich in meiner Praxis treffen; er nimmt gern eine längere Fahrtzeit auf sich, um sich „schon vorher den Kopf etwas freizupusten".

Im ersten Gespräch kommt er gleich zur Sache: „Ich möchte die Zeit nutzen, um zu bilanzieren, sowohl geschäftlich wie auch privat."

Privat - da meint er sich, seine Partnerschaft und Familie.

Geschäftlich - d.h. für ihn: Mache ich mein bisheriges Geschäft so weiter bis zum 60. Jahr (Ist noch etwas zu verbessern, zu optimieren oder überschaubarer zu machen?) oder wechsele ich als Vorstandsvorsitzenderan eine andere Bank (Bin ich dem gewachsen? Will ich dem gewachsen sein?) ?

- Und vor allen Dingen möchte ich auch meinen Umgang mit der Zeit betrachten (Ich stehe unter hohem Zeitdruck).

Er wünscht sich von mir „direkte Reaktionen, Herr König, denn im Geschäft geht sowieso alles hinten herum". Er weicht auch nicht aus, als ich gleich sein familiäres Umfeld abfrage („Was würde Ihre berufstätige Frau zu ihrem Chef sagen, wenn Sie sich als Vorstandsvorsitzender in eine andere Stadt rufen ließen? Was würde Ihre Tochter sagen, wenn Sie gefragt würde, wieviel Zeit ihr Vater noch übrig hat, um den Mehrbelastungen nachzukommen, die eine neue Aufgabe, eine neue Bank, eine neue Stadt mit sich bringt?") Sehr schnell wird ihm klar, daß sein bisheriges Zögern zu so einer Position weniger durch sein fachliches Können und Wissen verursacht war, als vielmehr durch sein inneres Bild, das er von sich hat. er fragt sich dann selbst, ob der Zugewinn an Gehalt und Ansehen den „Verlust an Lebensqualität" aufwiegt.

Weiter schält sich heraus, daß er seine Wünsche zurückstellt, im Büro, im Geschäft und auch in seiner Familie. (Auf meine Frage: Welche Schwerpunkte setzen Sie in Familie, Beruf und Selbst, antwortet er: Fragen Sie mich etwas Leichteres, Herr König!)

Das Terrain ist abgesteckt. Wir vereinbaren 5 Sitzungen. Wieder beginnt eine gemeinsame Reise. Ich als Coach werde auch Fremdenführer sein für die dem Manager fremde Welt der eigenen Seele, mit dem Ziel, dabei das Beste in ihm zu fördern.

4.3. Einfach Fragen

Eigentlich finde ich nur noch bei Kindern entwicklungsorientierte Fragen. Mit Vorliebe stellen sie solche, die ich als Vater nicht beantworten kann. Und wie sich zeigte, genau diese Fragen locken meine Coaching-Partner: z:B.:

Wer bist Du?

Könntest Du auch jemand anderes sein?

Würde es die Sonne noch geben, wenn die Erde mit uns nicht mehr da wäre?

(Fragen meiner fünfjährigen Tochter Angelika)

Fragen verändern sowohl die Beziehung, den Partner, als auch das Ergebnis, je nachdem welche Fragen, wann, wie gestellt werden oder nicht.

Hier sind eine Handvoll Fragen: kosten Sie aus, wie sie unterschiedlich munden. Spüren Sie nach, wie unterschiedlich Ihre Reaktion ist, je nachdem was man wen, wann und wie und zu welchem Zwecke fragt:

Wohin wollen Sie gehen? Was möchten Sie erreichen?
Was ist das Problem? Wie könnte eine Lösung lauten?
In welchen Situationen tritt es auf? Wann das letzte Mal?
In welchen Situationen tritt es nicht auf? Wann das letzte Mal?
Wann ist das „Problemverhalten" nützlich? Wann stört es? Wen?
Was ist die positive Absicht? Was wollen Sie wirklich?

Wie lautet das Ziel? *Wie begeistern Sie sich? Wann freuen Sie sich?* *Was können Sie sich am wenigsten vorstellen?* *Was ist Ihr höchster Wert? Leben Sie ihn?* *Stellen Sie sich vor, Märchen werden Wirklichkeit und Sie haben drei Wünsche frei. Wie lauten diese?*

Nützliche Fragen sind, die sich auf Aspekte bisheriger Erfolge und Bewältigung, Ausnahmen, Wunder und bisher Ungedachtes beziehen.

Ich bin überzeugt, daß Fragen nach der Zukunft dazu geeignet sind, die vorherrschenden Kommunikationsregeln zu durchbrechen.

4.4. Verlauf

Für meine Arbeit habe ich eine Art Verlaufsdiagnostik entwickelt, die den Prozeß begleitet und vertieft.

Wie aus der Abbildung „Kognitive Landkarte" ersichtlich, wirken verschiedene Elemente aus dem Arbeitsalltag, aus der Persönlichkeit des Klienten, dem Kontext auf den gesamten Coaching-Prozeß ein und wollen berücksichtigt sein (s. Abb. 3).

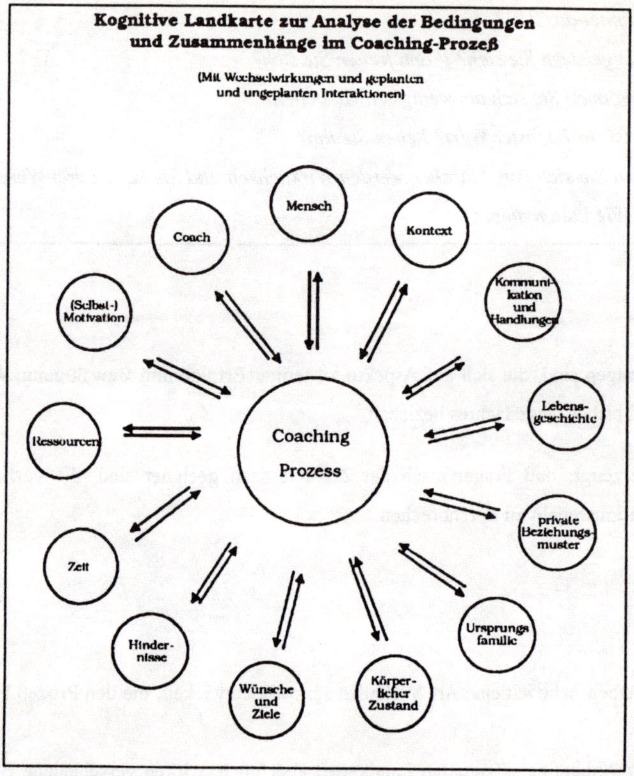

Abb. 3: Kognitive Landkarte

Dargestellt sind 13 Bereiche, die der Coach in seiner Arbeit zu beachten hat.

Die Pfeile markieren die möglichen Wechselwirkungen zwischen den Wirkfaktoren.

4.5. Das Inszenario als Handwerkszeug

Einen Weg zu Lösungen gehe ich mit dem Inszenario, das ich entwickelt habe als ein besonderes Handwerkszeug für Beratung, Supervision und Training.

Die *Inszenario*-Grundfiguren zum Aufstellen sind aus Buche gefertigt.

42 Figuren in sechs Formen (Mann/Frau in zwei Größen, Mädchen/Junge) und sechs Farben bilden ein Set.

Im Coaching nimmt der Klient die Figuren in die Hand, stellt sie auf und betrachtet die Situation, die er klären möchte. Spontan variiert er Abstand und Größe. Dadurch erreicht er leicht den inneren Abstand und ist gleichzeitig fähig, sich in andere hineinzuversetzen. So trennt er persönliche Beziehungen von der Sachfrage. (Ein praktisches Beispiel mit dem Inszenario finden Sie in dem Beitrag auf Seite 81)

Mit dem ***Inszenario*** wird die Konfliktsituation anschaulich und kreativ gemeistert. Der Klient wird dabei kommentierend zum Pfadfinder seiner Lösungsvarianten.

Das ***Inszenario*** ist darauf ausgerichtet, Menschen zu aktivieren, sowohl innerlich wie äußerlich. Hier werden Gelegenheiten geschaffen, Hypothesen zu testen, bevor sie als Annahme ins „wirkliche Leben" eingehen können. Konzepte werden „ins Unreine gesprochen" und so getan „als ob", dabei entdeckt man vergnügt, daß die „Welt" noch ganz anders sein kann.

5. Schluß

Zum Schluß möchte ich die Überschrift und Anfangsfrage variieren in: **Warum ist Coaching für uns Psychologen ein reizvolles Arbeitsfeld?**

Hier treffen Sie auf pfiffige, ideenreiche Menschen, interessant und hochengagiert, die leistungsbereit sind und Ihre Anregungen flink umsetzen, **wenn** sie sie umsetzen.

Sie werden als Person und Persönlichkeit stark gefordert. Die Coaching-Arbeitsbeziehungen sind in der Regel partnerschaftlicher als therapeutische Beziehungen. Als Coach begeben **Sie** sich in einen wirtschaftlichen Bezugsrahmen. **Sie** stellen sich der Kosten-Nutzen-Analyse. Denn ein Unternehmer bezahlt nur, wenn es sich für ihn und das Unternehmen auszahlt.

Sie erweitern Ihren eigenen Gesichtskreis ungemein. Erfolgreiches Coaching macht Vergnügen und sichert Ihnen eine hohe Arbeitszufriedenheit.

Werden wir uns als Psychologen bewußt, **was wir gelernt haben, was wir können, wofür wir da sind!**

Werden wir uns bewußt, daß wir hier in ein uns entsprechendes Arbeitsfeld gehen können.

Gehen wir hinein!

6. Literatur

FATZER, G.: Rollencoaching als Supervision von Führungskräften. In: Supervision, Heft 12, Mai 1990, S. 42-49

GESTER, P.: Coaching: Systemische Instrumente zur Personalentwicklung im Profit- und Non-Profit-Bereich. Audio-Tape. Heidelberg 1991

KÄLIN, K. UND MÜRI, P.: Sich und andere führen. Thun 1983,3

KÖNIG, G.: Ziel- und verhaltensorientiertes Coaching. Unveröffentlichtes Manuskript, Schwäbisch Hall 1992

LOEHR, J.E.: Persönliche Bestform durch Mentaltraining. München 1988

NEUBEISER, M.-L.: Management-Coaching. Wiesbaden 1990

WEIß, J.: Selbst-Coaching. Paderborn 1990

Kapitel 11

Beratung von Politikern aus konstruktivistischer Sicht: Einige persönliche Erfahrungen [1) 2)]

Uwe Grau und Jürgen Hargens[*]

Einleitung

Im folgenden möchten wir unsere Überlegungen und Erfahrungen in einem bisher wenig beschriebenen Bereich psychologischer Tätigkeit - der Beratung von Politikern - vorstellen. Bei unserem Ansatz folgen wir einer radikal konstruktivistischen Erkenntnistheorie (vgl. von Foerster 1985, von Glasersfeld 1985, Watzlawick 1981), aus der sich u.a. ergibt, daß die Forderung einer objektiven und beobachter-unabhängigen Erkenntnis nicht zu erfüllen ist. Wahrnehmung, Erkennen, Wissen und Bewerten sind demnach Prozesse, die sich gewissermaßen "im Kopf" der betroffenen Personen abspielen - vielfältig vernetzt, verknüpft und rekursiv beeinflußt von den verschiedenen Systemen, in denen die Person darüberhinaus Mitglied ist (vgl. Ludewig 1987). Aus dieser Perspektive erscheint es uns zunächst wichtig, die unterschiedlichen Kompetenzbereiche der zusammentreffenden Experten-Systeme (Politiker und Psychologen) abzugrenzen: Die Beschreibung des Arbeitsbereichs "Politik" fällt in den Kompetenzbereich des Politikers und die Beschreibung des Arbeitsbereichs "Beratung" bleibt uns als Psychologen überlassen. So werden wir im folgenden auch nur einige allgemeine Überlegungen zum Hintergrund der Interaktion Politiker-Psychologen darlegen, die uns notwendig scheinen, unseren Beratungsansatz - das Kiel-Meyner-Konsultations-Modell (vgl. Hargens & Grau 1992) - zu strukturieren.

Beratung von Politikern

Die Anforderungen an Politiker haben sich in den letzten Jahrzehnten fortlaufend verändert und diese Veränderungen selber scheinen sich zu beschleunigen. So arbeiten Politiker heute kaum noch in einem engen, überschaubaren Bereich mit Menschen, die sich persönlich kennen,

---

[*] erschienen in systeme 6(1): 67 - 77, 1992.
Der Nachdruck erfolgt mit freundlicher Genehmigung der Herausgeber.

Politik ist ein Geflecht kommunaler, nationaler und globaler Abhängigkeiten und Wechselwirkungen, in das hinein politische Entscheidungen wirken.

Im politischen Alltag fehlt heute infolge dieser Komplexität, Vernetztheit und Schnelligkeit (z.B. des Informationsumschlags) eine Möglichkeit, Dinge gleichsam "freischwebend" von verschiedenen Seiten aus zu betrachten, durchzuspielen und zu reflektieren. Eine Projektion der eigenen Pläne, Wünsche, Hoffnungen, aber auch Ängste und Befürchtungen vor ungewöhnlichem Hintergrund muß häufig unterbleiben - also das, was wir uns als eine sinnvolle Beziehung von Politik und Psychologie vorstellen, wie sie im Beratungsprozeß realisiert werden kann.

Wir beanspruchen nicht, **"Politik-Beratung"** zu machen, sondern wir **beraten Politiker**. Für uns stellt dies einen erheblichen Unterschied dar.

Politik-Beratung aus psychologischer Sicht zielt u.E. zumeist vorrangig auf die Frage der Verwertbarkeit psychologischen Wissens (vgl. Bruder 1980; Diepgen 1988, Sears 1987). Es geht nach einem solchen - eher psychotechnischen - Verständnis darum, Politiker mit dem nötigen "psychologischen Know-How" auszustatten, so daß ihre Entscheidungen sachlich zutreffend bleiben. Für uns ergibt sich hieraus eine wichtige Frage:

In welcher Form nehmen Politiker - als Kunden der Wissenschaft - **dieses Wissen** auf, verarbeiten und verknüpfen es, um es dann für sie selber sinnvoll in ihr Handeln und ihre Entscheidung einzubeziehen?

Dieser Aspekt scheint uns bisher in der Frage der Bedeutung psychologischen Wissens für die Politik unzureichend erörtert - und an dieser Stelle möchten wir mit unserem Beratungskonzept von Politikern ansetzen.

Wie andere Führungskräfte so gründen auch Politiker ihr Handeln auf eine spezifische Auffassung von Menschen (vgl. Carpenter 1983), anhand derer sie auch ihr eigenes Handeln bewerten und einschätzen. Dabei wird in der Regel ein Menschenbild erkennbar, das sich mit Begriffen wie "beeinflussen", "durchsetzen", "entscheiden müssen", "entscheiden können" grob beschreiben läßt. Auf die damit verbundenen Prozesse, die sich sozusagen "im Kopf" von Politikern abspielen und ihre Entscheidungen bzw. ihr Verhalten beeinflussen, wird dabei weniger geachtet, doch genau darauf zielt unser Ansatz.

Zu unserer Rolle als Berater/Psychologen: wir verstehen uns als Experten für Umgang mit Problemen mittels konstruktivistischer Fragen und Reflexionen, aber nicht als Experten für Politik bzw. politische Entscheidungen. Diese **"Fremdperspektive"** ist ein wesentliches

Kennzeichen unseres Vorgehens. In diesem Sinne definieren wir uns ausschließlich als "Psychologen" und **nicht** als "Politiker" und stellen somit auch keine "fachliche Konkurrenz" dar, sondern streben an, einen Rahmen zu schaffen, in dem "andere" Alternativen angedacht werden können - wobei es unserem Kunden, dem Politiker, überlassen bleibt, ob und ggf. welche dieser angedachten Alternativen er in welcher Form in sein Handeln einbezieht.

Mit dem hier skizzierten Verständnis der Beratung von Politikern betreten wir nach unserer Einschätzung Neuland - wir befinden uns gewissermaßen in einem Versuchsstadium, wobei wir nicht wissen (können), wie sinnvoll, nützlich und angemessen dieses Angebot für Politiker sein kann. Wenn wir nämlich die Prozesse, die sich "im Kopf" abspielen, ins Zentrum unseres Vorgehens stellen, so thematisieren wir damit auch eine spezifische Haltung - die Verantwortung für das eigene Handeln und die Vielfalt von gleich gültigen Perspektiven, von denen nicht klar ist, ob und in welcher Weise sie in das soziale Verständnis politischen Handelns passen.

Die Praxis unserer Beratung soll im folgenden durch Passagen aus Beratungssitzungen mit einem Politiker und durch Kommentare zu unserem Vorgehen verdeutlicht werden. Dabei gehen wir u.a. ein auf den Kontext der Beratung, Verknüpfungen von Haltung und Techniken, Nutzung von Sprachspielen und Bildern.

Der Kontext der Beratung

Aufgrund einer Präsentation des "Kieler Beratungsmodells" (Möller, Grau, Rohweder 1988) ergab sich ein Gespräch mit einem leitenden Mitarbeiter eines Ministeriums, der Interesse an einer Beratung zeigte. So kam es zur Vereinbarung von zunächst fünf Sitzungen. Zu Beginn erläuterten wir unser Vorgehen - wir legten dar, daß wir an den Ideen interessiert seien, die der Kunde mitbringt und die er als "Problem" definiert. Dieses Thema bestimmt den Ablauf der Beratungen und wir verstehen uns als **Experten für den Umgang mit Problemen** (indem wir in spezifischer Weise fragen und reflektieren), nicht aber als Experten für Lösungen. Nach unserer Auffassung sind unsere **Kunden "kundig"**, d.h. Experten für ihr eigenes Leben. Das, was wir zu leisten vermögen, besteht darin, neue Perspektiven gemeinsam hervorzubringen. Daher steht am Anfang jeder Sitzung die Präzisierung der Fragestellung des Kunden[3)], die den Fokus des Gesprächs bildet:

B1: *Ja, was liegt als Thema an?*

Hansen: *Also ... Ich erzähle einmal eine Kleinigkeit in Ergänzung zu den Dingen über meine Arbeit, die ich letztes Mal versucht habe aufzuschreiben und zu beschreiben.*

Oder folgendermaßen:

B1: *Ja...Was für ein Gepäck haben Sie heute mit?*

Hansen: *Schwierig. Ich bin mir noch nicht so ganz klar. Ich kann ja erst einmal erzählen...so als Rückmeldung, daß ich schon bei mir das Gefühl habe, daß diese Art der Gespräche mir etwas Nützliches bringen - in der Vertiefung meiner Gedanken über mich selbst, über die Situation, Planung undsoweiter und daß sie in der Richtung wirken, doch besser zu relativieren. Ich verändere zwar im Augenblick wohl gar nichts Wesentliches in meinem Leben oder in den Entscheidungen oder in den Prioritäten, aber ich schaue es mit etwas anderen Augen an, wobei ich zu einer kleinen Überraschung gekommen bin. Ich hatte als Nachgang zum letzten Gespräch ein bißchen die Stimmung: mehr abbauen, ein bißchen slow going... Dieses Bild von dem Berg ohne Ende, das beschäftigte mich doch sehr und schreckte mich irgendwo auch sehr. Dieses Sich-Totlaufen, vielleicht im wahrsten Sinne des Wortes, erschreckte mich ganz besonders, so daß ich zu dem Zeitpunkt dannüber mich selbst dachte, bevor du wieder Ämter annimmst oder ähnliches, wirst du dir das lieber sieben Mal überlegen; vorher hast du es dir nur ein halbes Mal überlegt. Dann hatten wir (...)parteitag und da ging ich als ganz normaler Delegierter hin und am Ende des (...)parteitages war ich dann Stellvertretender (...)vorsitzender der Partei, wo ich sehr schnell merkte, es hat sich eigentlich überhaupt nichts geändert, aber es machte mir nichts mehr aus. Das ist ja vielleicht auch schon ein Erfolg sozusagen.*

B1: *Ist das so ein Plateau in der Bergflanke?*

Hansen: *Es ist vielleicht... nicht so ein Plateau - das ist so ein ...Felsvorsprung, an dem man sich festhalten kann oder wo man einen Fuß oder eine Hand beim Klettern festmachen kann.*

Wir greifen Themen oder bereits früher angesprochene Metaphern und Bilder auf, um den **Prozeß der unterschiedlichen Betrachtungsweise** in Gang zu setzen. Dabei behält der Kunde "das letzte Wort", denn er entscheidet, ob, wie und ggf. in welcher Form er auf unsere Konstruktionen bzw. Gesprächsangebote eingeht. Aus dem Beispiel wird auch erkennbar, daß der Kunde dann, wenn die Bilder und Metaphern **"passen"**, er sie ohne Schwierigkeiten aufgreift und modifiziert. Uns erstaunt immer wieder die Leichtigkeit, mit der Kunden in aller Regel unser "Angebot" aufnehmen können - wie hier z.B. dieser Kunde seine aus dem Bereich der Politik stammenden Problemdefinitionen auf sich selber bezieht:

Hansen: *....das Problem: Problem, wenn überhaupt, ist: Warum bin ich relativ unzufrieden, obwohl ich so wenig Grund habe? Warum springe ich so sehr hin und her? Warum? Was ist das Defizit bei mir oder die Schwierigkeit, die Unruhe? Was ist die Ursache des Problems, daß ich so große Schwierigkeiten habe, mich auf meinen Ist-Zustand, der für sich genommen auch okay ist, eine Weile auszuruhen, aber daran festzuhalten?*

Und noch ein weiteres zeigt sich - der Kunde entwickelte am Ende der zweiten Sitzung, eine für ihn typische Definition des Beratungs- oder Supervisionsangebots, das für seinen Kontext "paßte":

Hansen (zu B1): *...Immerhin ist mir eines über Ihre Rolle mir gegenüber eingefallen (...). Die Politiker früher hatten alle ihren Beichtvater. Das gibt es heute nicht mehr. Im Grunde genommen sollten die Politiker heute auch ihren "Beichtvater" haben ...Ich nehme an, die Beichtväter des Mittelalters oder welcher Generation auch immer haben ähnliche Funktionen wahrgenommen wie so eine Supervision, wie Sie sie hier machen.*

B1: *Beichtväter und - denke ich auch - Hofnarren. (Heiterkeit, Lachen)*

Hansen: *Über die Hofnarren weiß ich nicht viel.*

Strategie, Methode oder Haltung

Wenn wir unsere Auffassung der Beziehung zwischen "Kunde" und "Berater" ernstnehmen, dann lassen wir die Verantwortung für eine "Lösung" oder "Veränderung" immer auf seiten des Kunden. Insofern reicht es nicht aus, wenn wir unser Expertentum ausschließlich darin sehen, spezifische, technisch beschreibbare Verhaltensweisen zu verwirklichen, die es dem Kunden möglich machen sollen, seine Fragen und Probleme von unterschiedlichen und ungewöhnlichen Perspektiven aus zu betrachten. Es kommt immer wesentlich mit darauf an, diese **Haltung von Achtung und Respekt** (Lane und Schneider 1990) erkennen zu lassen und in der ablaufenden Sitzung zu verwirklichen. Dabei kommen wir nicht ohne bestimmte methodische Festlegungen aus, aber diese sind für uns nicht Mittel zum Zweck - also dem Kunden eine Lösung aufzudrängen - sondern Anregung für den Kunden, einmal (probeweise) eine andere Sichtweise zu benutzen, gewissermaßen eine andere Linse/Brille vorzuschalten.

Eine Möglichkeit sind die aus der Systemtherapie bekannten zirkulären Fragen, die zur Anwendung kommen. Dazu ein paar kurze Beispiele:

B: *Wenn wir jemand aus Ihrem Umfeld dazu befragen würden - wen könnten wir da fragen?*

B: *Was meinen Sie, wenn wir Ihren Kollegen Petermeier diese Frage, die wir Ihnen gerade gestellt haben, auch stellen, was würde er uns da antworten?*

B: *Wenn ich Ihre Frau fragen würde: Wenn Ihr Mann sich nur auf seinen Beruf beschränken würde, was glauben Sie wohl, wie lange hält er das durch? Was ist Ihre Idee, was sie dann sagt?*

Diese Art Fragen regen Kunden an, das Thema von einer anderen Perspektive aus zu sehen, es gleichsam "zu umwandern". Diese **Vielfalt der Perspektiven** wieder zu erschließen, ist ein implizites Ziel unseres Vorgehens. Wenn es demnach also nicht nur eine Sicht, sondern viele und unterschiedliche Sichten geben kann, dann wird auch eine Antwort auf die Frage "was ist richtig?", "was ist gut?", "was ist die Lösung" oder "was ist normal?" weniger bedeutsam.

Beratung/Supervision als Normalität

In unserem Beratungs- und Supervisionsansatz versuchen wir, uns von jeder Form der "Pathologisierung" abzugrenzen. Nach unserem Verständnis ist es gewissermaßen "normal", Probleme "zu haben". Sie sind gleichsam Knotenpunkte einer wechselseitig verknüpften und vernetzten "Wirklichkeit", von der wir Menschen uns ein Bild zu machen versuchen. Diese Re-Konstruktionen fügen sich dann zu Mustern, Ideen, Prämissen, die unsere weiteren Re-Konstruktionen mitbeeinflussen. In diesem Sinne stellen Probleme "Herausforderungen" dar (Hargens und Grau 1990), nach anderen Beschreibungen, nach anderen Geschichten zu suchen, ohne dem "Charme der eigenen Geschichten" (a.a.O.) zu erliegen.

Daraus wird erkennbar, daß die Art der jeweiligen Re-Konstruktionen auch bestimmt, wie ich "mit der Welt" umgehe. Dies stellt an die Berater die Forderung immer neu zu bestimmen, ob sie imstande sind, weitere, andere Re-Konstruktionen zuzulassen. Dies ist einer der Gründe, weshalb wir es vorziehen, **zu zweit zu arbeiten** - um allein vom Setting her über eine Möglichkeit zu verfügen, uns selber solche Fragen, die "einen Unterschied machen", in Anwesenheit des Kunden zu stellen.

Sprache und Bilder

Die Vielschichtigkeit und Mehrdeutigkeit des Lebens wird durch die Sprache in gewisser Weise unterdrückt (vgl. Guntern 1990). Sprechen verlangt ein zeitliches Aneinanderreihen von Worten, erzwingt auf diese Weise ein vorher/nachher, eine lineare Abbildung von Prozessen, so daß die Gleichzeitigkeit von Abläufen oder Ursachen nur schwer auszudrücken ist. Die mit einzelnen Aspekten verknüpften Assoziationen, Intuitionen oder Gefühle gehen bei der Benennung durch Begriffe oft verloren. (Vgl. Shands 1971)

Deshalb versuchen wir, kulturelles Erbe wie Literatur, Volksmund und auch Sprachspiele in unsere Gespräche einzubeziehen - als eine Möglichkeit, alle diese nicht- oder vorsprachlichen Verbindungen zumindest mitschwingen zu lassen. Solche "**Angebote**" an Bildern, Metaphern oder Sprüchen entfalten unserer Erfahrung nach nur dann ihre Nützlichkeit, wenn sie zum Kunden "passen" (Grau und Hargens 1991). Und sie sind dann auch Teil einer gemeinsam konstruierten Perspektive, die Handlungs- und Denkmöglichkeiten erweitert.

Dies möchten wir an einem kommentierten Beispiel zeigen:

Zunächst bietet ein Berater eine literarische Beschreibung an, die der Kunde aufgreift, auf seine Situation anpaßt und entsprechend verändert:

B1 (zu B2): *Herr Hansen hätte gut einen Pakt mit Mephisto abschließen können? (zitiert Faust:) "Wenn ich dem Augenblicke sage, verweile doch, du bist so schön..." (Lachen). Das ist das Faustische in ihm.*

Hansen: *Ja, ich bin ja ein Zwilling, insofern kommen bei mir immer mindestens zwei Sachen 'rein.*

Dieses nun entstandene Bild wird wiederum von den Beratern aufgegriffen und auf die darin enthaltenen Möglichkeiten und Folgen befragt, was den Kunden veranlaßt, mit Hilfe des gemeinsam entwickelten Bildes seine Situation zu beleuchten:

B2: *Gut, ich meine, aber das ist ja nun reizvoll, wenn Sie Zwilling sind, was sagt denn jetzt der Zwilling dazu?*

Hansen: *Ja, der sagt, der legt das Problem hier auf den Tisch.*

B2: *Hm, und ich nehme Sie jetzt einfach als zwei - Sie legen das Problem auf den Tisch, Sie sind Zwilling.*

Hansen: *Der erste schafft sich selbst diese Probleme, die nicht da sind, indem er eben nicht zufrieden ist, indem er zu ehrgeizig ist, indem er nicht die Geduld hat, nicht den Augenblick genug genießt, immer nach Höherem strebt. Und der zweite Zwilling, der sieht: Das ist nicht gut. Er sieht: Damit bin ich nicht zufrieden. Er sieht: Warum haust du dir Medikamente 'rein, diese Beta-Blocker, wegen Herzklopfen auf der einen Seite, ärgerst dich darüber und packst dir neue Aufgaben auf, statt auch einmal Zeitung zu lesen wie die anderen. Das ist doch auch wichtig, das bildet doch auch, nicht?*

Die Berater könnten diese Beschreibung (be-)nutzen, um den Kunden anzuregen, die Fragestellung, das "Problem", in diesem Kontext zu präzisieren, zu operationalisieren:

B2: *Wenn nun der Zwilling nicht da wäre und nicht sagen würde: Das ist nicht gut. Hätte dann der erste Zwilling immer noch Probleme?*

Hansen: *Ja sicher, der hat ja das Herzrasen.*

B2: *Ah ja, das gibt also ganz konkrete Sachen, an denen auch der erste das festmachen kann?*

Hansen: *Ja. Denn dieses Streben wäre ja nur dann okay, wenn das auch das volle Glücksgefühl für sich genommen schon vermittelt.*

Nun können die Berater diese Metapher weiter präzisieren, neue Aspekte einführen - wobei der Kunde durch seine Reaktionen zu erkennen gibt, inwieweit er diese **öffentliche Ausarbeitung der Metapher** als "passend" erlebt (vgl. Grau & Hargens 1992). Zunächst geht es um die Frage der Unterschiede:

B1: *Bei Zwillingen ist vieles gleichartig und trotzdem, ein Zwilling kommt ja früher auf die Welt. Welcher ist denn der Ältere?*

Hansen: *Auf jeden Fall der Treibende, der Unruhige, der Pusher, natürlich, natürlich. Der hat doch immer wieder die Nase vorn, der andere muß...*

Nun erfolgt eine Art Feinabstimmung des Bildes, die den Kunden mit einbezieht und zum Entscheidungsträger bestimmt - der in diesem Falle den für ihn zu großen Unterschied zurechtrückt:

B2 (zu B1): *Du sagtest, es wäre einer eher da, und der Pusher ist der erste. Ist der erste der Pusher oder ist der zweite der Treter, der den ersten pusht?*

Hansen: (greift ein): *Nein, der erste ist ein Kletterer, ein Zieher, ein Läufer, ein Renner, ein Wirbler, ein Sich-Vornehmender, ein Planer, ein unruhiger Geist. Der zweite, der später kommt und schwächer ist und nur hin und wieder auftaucht - vielleicht in letzter Zeit mehr als früher - ist der Warner, der Mahner, der Beobachter, der Beurteiler, der Schrittmacher, der sagt... Der erste sagt, das ist witzig, wenn ich jetzt mit jemand wie Ihnen spreche. Ich gehe zur Supervision, sagt der erste. Der zweite, der kann das nicht das nicht genau formulieren, aber der nimmt das ein Stück ernst, auch wenn das so witzig ist, irgendwo sich mit den eigenen Ängsten auseinandersetzen wollen, weil man vielleicht meint, man muß es...*

Der Kunde hat das Bild einer funktionierenden komplementären Beziehung der "Zwillinge" entwickelt und wieder wechseln die Berater die Perspektive - sie fragen nach Unterschieden:

B2: *Was würde denn passieren, wenn der erste sich wirklich zur Ruhe setzt?*

Dies ist ein Beispiel für eine "ungewöhnliche Frage". Statt die Idee der "Aktivität" aufzugreifen, kehrt der Berater das Thema um - er fragt nach der "Inaktivität", einem Konzept, das bisher nicht im Selbstbild des Kunden aufgetaucht ist. Der Kunde paßt diese Frage wiederum seinen Re-Konstruktionen an, indem er sich auf die Zukunft ("noch nicht") bezieht.

Hansen: *Hm. Wenn der erste sich zur Ruhe setzt...Ich habe den zweiten noch nicht verselbständigt entwickelt, weder in Realität noch in Denken, im Wunschbild oder Planen oder so. Ich könnte mir vorstellen, daß der zweite sich dann bemühen würde, sozusagen, in Familie, was eine sehr schöne Sache ist, zum Beispiel ein bißchen lesen und reisen und andere Sachen, also praktisch das jetzt zu genießen, würde der zweite dann wohl vermutlich tun, sich einige Sachen in Ruhe herauspicken, aber der würde wohl, wie ich ihn einschätze, es nie schaffen - also, so lange es den ersten gibt. Sie haben ja gefragt: Was wäre, wenn es den ersten nicht gäbe? Das war die Antwort: Der erste unterdrückt den zweiten.*

Dies mag genügen, unseren Ansatz im beraterischen Handeln zu illustrieren.

Abschließende Bemerkungen

In unserem Pilotprojekt wollten wir erkunden, ob es möglich sein kann, Beratung oder Supervision für Entscheidungsträger im Bereich "Politik" anzubieten und sich allein darauf zu konzentrieren, wie Wirklichkeiten gewissermaßen "im Kopfe" entstehen, wie sie sich von unterschiedlichen Perspektiven beschreiben lassen und welche Handlungsalternativen sich ergeben (können), wenn solche "multiperspektivischen" Beschreibungen in gemeinsamen Beratungssitzungen entworfen werden.

Unser Ansatz der Beratung von Politikern beruht dementsprechend auf einer Umsetzung spezifischer Richtlinien, die wir aus dem konstruktivistischen Modell abgeleitet und mit den Begriffen "kooperieren, reflektieren, öffentlich machen" belegt haben (Hargens und Grau 1990; 1992).

Die Anwendung unseres Ansatzes der Beratung/Konsultation auf Politiker bedarf einer Analyse der unterschiedlichen Kontexte, um die im Beratungs- bzw. Supervisionsprozeß beteiligten Expertenbereiche auseinanderhalten zu können. Politik - als Bereich der Rahmengestaltung sozialer Lebensverhätnisse - hat dabei ihre Besonderheiten, die den Prozeß mit beeinflussen. So haben wir "Lehrgeld" zahlen müssen, als wir eine Gruppensupervision mit PolitikerInnen vereinbarten, die zwar einem gemeinsamen Ziel verpflichtet, aber auf sehr unterschiedlichen Handlungs- und Gestaltungsebenen tätig waren. Es zeigte sich, daß es einen Unterschied macht, ob jemand die Rahmen bestimmt und setzt oder ob er die Rahmen im politischen Alltag auszufüllen hat. Wir verstehen unseren Ansatz als einen ersten Schritt, den wir weitergehen wollen.

Literatur

BOSCOLOL L, CECCHIN G, HOFFMANN L, PENN P (1990) Familientherapie - Systemtherapie. Das Mailänder Modell (2. Aufl.), modernes lernen, Dortmund

BRUDER W (1980) Sozialwissenschaften und Beratung. Zur Nutzung sozialwissenschaftlicher Information in der Ministerialorganisation. Westdeutscher Verlag, Opladen

CARPENTER PB (1983) The Personal Insights of a Legislator/Psychologist. AmPsychol 38: 1216-1219

DELL PF (1990) Klinische Erkenntnis. Zu den Grundlagen systemischer Therapie (2. Aufl.). modernes lernen, Dortmund

DIEPGEN R (1988) Psychologie in der Politikberatung. Peter Lang, Frankfurt a.M. Bern New York Paris

GRAU U, HARGENS J (1992) Metapher-Fragen. Ein Beispiel konstruktivistischer Praxis. ZSystTher 10(2): 101-110

GUNTERN G (ed) (1990) Der Gesang des Schamanen. Hirnforschung - Veränderte Bewußtseinszustände - Schamanismus. ISO-Stiftung, Brig

HARGENS J, GRAU U (1990) Kooperieren, reflektieren, öffentlich machen. Skizze eines systemischen Ansatzes auf konstruktivistischer Basis. Systeme 2(4): 151-155 161-163

HARGENS J, GRAU U (in cooperation with Marilyn Leeds) (1994) Cooperating, Reflecting, Making Open and Meta-Dialogue - Outline of a Systemic Approach on Constructivisti Grounds. A.N.Z.J.F.Th. 1994

LANE G, SCHNEIDER A (1990) Ein Ritual von Achtung und Respekt. ZSystTher 8(2): 103-108

LUDEWIG K (1987) 10 + 1 Leitsätze bzw. Leitfragen. Grundzüge einer systemisch begründeten klinischen Theorie im psychosozialen Bereich. ZSystTher 5(3): 178-191

MÖLLER J, GRAU U, ROHWEDER N (1988) Beratung von Individuen in komplexen Systemen. ZSystTher 6(4): 288-296

SEARS DO (1987) Political Psychology. AnnRevPsychol 38: 229-255

SHANDS HC (1971) The War with Words - Structure and Transcendence. The Hague, Mouton Paris

VON FOERSTER H (1985) Sicht und Einsicht, Vieweg, Braunschweig Wiesbaden

VON GLASERSFELD E (1985) Wissenschaft, Sprache und Wirklichkeit. Vieweig, Braunschweig Wiesbaden

WATZLAWICK P (ed) (1981) Die erfundene Wirklichkeit. Piper, München Zürich

1) Wir danken den von uns beratenen Politiker/innen für ihre Bereitschaft, hier Beispiele aus dem Beratungsalltag vorstellen zu dürfen. Und wir danken ihnen auch für kritische Anmerkungen zu ersten Fassungen dieses Manuskripts.

2) Für konstruktive Kritik an einer ersten Fassung dieser Arbeit danken wir Dr. Jens Möller, Kiel.

3) Wir nennen den Kunden im folgenden "Hansen", wobei wir sowohl den Namen als auch alle sonstigen Hinweise auf die Identität verändert haben. Wenn wir uns als Berater zitieren, so sprechen wir von "B1" und "B2".

Anhang

Praxisorientierte ethische und juristische Aspekte supervisorischen Handelns

Friedrich W. Wilker und Siegfried Höfling

1. Ethische Aspekte

Als ein Hauptgegenstand der Ethik gilt menschliches Handeln, wobei entweder auf die Gesinnung/Einstellung geachtet wird, aus der eine Handlung hervorgeht oder auf die Auswirkungen/Konsequenzen, die sie erzeugt. Urteile über Richtigkeit oder Unrichtigkeit eigenen oder fremden Verhaltens werden nicht nur unter Aspekten sachlicher „Richtigkeit", sondern auch unter Gesichtspunkten moralischer/ethischer „Richtigkeit" gefällt.
Für die sachlich-instrumentelle Beurteilung einer Handlung ist nur wichtig, in welchem Ausmaß die Handlung der Intention, der sie dienen soll, tatsächlich angemessen ist. Für die ethisch-moralische Beurteilung ist allerdings ausschlaggebend inwieweit das Verhalten der handelnden Person für andere vorteilig oder nachteilig ist.
Dem liegt ganz allgemein die Überzeugung zugrunde, daß die Interessen anderer Personen in unserem Verhalten in irgendeiner Weise zu berücksichtigen sind, z.B. nicht nachteilig zugunsten eigener Interessen.
In Anlehnung an Kants Moralgesetz (Kategorischer Imperativ) könnte man dies folgendermaßen formulieren: Handle stets so, daß Du sicher bist, dir zu wünschen, jeder andere würde sich in derselben Situation genauso verhalten. (Ein wenig klingt hier auch die goldene Regel an: Was du nicht willst, das man dir tut, das füg auch keinem anderen zu.)

Unter den genannten Bewertungsmodalitäten (sachlich vs moralisch) kann auch supervisorisches Handeln betrachtet werden (siehe dazu Schreyögg 1992). Dabei steht im Focus der sachlichen, d.h., instrumentellen Analyse supervisorischen Handelns vor allem die Frage der Effektivität, wobei davon ausgegangen wird, daß jede Supervision auch eine instrumentelle Intention verfolgt (z.B. Optimierung der Supervisionsmethodik, Verbesserung der Zieldefinition, Ausgleich von Handlungsdefiziten der Supervisanden). Problematisch ist natürlich die ausschließlich instrumentelle Ausrichtung von Supervision, da eine effektive Supervision noch nicht eine ethisch adäquate Supervision sein muß. Die ethischen Implikationen von Supervision sind deshalb gleichermaßen zu berücksichtigen. Diese Implikationen supervisorischer Tätigkeit beziehen sich sowohl auf die formale Organisation von Supervision als auch auf die professionelle und soziale Verantwortung, wie auch die Fachkompetenz und Integrität des Supervisors.
Mit Höfling (1994) lassen sie sich in folgender Übersicht darstellen:

1.1 Allgemeines zur Supervisionsarbeit

- Supervisoren sollen Supervisanden möglichst über ihre eigene Ausbildung, „Philosophie" und theoretische Ausrichtung unterrichten, über Qualifikationen und die von ihnen angewandten Methoden.
- Supervisoren und Supervisanden sollen ihre gegenseitigen Erwartungen und Anforderungen verdeutlichen und jede Seite soll den Wert des gegenseitigen Miteinanderarbeitens anerkennen.
- Supervisoren müssen Supervisanden auf die Unterschiede hinweisen, zwischen persönlicher, therapeutischer Beratung, Management, Supervision, Unterstützung und Ausbildung.
- Zusätzlich zu der routinemäßigen Selbstreflektion ihrer Arbeit, sind Supervisoren strikt angehalten, für regelmäßige Reflektion ihrer Arbeit durch einen erwiesenermaßen hochqualifizierten und erfahrenen Kontrollsupervisor zu sorgen.
- Supervisoren sollen sich soviel als möglich in ihrer Supervisionsarbeit weiterbilden.

1.2 Organisatorisches zur Supervisionsarbeit

- Supervisoren sollen praktischen Vereinbarungen für die Supervision Beachtung schenken, besonders was die Länge der Zusammentreffen anbelangt, deren Häufigkeit und den Intimitätsgrad des Treffpunktes/Sitzungsortes.
- Gebühren/Honorare sollen vor Beginn festgesetzt werden.

- Sollte während der Supervision deutlich werden, daß Therapie oder Beratung für einen Supervisanden angebracht wäre, soll der Supervisor den Fall besprechen und, falls erforderlich, einer dritten Partei zur Entscheidung übergeben.
- Supervisoren und Supervisanden müssen unterscheiden zwischen Supervision und persönlicher Beratung. Für seltene Fälle, wo der Supervisor ins Beraten verfallen könnte, muß eine klare Abmachung existieren, wonach jede persönliche Beratungstätigkeit nicht auf Kosten der Supervisionszeit geht.
- Supervisoren sollen durch entsprechende Absprachen sicherstellen, daß Supervisanden regelmäßig Gelegenheit haben, ihre Erfahrungen aus der Supervision zu besprechen und zu bewerten.
- Wo ein Supervisand in einer Organisation oder Institution arbeitet, müssen, da es einen Unterschied zwischen reinem Management und Supervision gibt - die Kriterien über Rechenschaft und Verantwortung klar definiert werden zwischen Supervisand/Klient; Supervisor/Supervisand; Organisation/Klient; Organisation/Supervisor; Organisation/Supervisand; Supervisor/Klient.
- Supervisoren, die sich eines Konfliktes in ihrer Verpflichtung gegenüber dem Arbeitgeber bewußt werden, sollen dem Supervisanden dieses Verhältnis aus Loyalität und Verantwortung verdeutlichen.
- Können persönliche Unstimmigkeiten nicht durch das Gespräch zwischen Supervisor und Supervisand bereinigt werden, soll sich der Supervisor mit einem Berufskollegen beraten und, wenn nötig, dem Supervisanden nahelegen, sich an einen anderen Supervisor zu wenden.

1.3 Fragen der Verantwortung

- Der Supervisand ist verantwortlich für seine Arbeit mit dem Klienten und dafür, dem Supervisor diese Arbeit nach bestem Wissen und Gewissen darzulegen und mit ihm zu reflektieren.
- Supervisoren sind dafür verantwortlich, Supervisanden zu helfen, ihre Arbeit kritisch zu betrachten. Dabei ist es unabdingbar, daß beide Seiten effektiv miteinander arbeiten können.
- Supervisoren und Supervisanden sind beide verantwortlich dafür, daß klare Grenzen gesetzt und eingehalten werden zwischen Arbeitsbeziehung, Freundschaft und anderen zwischenmenschlichen Beziehungen.

- Supervisoren sind verantwortlich für die Einhaltung der Prinzipien dieser ethischen und berufsständischen Verpflichtungen für die Supervision von Supervisanden.
- Supervisoren anerkennen den persönlichen Wert und die Würde des einzelnen Supervisanden, ohne Rücksicht auf deren Herkunft, Status, Geschlecht, sexueller Orientierung, Alter, Glauben oder Stellung in der Gesellschaft.
- Supervisoren sind verantwortlich für die Unterstützung und Förderung der Selbstreifung anderer, während sie gleichzeitig klare Arbeitsvereinbarungen treffen, die die Verantwortung von Supervisanden gegenüber deren eigener Weiterbildung und Selbstkontrolle umfassen.
- Beide, Supervisor und Supervisand, müssen regelmäßig die Gültigkeit der Supervisionsvereinbarungen überprüfen und gegebenenfalls eine Änderung erwägen.
- Supervisoren müssen sicherstellen, daß die Befriedigung ihrer eigenen Bedürfnisse nicht von der supervisorischen Beziehung abhängt, und sie dürfen diese Beziehung nicht ausnutzen.
- Supervisor und Supervisand müssen sich ihrer gegenseitigen Verpflichtungen füreinander, gegenüber dem etwaigen Arbeitgeber und gegenüber dem Klienten bewußt sein.

1.4 Kompetenz-Fragen

- Supervisoren müssen die Grenzen ihrer Kompetenz erkennen, Hilfe in Anspruch nehmen und, wenn nötig, einen Wechsel vornehmen.
- Supervisoren sollen immer Wege suchen, ihre eigene berufliche Weiterbildung zu fördern; diese sollte möglichst eine Spezialausbildung in der Weiterentwicklung von supervisorischen Fertigkeiten beinhalten.
- Supervisoren müssen ihre Supervisionsarbeit kontrollieren und bereit sein, ihren eigenen Supervisoren Rechenschaft darüber abzulegen und sie sind streng angehalten, Vorkehrungen zu treffen für ihre eigene Supervision, die ihnen bei der Bewertung ihrer Supervisionsarbeit helfen kann.
- Supervisoren sind für die Überwachung und Wahrung ihrer eigenen Effektivität verantwortlich. Möglicherweise ist es nötig, Hilfe in Anspruch zu nehmen und/oder sich vorübergehend oder ganz von der Supervisionstätigkeit zurückzuziehen.

1.5 Vertraulichkeit

- Grundsätzlich Vertraulichkeit wahren müssen Supervisoren bezüglich Informationen über Supervisanden oder Klienten, mit Ausnahme der weiter unten genannten Punkte.
- Supervisoren dürfen vertrauliche Informationen über Supervisanden oder Klienten nicht weitergeben an dritte Personen oder an ein öffentliches Medium, außer
  - im Supervisionsvertrag steht ausdrücklich, daß beide Seiten damit einverstanden sind.
  - wenn es der Supervisor als dringend erforderlich ansieht, um ernsthaften psychischen oder physischen Schaden vom Klienten abzuwenden.
  - bei Vertragsabschluß die Abmachung über Personen, mit denen der Supervisor sprechen darf, die Personen beinhaltet, denen der Supervisor sein Vertrauen schenkt bezüglich Unterstützung, Supervision oder Beratung. Zu diesem Zeitpunkt muß auch Klarheit herrschen über die Grenzen der Vertraulichkeit gegenüber Personen (andere als der Supervisand), denen der Supervisor möglicherweise Rechenschaft ablegen muß.
- Vertraulichkeit schließt nicht die Offenlegung vertraulicher Informationen aus im Falle von
  - Empfehlungen (über den Supervisand) aus beruflichen Gründen
  - Verfahren, in die der Supervisand aus Gründen der ethischen Verpflichtungen involviert ist.
- Informationen über bestimmte supervisorische Inhalte dürfen zur Veröffentlichung nur mit Genehmigung des Supervisanden verwandt werden und nur unter Wahrung der Anonymität.

2. Juristische Aspekte

Die ethischen Implikationen von Supervision weisen wie z.B. an der Schweigepflicht leicht zu sehen ist, Verbindungen zu juristischen Aspekten der Supervision auf.

Bei der Darstellung der für die Supervisionspraxis grundlegenden juristischen Belange folgen wir im wesentlichen den entsprechenden Ausführungen von Fieseler und Lippenmeier (1985 und 1986) sowie Kommer (1986).

2.1. Teilnahmeverpflichtung zur Supervision

Supervision kann als eine spezielle Form der Fortbildung gekennzeichnet werden. Eine allgemein anerkannte Fortbildungsverpflichtung resultiert z.B. aus den jeweiligen Landesbeamtengesetzen oder für Angestellte des Öffentlichen Dienstes aus der Fürsorgepflicht des Arbeitgebers. Aus dieser resultiert das Direktionsrecht, die entsprechend der Weisungsgebundenheit des Arbeitnehmers gegenüber dem Arbeitgeber in Grenzen zu befolgen sind. Solche Grenzen können sich aus dem Arbeitsvertrag, der betrieblichen Übung oder dem Übermaßgebot ergeben.

Ein Anstellungsträger kann also seinen Mitarbeiter zur Teilnahme an einer Supervision verpflichten. Supervision dient nämlich, wie auch die übliche Fortbildung dazu, die berufliche Handlungskompetenz zu optimieren. Wohingegen fehlende Supervision sub-optimales professionelles Verhalten und sogar Kunstfehler nach sich ziehen könnte.

2.2. Auskunftsverpflichtung über Supervisionsinhalte

Findet die Supervision teilweise oder vollständig während der Dienstzeit statt und finanziert der Dienstherr die Supervision, so kann er als Arbeitgeber des von ihm verpflichteten Supervisors oder eines bei ihm angestellten Supervisionsteilnehmers nur allgemeine Auskünfte über die Supervision verlangen, z.B. wann die Supervision stattgefunden und wer daran teilgenommen hat. Weitere Auskünfte sind aufgrund der Schweigepflicht nicht statthaft. Dies ändert sich auch dann nicht, wenn der Dienstherr mit Gründen, die sich aus der Wahrnehmung der Dienst- und Fachaufsicht ergeben, argumentiert.

Prinzipiell muß der Grundsatz der Erforderlichkeit gewahrt werden,so daß nur die von der Sache her zwingend erforderlichen Informationen weitergegeben werden dürfen und dies ist für personengebundene Informationen aus dem Supervisionsgeschehen nicht gegeben. Supervision darf in keiner Form einer irgendwie gearteten institutions- oder organisationsinternen Kontrolle oder Überwachung dienen. Auch von Co-Supervisoren und Co-Supervisanden darf ein Dienstherr keine Informationen über inhaltliche oder persönliche Aspekte der Supervision verlangen. Diesbezügliche Dienstbegehren dürfen auch wegen der Verschwiegenheitsverpflichtung nicht befolgt werden.

2.3. Schweigepflicht

Wenn ein Supervisand über ihm von einem Klienten/Patienten anvertraute Sachverhalte in der Supervision berichtet, darf er dies grundsätzlich nur in anonymisierter Form tun,so daß eine Identifizierung des Betroffenen nicht möglich ist. Die Verletzung von Privatgeheimnissen ist auch dann mit Strafe bedroht,wenn Supervisor und Supervisand einer Institution/Behörde/Organisation angehören. Eine Weitergabe von persönlichen, sensiblen Daten sollte aus Beweiszwecken in der Supervision nur erfolgen mit explizitem, d.h. schriftlichem

Einverständnis des betroffenen Klienten/Patienten. Ohne diese Einverständniserklärung muß die Vertraulichkeit der Beziehung zwischen Klient und Helfer (Supervisand) in der Supervision automatisch durch die Verschwiegenheitsverpflichtung des Supervisanden gewahrt werden.

Personen gegenüber, die nicht an der Supervision teilgenommen haben, besteht eine vergleichbare Verpflichtung zur Verschwiegenheit, die sich sowohl auf Informationen über Patienten/Klienten als auch solche über den Supervisor oder Mitsupervisanden beziehen. Diese wechselseitige Verschwiegenheitsverpflichtung muß als integraler Bestandteil des Supervisionskontraktes verstanden werden.

Die unbefugte Weitergabe derartiger Sozialgeheimnisse kann natürlich auch entsprechende strafrechtliche Konsequenzen haben. Als konkrete Handlungsorientierung bedeutet dies: in der Supervision offenbarte und anvertraute Informationen dürfen auch nur in der Supervision thematisiert werden.

Das gleiche gilt auch für wissenschaftliche Veröffentlichungen und Publikationen. Entsprechende Daten und Informationen sind so zu verfremden und zu anonymisieren, daß sie unmöglich von dritten Personen entschlüsselt werden können. Sollte dies aus welchen Gründen auch immer nicht möglich sein, muß wiederum die Einwilligung aller Beteiligten, deren Geheimhaltungsinteresse tangiert ist, eingeholt werden.

2.4. Rechtsverbindlichkeit eines mündlich vereinbarten Supervisionskontraktes

Grundsätzlich ist jeder Supervisionsvertrag ein Dienstvertrag zwischen Supervisor und Supervisand bzw. dem Anstellungsträger/Dienstherrn des/der Supervisanden. Auch bei Eingehen eines mündlichen Vertrages wird der Rechtsbindungswille vorausgesetzt.Daher ist ein Supervisionsvertrag nicht allein deshalb unverbindlich, weil er lediglich mündlich abgeschlossen ist.

Üblicherweise handelt es sich bei einem Supervisionskontrakt deshalb um einen Dienstvertrag, weil der Supervisior mit diesem Vertrag „supervisorische Dienste“ anbietet, d.h. der Supervisor verpflichtet sich, zu einer bestimmten Dienstleistung gegen eine zwischen den Vertragspartnern ausgehandelte Vergütung. Durch diesen wie auch immer mündlich oder schriftlich geschlossenen Vertrag verpflichtet sich der Supervisor, die Supervisionsleistung persönlich zu erbringen. Es ist von daher nicht möglich, sich in der Funktion als Supervisor einfach vertreten zu lassen. Auf der anderen Seite sind die Supervisanden bzw. der Dienstherr der Supervisanden zur Honorarzahlung auch dann verpflichtet, wenn die Supervisanden zum Supervisionstermin nicht erscheinen.

Die ordentliche Kündigung eines Supervisisonkontraktes ist grundsätzlich jederzeit möglich und braucht nicht gesondert begründet zu werden, wenn nicht die Vertragspartner sich über spezielle Kündigungsfristen und -gründe verbindlich geeinigt haben. Eine fristlose Kündigung aus zwingenden Gründen bleibt davon unberührt (z.B. bei Verletzung der Schweigepflicht). Bei außerordentlicher Kündigung ist aber normalerweise dem Supervisor der seiner bisherigen Leistung entsprechende Teil der Vergütung zu zahlen.

Trotz der in diesem Kapitel kurz und möglichst praxisnah aufgeführten juristischen Implikationen supervisorischen Handelns dürfte jedem klar sein, daß bei Konflikten im Zusammenhang mit einem auf wechselseitigem Vertrauen aufbauenden Supervisionskontrakt juristische Mittel immer fragwürdig bleiben werden.

Literatur

KOMMER, D.: Supervision und Schweigepflicht - zur Rechtslage, Verhaltenstherapie und psychosoziale Praxis 1/1986, S.63-69.

FIESELER, G., LIPPENMEIER, N.: Supervision und Recht, Supervision 8/1985, S.79-86.

FIESELER, G., LIPPENMEIER, N.: Supervision und Recht (Fortsetzung und Schluß), Supervision 9/1986, S.67-73.

HÖFLING, S.: BAC Code über Ethik und Berufsausübung für die Supervision von Therapeuten, unveröffentliches Manuskript, München, 1994.

SCHREYÖGG, A.: Die ethische Dimension in der Supervision. In: H. Puhl (Hrsg.), Handbuch der Supervision 1992, Edition Marhold, Berlin.

Verzeichnis der Autoren

Dipl.-Psych. Marietta Brüning	Karolingerring 25 50678 Köln
Dipl.-Psych. Joachim Edler, Bankkaufmann	Universität Trier Fachbereich I - Psychologie
Dipl.-Psych. Claus Epe	Goernestr. 52 20249 Hamburg
Dipl.-Psych. Maren Fischer-Epe	Goernestr. 52 20249 Hamburg
Prof. Dr. Uwe Grau	Psychol. Institut Universität Kiel Olshausenstr. 40 24118 Kiel
Dipl.-Psych. Jürgen Hargens	projekt: system Norderweg 14 24980 Meyn
Prof. Dr. Siegfried Höfling	Jägerstr. 3 85757 Karlsfeld
Dr. Bernd H. Keßler, Dipl.-Psych.	Universität des Saarlandes FR Psychologie, Geb. 1 Postfach 15 11 50 66041 Saarbrücken
Dipl.-Psych. Gunter König	Bertholdweg 7 74523 Schwäbisch Hall
Dr. Wolfgang L. Roth, Dipl.-Psych	Universität Trier Fachbereich I - Psychologie 54286 Trier
Dr. Astrid Schreyögg, Dipl.-Psych.	Breisgauerstr. 29 14129 Berlin
Dr. Walter Andreas Scobel, Dipl.-Psych.	Bülowstr. 6 22763 Hamburg
Dr. Friedrich W. Wilker, Dipl.-Psych.	Deutsche Psychologen Akademie Heilsbachstr. 22 53123 Bonn